Maestros de la bolsa 2

Cómo aplicar los conocimientos de los mejores inversores

Maestros
de la bolsa 2

Cómo aplicar los conocimientos de los mejores inversores

Juan Carlos Morales

Copyright © 2021 Juan Carlos Morales

ISBN: 979-8-5010-3344-3

Todos los derechos reservados. Queda prohibida, sin la autorización expresa del autor, la reproducción parcial o total de esta obra por cualquier medio o procedimiento.

Diseño de portada: canva

Gráficos: rankia, estrategiasdetrading.com, investing.com

"El éxito depende de la preparación previa, y sin ella, seguro que llega el fracaso".

Confucio

ÍNDICE

PRÓLOGO 9
CAPÍTULO 1: PHILIP FISHER 13
CAPÍTULO 2: GERALDINE WEISS 51
CAPÍTULO 3: JESSE LIVERMORE 85
CAPÍTULO 4: WILLIAM BERNSTEIN 121
CAPÍTULO 5: CARL ICAHN 157
CAPÍTULO 6: JIM SIMONS 177
CAPÍTULO 7: PAUL TUDOR JONES 199
CAPÍTULO 8: JIM ROGERS 223
CAPÍTULO 9: BILL ACKMAN 253
CAPÍTULO 10: JOEL GREENBLATT 277
CAPÍTULO 11: MISCELÁNEA DE INVERSORES 301
EPÍLOGO: 50 TIPS PARA INVERTIR COMO UN MAESTR@ DE LA BOLSA 335
AGRADECIMIENTOS 339

PRÓLOGO

"Los mercados nunca están equivocados; las opiniones a menudo, sí". Jesse Lauriston Livermore.

Debido a que en el primer volumen de Maestros de la Bolsa quedaron algunos asuntos en el tintero y no es correcto dejar las cosas a medias, me decidí a escribir una segunda parte. Como bien comenté en el prólogo del primer libro, decidir qué inversores entran y qué inversores se quedan fuera no es tarea baladí. Si el libro hubiera versado sobre grandes maestros de la filosofía (disciplina de la que personalmente soy un gran aficionado), y tuviera que elegir los diez filósofos más destacados de todos los tiempos, me decantaría, muy probablemente, por Aristóteles, Platón, Santo Tomás de Aquino, Descartes, Hume, Locke, Marx, Hegel, Kant y Nitschze. Sin embargo, me dolería el alma dejar fuera a Sócrates, Confucio, Spinoza o Kierkegaard. Pero como bien dijo una vez un ex-seleccionador español de fútbol: "En España hay cuarenta millones de seleccionadores". Por mucho que uno se esfuerce en intentar contentar a todos, resulta prácticamente imposible abarcar las preferencias de todo el mundo. Para dar cabida a todos los grandes maestros de los mercados bursátiles, necesitaría un espacio mayor que en la obra de Marcel Proust, *En busca del tiempo perdido*. No obstante, hacer una obra enciclopédica no es el principal acometido de esta serie de libros sino intentar sintetizar, entre una inmensa amalgama de inversores exitosos, sus principios fundamentales de inversión. Varios estudios demuestran que, a largo plazo, sólo recordamos el 10% de lo que leemos por lo que resulta primordial grabar a fuego en nuestro subconsciente las principales ideas que se plasman en el libro e ir repasando cada cierto tiempo otros conceptos más secundarios.

Entre todas las opiniones que los lectores me han hecho llegar, entono el *mea culpa* y reconozco que no profundicé todo lo que debía con el *Growth Investing* en el primer volumen (me quitaré la espina en el capítulo de Philip Fisher), tipos de intermediarios financieros, materias primas (especialmente oro y plata), análisis técnico o la inversión en empresas que pagan elevados dividendos, entre otras muchas temáticas de interés. También trataremos la importancia del dólar como reserva de divisa mundial, la teoría del *portfolio* moderno y la teoría del *Random Walk* o paseo aleatorio. Explicaremos a fondo términos como OPA, ROE, ROCE, *spin-off*, *moat*, y definiremos qué es la inversión factorial. Adicionalmente, daremos cabida a diferentes periodos de la historia que han marcado el devenir de los mercados financieros repercutiendo en la vida social de millones de ciudadanos como el pánico bancario de 1907, la fiebre bursátil de los locos años veinte y su sucesivo crack en 1929, la aparición de Silicon Valley como epicentro mundial de la innovación y las legendarias andanzas del mítico especulador Jesse Livermore, entre otros eventos.

Los diez inversores elegidos en este segundo volumen están, en la mayoría de los casos, al mismo nivel que los diez del primero. Pero como novedad, añadimos un capítulo con breves reseñas sobre diez grandes maestros más entre los que se incluyen, entre otros, un español, Francisco García Paramés y ¿¡un bailarín?! Nicolas Darvas. Las mujeres están bien representadas en esta ocasión: Geraldine Weiss será la protagonista de nuestro capítulo dos y Cathy Wood estará presente en el capítulo adicional. Merecen plenamente su lugar en estas páginas. De nuevo dominan, por mayoría abrumadora, los gestores/inversores/especuladores de los Estados Unidos de América, aunque como nos explicará el aventurero Jim Rogers, es posible que en unas pocas décadas el epicentro financiero mundial se desplace a China.

Philip Fisher nos explicará los quince puntos básicos para seleccionar empresas de alto crecimiento que cotizan a un precio razonable. Geraldine Weiss nos enseñará sus estrategias para extraer jugosos dividendos de las mejores compañías. Jesse Livermore sacará su manual de especulación para deleite de los lectores. William Bernstein nos dará las lecciones precisas para construir una cartera de inversión imbatible. Carl Icahn nos mostrará como se ha enriquecido mediante el activismo corporativo. Veremos porqué Jim Simons ha revolucionado el mundo del trading quantitativo. Paul Tudor Jones es, con casi toda probabilidad, el mejor trader vivo y repasaremos como funciona su operativa. Jim Rogers nos guiará por la aventura de explorar el mundo de las materias primas. Bill Ackman nos ofrecerá su particular punto de vista sobre el *Value Investing*. Por último, Joel Greenblatt nos proporcionará los ingredientes de su "fórmula mágica" para batir al mercado.

Recuerda, querido lector, que la inversión en conocimiento es la que renta el mejor interés y ¡la única que no exige una comisión a cambio!

Toda la información y opiniones referidas en este libro tiene una orientación totalmente educativa y no constituyen una asesoría de inversión. El equipo de Maestros de la Bolsa no se hace responsable del uso inadecuado que se haga de dicha información y opiniones.

Real Decreto-Ley 14/2018, de 28 de Septiembre de 2018- Real Decreto 1464/ 2018, de 21 de Diciembre

CAPÍTULO 1: PHILIP FISHER

"No quiero muchas inversiones. Quiero unas pocas excelentes".

> Philip Arthur Fisher nació en 1907 en San Francisco, California (EEUU), y falleció en la misma ciudad en 2004. En 1928, a los veinte años, abandonó sus estudios en la recién creada Stanford Business School, para trabajar como analista de acciones en el Anglo-London Bank de San Francisco. En 1931, fundó Fisher&Co a la que dirigió hasta su jubilación en 1999, a los 91 años de edad. Combatió en la II Guerra Mundial donde alcanzó el grado de teniente. Se le considera el creador de la filosofía *Growth Investing* cuyos postulados se verían plasmados en su *best-seller Common stocks and uncommon profits*. Otros de sus libros publicados fueron: *Paths to wealth through common stocks* y *Conservative investors sleep well*. Su hijo, Kenneth L. Fisher es también escritor, periodista financiero e inversor de éxito.

1.1. THE GARP METHOD

"En bolsa, tener un buen sistema nervioso es incluso más importante que tener una buena cabeza ".

Philip Fisher es reconocido unánimamente con el honorífico título de "padre del *Growth Investing*", **estrategia centrada en buscar las acciones que crecen a un ritmo más rápido que la media del mercado.** No obstante, su filosofía de inversión también bebe de las fuentes del *Value Investing* por lo que sabía diferenciar perfectamente precio y valor. "Algunos conocen el valor de todo y el precio de nada".[1] Valor es una cosa (lo que obtienes), el precio es otra (lo que pagas). Algo de mucho valor puede estar a buen precio y algo de escaso valor puede estar inflado de precio. Si una empresa tiene un elevado crecimiento pero el mercado la infravalora (el maná para los inversores en valor), mejor que mejor. Esta metodología de inversión que fusiona ambos métodos se conocería con posterioridad como GARP *(Growth At a Reasonable Price)*. El mismísimo Warren Buffett reconoce: "Mi estilo de inversión es un 85% Graham y un 15% Fisher". De hecho, en la última reedición del legendario libro de Fisher *Common Stocks and Uncommon Profits*, el "oráculo de Omaha" aporta la coletilla que complementa el título de la obra: "Soy un entusiasta de los libros de Philip A. Fisher, y se los recomiendo (a los lectores e inversores)".

Desde hace ya muchos años, existe una especie de "tour de force" entre gestores *value* y gestores de alto crecimiento. Estos últimos han vencido por goleada en la pasada década. Los altos precios de los activos han hecho complicado encontrar buenas acciones con un amplio margen de seguridad (ver *Maestros de la Bolsa 1*) a los gestores de valor. **Generalmente el *Value Investing* se comporta mejor en épocas de recesiones y el *Growth Investing* lo hace en épocas de alto crecimiento** (haciendo honor a su nombre). Pero para Warren Buffett estas distinciones no tienen sentido: "En nuestra opinión los dos planteamientos son inseparables. El crecimiento

---

[1] Fisher, Philip. *Common stocks and uncommon profits*. John Wiley & sons, 2003. ISBN 0-471-44550-9. Prefacio, pág. 59.

siempre es un conmponente del cálculo de valor, constituyendo una variable cuya importancia puede oscilar de insignificante a enorme, y cuyo impacto puede ser tanto negativo como positivo", explica en su libro *Los ensayos de Warren Buffett: lecciones para el mundo empresarial*. "Creemos que el propio término (inversión en valor) es redundante. ¿Qué es invertir sino el acto de buscar valor, como mínimo en la medida suficiente que justifique la cantidad pagada? Pagar de forma consciente por una acción por encima de su valor calculado (con la esperanza de que se pueda vender por un precio aún más alto) debería tacharse de especulación".[2] Desde el punto de vista de un gestor *value*, los inversores de crecimiento pagan precios absurdamente altos en acciones que ya han crecido mucho, por lo que la rentabilidad esperada futura será cada vez menor. Un árbol no crece hasta el infinito. En cambio, para el *Growth Investor* pagar precios más altos para conseguir una mayor rentabilidad del mercado es razonable. Los inversores en crecimiento definirían una acción *value* como un negocio que crece por debajo de la media de mercado y, si su crecimiento es escaso ¿Para qué invertir en ella? ¿Porqué si no crece ahora debería hacerlo en el futuro? Lo que para ellos es un sinsentido es pagar dinero por un negocio que está estancado o en retroceso.

Bien, dejémonos de tiras y aflojas ¿Porqué no tomar lo mejor de ambos mundos en lugar de competir en un absurdo debate sobre qué estrategia es mejor? Dejemos estas cuestiones para tertulianos talibanes televisivos de sobremesa que lo quieren es tener razón por encima de todo. Nosotros, como inversores inteligentes lo que queremos es ganar dinero no vencer en debates.

Fisher ponía el foco en compañías individuales. No invertía a través de fondos de inversión. Ni hacía *trading* con materias primas. Los vaivenes inherentes a la bolsa no le importaban lo más mínimo. Tampoco buscaba comprar en suelos y vender en techos bursátiles. Fisher era inmune a la locura del mercado. Analizaba las compañías

---

[2] Martin, Frederick K. *Benjamin Graham y el poder de las acciones de crecimiento*. Profit editorial, primera edición en español, 2018. ISBN: 978-84-16904-98-3. Capítulo 2, pág 27-28.

al dedillo pero, a diferencia de Benjamin Graham, no otorgaba tanta importancia a los ratios. Fisher se enfocaba más en otro tipo de detalles, como el entrenador de baloncesto que no mira tanto las estadísticas de sus jugadores sino que centra su atención en los intangibles que aportan en la cancha. **Escudriñar a fondo las empresas buscando valor añadido, ventaja competitiva, innovación, crecimiento sostenible y buena gestión interna, son los principales puntos sobre los que pivota su metodología de inversión GARP.**

1.2. SCUTTLEBUTT

"La paciencia es necesaria para conseguir grandes beneficios mediante las inversiones".

No nos cansaremos de repetirlo una y otra vez aunque suene cansino. Debemos acostumbrarnos a ser pacientes con nuestras inversiones. Estudiar al detalle las compañías en las que queremos invertir y abstenernos siempre que las condiciones para la inversión no coincidan con los objetivos que nos hemos marcado de antemano. Estos parámetros son comunes a cualquier estrategia de inversión.

Respecto al enunciado del título...menuda palabreja. Los anglosajones son únicos para crear términos intraducibles a otros idiomas. *Scuttlebutt* se utiliza de manera coloquial para referirse a un rumor o cotilleo. **El término procede del argot náutico y Fisher se "apropió" de él para referirse a la labor de investigación que un inversor debe hacer para cribar las compañías que cumplen los requisitos para la estrategia *GARP*, de las que no.** No obstante, en el prefacio de *Common Stocks and Uncommon Profits*, Kenneth L. Fisher hace hincapié en que la técnica creada por su padre **sirve tanto para buscar acciones de valor como para acciones de alto crecimiento, así como para empresas de gran capitalización o *small caps*.** Si realizamos nuestro *scuttlebutt* de manera adecuada, evitaremos caer en las "bankias", "populares", o "timofónicas" que nos venden los medios interesados (prensa, bancos y gobiernos) y que nunca llegan a buen puerto sino que mas bien se hunden antes de avistar tierra.

El propósito fundamental del *scuttlebutt* es la detección de aquellas compañías que, por una razón u otra, baten la media del mercado en su conjunto, incrementando sus ventas constamente y expandiéndose diligentemente a través de los años. Fisher, al igual que hacía Benjamin Graham, concedía una especial atención a los equipos directivos. También buscaba hablar con los diferentes agentes implicados (clientes, proveedores, empleados y ex-empleados), una táctica que utilizaría posteriormente con gran éxito Peter Lynch en su *scutlebutt* de *10-baggers* exitosas que fueran capaces de batir con creces la media del mercado (ver *Maestros de la Bolsa 1*). Fisher lamentaba en el capítulo 2 de *Common Stocks and Uncommon Profits*, como muchas personas con un elevado nivel de ingresos no disponían del tiempo suficiente para llevar a cabo estos análisis. El resultado es que no sacan todo el jugo posible a su capital ya que deben delegar a terceros la gestión de su dinero. El inversor minorista se encontraba también en una difícil tesitura: ingresos no demasiado altos combinados con poca disponibilidad horaria para estudiar valores no hacían del *scuttlebutt* la mejor herramienta de investigación.

El *scuttlebutt* pretende, ante todo, ser un proceso de selección muy acurado. En un mundo globalizado donde se puede adquirir prácticamente cualquier valor desde cualquier lugar a golpe de ratón, el proceso de selección debe ser extremadamente preciso. No en vano existen casi treinta mil valores cotizados a lo largo y ancho del planeta. Teniendo en cuenta que el tamaño óptimo de cartera de un invesor minorista debería contener alrededor de quince acciones, el trabajo resulta árduo, por eso se afanó tanto en proporcionarnos un método adecuado. Disponemos de miles de datos para analizar y los podemos conseguir fácilmente hoy día gracias a la tecnología: ratio PER, BPA, flujos de caja, el cálculo del valor intrínseco de una acción y su margen de seguridad, entre otros. Después toca separar el grano de la paja y encontrar aquellas empresas de alto valor intrínseco a un precio adecuado, tal y como lo haría un *Value Investor*, que presente tasas de crecimiento por encima de la media del mercado como bien le gustaría a un inversor en crecimiento. Para ello, Fisher desarrolló una metodología basada en quince preguntas que denominó "los quince puntos". **Para superar la criba del *scuttlebutt*, un mínimo de diez de las quince preguntas debían** ser contestadas positivamente. Profundizaremos en estos quince puntos más adelante.

1.3. WALL STREET VS MAIN STREET

> "El inversor exitoso es usualmente un individuo que está interesado en los problemas de negocio".

Main Street **es un término coloquial empleado por los economistas para designar a los pequeños y medianos negocios** (lo que en España conocemos como PYME). *Main Street* o "calle principal" es el nombre que reciben en Norteamérica las principales vías comerciales de las localidades pequeñas. El término se usa también, de manera general (y un tanto despectiva) para definir las tradiciones y costumbres de los habitantes de pequeños pueblos, normalmente asociadas al conservadurismo. En España se podría traducir como "pueblerino" o "provinciano".

En el mundo de la bolsa, el vocablo se utiliza como contraposición a Wall Street, "hogar" de las empresas más grandes. No obstante, es en *Main Street* donde aparecen las tendencias, productos y servicios que despuntarán en el futuro. Las compañías de grandes dimensiones disponen de una menor capacidad para adaptarse a los cambios fulgurantes que, en épocas concretas, aparecen de la noche a la mañana. Las compañías pequeñas son las que tienen los mayores recursos para despuntar con tecnología, productos y/o servicios más disruptivos. Los negocios gigantes de Wall Street (bancos, petroleras e industrias pesadas, principalmente), con sus inmensos aparatos burocráticos, resultan poco polivalentes en los tiempos actuales donde se demanda un mayor versatilidad y capacidad de adaptación. Para Fisher, las acciones *Main Street* tienen mayor recorrido al alza a pesar de que, generalmente, son más volátiles. Por tanto podemos concluir que en "la calle principal" concurren los negocios de crecimiento y en Wall Street las acciones *value*. En Wall Street es difícil hacer mucho dinero porque las acciones de las que todos hablan ya están en manos de fondos de inversión y de gran parte de inversores minoristas después de una amplia distribución llevada a cabo por los operadores más habilidosos. Considerar por último, que una empresa *Main street* que funcione, terminará convirtiéndose, tarde o temprano, en una compañía Wall Street.

Últimamente se ha asociado a las pequeñas empresas con *start-ups* o empresas de reciente creación pero conviene recordar que existen empresas pequeñas familiares que pueden ser muy rentables. La gestión de estas compañías suele ser muy prudente ya que los intereses están alineados con los de los inversores, no en vano es su propio patrimonio familiar y su prestigio lo que está en juego. Hay que estar atentos, no obstante, a que no coloquen en puestos de responsabilidad a personas incompetentes que puedan lastrar su correcto funcionamiento. Varios estudios demuestran que, históricamente, los resultados de las pequeñas compañías de estructura familiar comenzan su declive cuando la tercera generación toma el mando de la nave. Eso se debe, principalmente, a que los nietos de los fundadores han crecido en medio de boyantes recursos y no con las estrecheces que la primera y segunda generación han sufrido para tirar el negocio adelante, viéndose obligados a usar el ingenio para combatir la falta de medios económicos con los que estos negocios familiares se encuentran al dar sus primeros pasos. Posiblemente este tipo de empresas no encajarían en la categoría *Main Street* pero es justo reconocer que a largo plazo son menos volátiles, sus ingresos futuros son más fáciles de predecir y tienen una tasa de fracaso menor aunque, evidentemente, son compañías con un crecimiento más lento y limitado que las potenciales *start-ups*. Por otra parte la liquidez, tanto en holdings familiares como en *start-ups*, está bastante restringida.

Los más estudiosos encontrarán "calles principales" donde manejar el volante con destreza como hizo Fisher hace décadas encontrando un lugar fecundo lleno de futuras empresas de alto crecimiento. Ese lugar se llamaba Silicon Valley.

1.4. SILICON VALLEY

"Si no puedes hacer algo mejor que los demás, no lo hagas".

Silicon Valley es un territorio enclavado en el sur de la bahía de San Francisco, en California, en el valle de Santa Clara para ser más precisos. El nombre se lo otorgó el periodista Don C. Hoefler, en 1971, debido a las numerosas empresas de fabricación de semiconductores y ordenadores instaladas allí y que necesitan de silicio (algunos lo traducen erróneamente como "Valle de la Silicona") para su fabricación.

En los años 50 del siglo anterior, un profesor de ingeniería de la Universidad de Stanford, Frederick Terman, estableció, junto al creador del transistor William Shockley, unas instalaciones en unos terrenos en desuso, Stanford Industrial Park. La intención era crear un campus especializado en tecnología y muy pronto se afincarían allí, entre otros muchos, William Hewlett y David Packard (que creo que no necesitan demasiada presentación), Varian Associates (empresa que desarrollaría el microondas) o la compañía Lockheed Martin (fabricante de varios componentes de la Estación Espacial Internacional). Posteriormente, abrirían su sede compañías consolidadas como Xerox, General Electric o Eastman Kodak quienes buscaban talento emprendedor para desarrollar nuevos productos.

Desde sus inicios, Silicon Valley ha destacado por su capacidad de aglutinar a jóvenes emprendedores. Ya se sabe que Dios los cría y ellos se juntan. Este es el punto de reunión de adolescentes *geeks* que desean comerse el futuro próximo. Aquí nació Google, Yahoo, ebay o Facebook, entre otras, así que por lo visto, el talento atrae talento. Cada empresa constituida aquí debe hacer de la innovación su *modus operandis*. No vale quedarse estancado. En el "Valle del Silicio", estancamiento significa retroceso.

"¿Qué puedo hacer que mis competidores no están haciendo aún?" Es la pregunta primordial que, según palabras de Fisher, deben preguntarse los emprendedores que empiezan a abrirse camino.[3] Bill Gates se convirtió en el hombre más rico del mundo centrándose en desarrollar *software* en los ordenadores cuando, anteriormente, todas las grandes marcas se focalizaban en desarrollar *hardware*. Elon Musk ha revolucionado el mundo del automóvil apostando definitivamente por el vehículo eléctrico con Tesla, obligando a

---

[3] Fisher, Philip. *Common stocks and uncommon profits*. Prefacio, pág. 18.

empresas consolidadas a ponerse las pilas (o mejor dicho, las baterías eléctricas). Si bien compañías como Toyota también se están situando en la *pole position* de la innovación, también es cierto que otras muchas siguen apostando por los vehículos de motor de explosión que, por supuesto, seguirán teniendo demanda en el futuro pero cuyas ventas y perspectivas venideras ya comienzan a resentirse debido al crecimiento de la demanda del vehículo eléctrico.

Es fundamental puntos de vista diferentes en las compañías para materializar las innovaciones mediante tormentas de ideas. En el capítulo 7 de *Maestros de la Bolsa* dedicado a Ray Dalio, pudimos comprobar como el legendario gestor italoamericano no duda en buscar gente más talentosa que él para que su *Hedge Fund*, Bridgewater Associates, siempre se encuentre a la vanguardia de la gestión de carteras. Cuando todo el mundo está felizmente de acuerdo, la competitividad se relaja y la innovación se resiente cayendo en la autocomplacencia. Skype, por ejemplo, fue una empresa revolucionaria en su día pero hoy se ve superada por Zoom. Actualmente todo evoluciona tan rápidamente que la esperanza media de vida de las empresas será de doce años en 2027 según un informe de la consultora Innosight. El estudio también concluye que hace cien años la supervivencia media de las empresas que formaban parte del S&P500 era de sesenta y siete años (curiosamente la esperanza de vida del ser humano era similar en aquel momento por lo que una compañía duraba todo el ciclo vital normal de una persona). Un siglo después, un negocio muere en la "adolescencia": a los quince años una empresa se ve obligada a bajar la persiana (sea física o virtual). La habitual frase "renovarse o morir" es más literal que nunca. La gran excepción a la regla es la compañía finlandesa Stora Enso, dedicada a la producción de celulosa y que se fundó ¡en 1288!... Sí, sí habéis leído bien: 1288, en el siglo XIII, el conocido como "siglo de los castillos" cuando La Tierra aún era plana y el tatarabuelo de Cristóbal Colón ni siquiera había nacido. La esperanza de vida ha aumentado notablemente en los ocho últimos siglos pero en el plano empresarial ésta se ha visto seriamente en regresión desde entonces...

En la actualidad, otras regiones del planeta trabajan para ser merecedoras del apelativo "nuevo Silicon Valley". A continuación repasamos algunas de ellas:

1) Londres: es la plaza por excelencia para las **Fintech, nuevas compañías centradas en las finanzas que hacen uso de la tecnología para innovar en el servicio de productos financieros**. La *city* recibe casi cinco mil millones de libras esterlinas anuales de "business angels". La tasa de creación de nuevas empresas se incrementa a un ritmo del 50% anual. No parece que el *Brexit* haya afectado mucho en este sentido...

2) Barcelona: la ciudad catalana se sitúa en el quinto puesto de la clasificación europea de creación de *start-ups*, por detrás de Londres, Berlín, París y Ámsterdam. Está considerada el *hub* tecnológico del sur de Europa, con más de mil quinientas empresas creadas, de las cuales, el 20%, han sido capaces de recaudar más de un millón de euros en rondas de financiación. Dentro del estado español, la ciudad condal concentra el 34% de las *start-up* superando a Madrid y Valencia. Barcelona cuenta con su propio distrito, el 22@, donde empresas como Glovo o Deliberry dieron sus primeros pasos.

3) Tel-Aviv: aunque Jerusalem es la capital oficial, el dinero se mueve en Tel-Aviv donde concurren más *start-up* por habitante que en cualquier otra nación del planeta. "La ciudad que nunca para" se ha convertido en una de las capitales mundiales de la innovación biológica, la cibertecnología y de la inteligencia artificial. Empresas como Google u Oracle han abierto centros de investigación en la ciudad de mayoría semita en los últimos años.

4) Shenzen: la ciudad china se está convirtiendo en "la nueva rica" del país oriental y poderosas compañías como Tencent y Huawei han establecido allí sus centros operativos. El ritmo de creación de nuevas empresas relacionadas con la tecnología crece a una tasa anual media de un 20%.

5) Bengaluru: la ciudad hindú fue nombrada por el Foro Económico Mundial como "la ciudad más dinámica del mundo" en 2017. Está a la cabeza en la creación de nuevas empresas relacionadas con la robótica y la tecnología de alimentos. Su P.I.B. ha aumentado a un ritmo del 60% anual en el último lustro. Aglutina a casi quinientas empresas multinacionales.

6) Estocolmo: la capital de Suecia, es la segunda productora mundial de **"unicorns"** (*start-ups* **que levantan rondas de más de mil millones de dólares**) tras Silicon Valley. Spotify, por ejemplo, nació allí. La ciudad nórdica reune casi veinticinco mil empresas de alta tecnología que representan el 20% de la fuerza laboral de la capital.

El término *start-up* o compañía emergente se asocia con empresas de nueva creación, fundadas por uno o varios emprendedores sobre una base tecnológica innovadora con una, a priori, alta probabilidad de crecimiento. En la creación de una *start-up* podemos distinguir seis fases:

1) Etapa *pre-seed*: es la fase en la que todo el terreno es virgen. La idea es tan sólo eso, y el emprendedor debe ejecutar un plan de negocio, definir su *target*, buscar socios y, lo más urgente, buscar financiación. Normalmente debe recurrir a fondos propios, **acudir a lanzaderas o incubadoras (*hubs* o centros creados para ayudar a los emprendedores a modelar sus ideas**) o a la clásica FFF (*Family, Fools, Friends*).

2) Etapa *seed*: **en esta fase, el emprendedor transforma una idea (que bien puede ser un producto o un servicio) en realidad.** Se trata de crear un modelo mínimo viable que haga posible el testeo del producto para, mediante el sistema prueba-error, venderlo a los clientes potenciales. Una vez conseguido, buscar *business angels*, gestoras de fondos alternativos o ayudas públicas para financiar el siguiente

paso.

3) <u>Etapa *early-stage*</u>: **esta es la fase donde desarrollar, mejorar y hacer escalable el modelo mínimo viable**, mediante el *feedback* obtenido durante el paso anterior. Es el momento en que las estrategias de marketing comienzan a hacerse necesarias así como la entrada de nuevos socios estratégicos y acuerdos comerciales para vender el producto o servicio.

4) <u>Etapa de *growth stage*</u>: **una vez validado el producto, el siguiente paso es materializar la idea a través de las ventas**. Al principio habrán ventas pero no beneficios. El aumento de clientes hará necesaria la contratación de nuevos empleados para continuar la expansión amén de introducir mejoras en el producto/servicio para no quedarse estancado y/u obsoleto. El nivel de *cash-flow* producido en esta etapa hará más atractiva la entrada de capital externo. Si se superan estos cuatro niveles, el emprendedor habrá superado el denominado "valle de la muerte" donde el 90% de las *start-ups* son enterradas.

5) <u>Etapa de expansión</u>: si se superan las fases anteriores, **llega el momento de la internacionalización, abriendo la puerta a nuevos nichos y mercados extranjeros**. Si la *start-up* se ha desarrollado, empresas multinacionales pueden subirse al carro si huelen potencial de éxito.

6) <u>*Exit:*</u> llegado este punto, el fundador puede optar por dos vías, continuar como compañía privada o vender la *start-up*. Si opta por lo segundo, puede vender la empresa de manera privada a un fondo o a otra empresa, o realizar una Oferta Pública de Acciones para sacar el negocio a bolsa.

Como inversores, debemos tener claro hacia donde se canalizan los flujos de dinero. Pese a que la inversión en *start-up* es peligrosa (nueve de cada diez fracasa antes de llegar a los tres años de vida), es posible invertir en ellas mediante plataformas de *crowdequity* desde cantidades tan exiguas como diez euros. No obstante, el análisis ha de ser profundamente riguroso puesto que pequeños agujeros terminarán hundiendo nuestro barco si no realizamos el estudio apropiado. Algunas *start-ups,* como la *fintech* Revolut, consiguió ser vendida multiplicando por treinta el capital inicial aportado por los inversores en las primeras rondas. Sin embargo, debemos considerarlo como caso excepcional, algo que ocurre, como mucho, una vez en la vida de un inversor de *Venture Capital*. La dura competencia, el alto nivel de exigencia y la velocidad de crucero en que la innovación tecnológica se mueve, hace que sea realmente difícil triunfar con este tipo de inversiones.

Recordemos lo que ocurrió en 2000 cuando explotó la burbuja puntocom. Nada menos que el 95% de las empresas que salieron a cotizar durante el último lustro del pasado milenio quebraron. Internet era un negocio en ciernes y prácticamente ninguna empresa presentaba beneficios y, por ende, los precios no reflejaban para nada la cruda realidad del negocio. Se habían construido castillos en el aire. La gente se dejó llevar por la codicia y luego todo se desmoronó. En cuestión de meses, estas empresas pasaban de constituirse a cotizar en bolsa a niveles absurdos. La compañía MacLeod USA, proveedora de servicios de telefonía, llegó a cotizar a un máximo histórico de 36$ en marzo de 2000 (punto máximo de la burbuja). Un año y medio más tarde, lo hacía a cincuenta centavos. La filial de la compañía española Telefónica, Terra Networks, comenzó a cotizar en bolsa el 17 de Noviembre de 1999, triplicando el precio de salida en su primera sesión, terminando el día a una cotización de treinta y siete euros. Tres meses después alcanzaba su cénit: ciento cincuenta y siete euros. El precio, hinchado por la compra de inversores inexpertos tras una sugerente campaña publicitaria en televisión, se desplomaría hasta los 5,75 euros por acción en 2003, una caída superior al 95%. Tras la tremenda debacle, fue recomprada por la propia Telefónica y poco tiempo después dejó de cotizar en bolsa. Terra Networks era un simple portal web de contenidos digitales que perdía dinero a espuertas. Miles de españoles y latinoamericanos perdieron una sustanciosa cantidad de sus ahorros en una empresa que aspiraba a ser el Yahoo de la comunidad hispanohablante. En 1999, únicamente veinticinco millones de personas usaban internet, no se podían recibir llamadas telefónicas si se estaba conectado y la velocidad de descarga de los portales web nos parecería exasperante hoy. Conceptos como HTML, link o *browser* nos sonaban a chino. La avaricia humana se impuso a la razón evidente de que los inversores desconocían totalmente en lo que estaban invirtiendo.

Ninguna de estas acciones hubieran superado el correspondiente *scuttlebutt* en aquel momento. Ahora que la tecnología relativa a la red de redes está plenamente consolidada y es un mercado mucho más maduro, sí que puede resultar conveniente, dado el caso, adquirir los valores a un precio algo más elevado de su valor intrínseco. No obstante hay que ser cautos para no dejarnos llevar por las modas y no pagar una burrada para obtener humo. Los primeros pasos de estos negocios son complicados y muchos de ellos no suelen sobrevivir.

1.5. LAS CUATRO DIMENSIONES

" Invertir en una empresa sin tener los conocimientos suficientes sobre ella, es más peligroso que no tener la diversificación adecuada".

Pese a que no hay dos inversores iguales, podemos clasificarlos en dos grupos: conservadores y agresivos. Para perfiles más conservadores, Fisher enumera, en la segunda parte de su libro *Common Stocks and Uncommon Profits*, los cuatro puntos principales (a los que denomina dimensiones)[4] para que el inversor que sienta más aversión al riesgo pueda dormir a pata suelta, soñar con los angelitos y no acostarse con los valores debajo de la almohada. Igualmente son conceptos que resultan válidos para inversores más atrevidos. Lo cortés no quita lo valiente.

Estas son las cuatro dimensiones para dormir como un tronco:

---

[4] Fisher, Philip. *Conservative investors sleep well*. Harper & Row, 1975. ISBN: 978-0060112561. Parte II, pág 176-218.

1) <u>Ventaja competitiva</u>: ya hablamos de ella hasta la saciedad en el primer volumen de Maestros de la Bolsa por lo que poco más queda por añadir al respecto. La superioridad de una empresa sobre la competencia en materia de producción, marketing, I+D, habilidades financieras o cualquier área donde una compañía destaque y tenga la capacidad para mantenerla y aumentarla en el futuro, resultan la panacea para cualquier perfil de inversor.

2) <u>Factor humano</u>: las compañías no funcionan por sí sólas. Hay un equipo humano detrás. "La empresa X ha defraudado millones al fisco" oímos en ocasiones en los noticiarios. Pero las empresas ni estafan ni son transparentes por sí mismas. Son entes materiales que ni sienten ni padecen. Son las personas que están detrás del negocio las que acometen tanto las acciones positivas como las acciones negativas. El equipo que conforma una empresa (desde el CEO hasta la persona que representa el escalafón más bajo) debe ser el motor para llevar a cabo todas las tareas comentadas en el punto número uno. Una compañía con un equipo mediocre es imposible que pretenda tener relevancia y mucho menos aspirar a ser una empresa líder en su sector. En el capítulo dedicado a los quince puntos que un inversor debe valorar al posicionarse en una compañía, volveremos a hacer hincapié en la importancia del factor humano.

3) <u>Características intrínsecas del negocio</u>: cada empresa posee diferentes peculiaridades según tamaño, sector, país y *management* (por citar las más importantes) que le posiciona en un peldaño inferior, igual o superior respecto a su competencia. Las compañías más grandes crecen de manera más lenta pero continuada en el tiempo, mientras que las más pequeñas crecen más rápidamente al principio y poseen mayor capacidad de adaptación aunque son más inestables y vulnerables. Cada sector presenta múltiples variables que van desde los costes de producción, pasando por posibles barreras de entrada, su capacidad de generación de beneficios, y/o su posible obsolescencia. Cada país es un mundo en sí mismo con peculiaridades locales, marañas

administrativas varias, impuestos diferentes y oportunidades desiguales. Es imperativo que el inversor conozca con detalle todos estos factores antes de invertir.

4) <u>El precio a pagar</u>: es el punto donde los ratios financieros cobran su mayor importancia. Al igual que haría un inversor en valor, el inversor conservador debe valorar el PER de la empresa respecto al precio de mercado y al sector en que se encuentre encuadrado teniendo en cuenta que, por lo general, las empresas de sectores pujantes presentan múltiplos más altos que en ocasiones pueden estar justificados y en otras ocasiones no. El BPA, su valor en libros (*Price to Book*), y los flujos de caja libre (*Free Cash Flow*), también deben de ser tenidos en cuenta. El precio a pagar debe ser lo más cercano posible al valor intrínseco de la empresa para tener el margen de seguridad suficiente para ganar dinero con los valores, tal y como nos enseñó Benjamin Graham en *Maestros de la Bolsa 1*.

1.6. FADS AND FANCIES

"Los márgenes sobre beneficios pasados no son los importantes para el inversor, lo son los márgenes sobre beneficios futuros".

Fisher hace hincapié a lo largo de su libro *Common Stocks and Uncommon profits*, en que no debemos dejarnos arrastrar por la corriente. Sucede hoy que, como en cualquier otro momento de la historia, nos dejamos llevar por los cantos de sirena de los caprichos de la moda. Un ejemplo de rabiosa actualidad sería el *Bitcoin* del que hablaremos en profundidad en siguientes capítulos. El inversor de California habla de "fads and fancies". *Fad* es un *slang* o jerga que se refiere a artículos con una corta esperanza de vida. Algunos ejemplos para tener más claro el concepto serían el hula-hoop o el yo-yó, productos de poca utilidad (divertidos eso sí) que viven un repentino boom y, casi a la misma velocidad que llegan, se esfuman. *Fancy*, por su parte, significa lujoso en inglés. Si se mezclan ambos conceptos el desastre está asegurado.

Fisher pone varios ejemplos de ellos en el libro. El sector de la moda era uno de los que pretendía evitar a toda costa. Bajas barreras de entrada, cambios de hábito de los consumidores (adivinar la longitud de las faldas del verano siguiente siempre es un reto), los costes de fabricación...demasiadas incógnitas a despejar en los análisis. Si un famoso diseñador saca una nueva línea novedosa, la competencia lo copiará de inmediato y dejará de tener ventaja competitiva. Como muestra un botón (ya que hablamos de moda...): volviendo a la longitud de las faldas, la diseñadora Mary Quant causó sensación en la década de los sesenta del siglo pasado con la creación de la minifalda pero su idea fue replicada casi de inmediato y el tiempo que pudo disponer de tal ventaja competitiva fue escaso. Si hubiera innovado en el sector farmacéutico hubiera podido proteger su idea con una patente. Hoy día la tesitura es parecida. La moda actual, más desenfadada, no es la mejor época para los vendedores de corbatas... aunque quizás, en unos años, veremos runners corriendo encorbatados...el *fashion designer business* es muy poco predecible, desde luego. Fisher hace un juego de palabras: "These investment fads are misinterpretations of facts (estas inversiones de moda son una incorrecta interpretación de los hechos)"[5]. Otro sector muy cambiante es el audiovisual: el formato CD y el DVD despertaron unas grandes expectativas a principios de siglo. Algunos grandes almacenes destinaban una planta entera a ellos. Hoy día, ambos artículos se ven relegados a una pequeña estantería, cediendo terreno a videojuegos, telefonía móvil y artículos tecnológicos de última novedad. Los melómanos se lanzaron al consumo masivo del disco compacto y del disco versátil y hoy, a mucho mejor precio, tienen infinitas posibilidades audiovisuales gracias a las emisiones en *streaming* que proporcionan plataformas como HBO o Netflix o pueden descargar música ilimitada a precios razonables en itunes o Spotify.

El pequeño inversor requerirá de una tremenda fuerza de voluntad para no dejarse arrastrar por las modas del momento. Algunos creen erróneamente que el hecho de que un valor vaya al alza lo convierte en un objetivo de compra. El inversor debe conocer bien los factores (hechos) que hacen subir a un determinado valor y no confundir *fads*

---

[5] Fisher, Philip. *Common stocks and uncommon profits.* Cap. 9, pág. 161.

con *facts*. Todo el mundo no puede estar en lo cierto.

1.7. LOS 15 PUNTOS

"El único lugar donde el éxito va antes que el trabajo es el diccionario". Anónimo.

Para realizar nuestro particular *scuttlebutt*, Fisher enumera quince consejos que el inversor debe considerar antes de tomar posiciones en cualquier valor. Los denomina "los 15 puntos" y aparecen en el capítulo 3 del libro *Common Stocks and Uncommon profits*:

1) **¿Tiene la compañía productos y/o servicios con el suficiente potencial para hacer posible un incremento de sus ventas durante largos periodos de tiempo?** En *Common Stocks and Uncommon Profits*, Fisher cita a Motorola, una de sus inversiones más exitosas (no en vano la mantuvo en cartera hasta la fecha de su fallecimiento), como claro ejemplo del punto uno. Aunque, muy probablemente, la compañía es más conocida por haber sido pionera en la comercialización de teléfonos móviles, a mediados de los cincuenta su especialidad eran las radios, convirtiéndose en los creadores, en la década de 1930, de la primera radio para automóviles. Posteriormente, Motorola equiparía con *walkie-talkies* a taxis, camiones, vehículos del ejército y coches de policía. Ello le permitía tener un amplia cuota del sector público que adquiriría sus productos por lo que sus ventas eran constantes y crecientes. Gran parte de los beneficios generados por la empresa electrónica eran invertidos en I+D y eso se traducía en nuevos aparatos cada vez más sofisticados y modernos. Adicionalmente, en la década de los setenta, Motorola se consolidó como empresa líder en el segmento de los semiconductores y, en 1983, lanzó el primer teléfono celular, el modelo DynaTAC. Hoy día (y sin ánimo de comparar) podríamos considerar a Amazon como modelo de empresa capaz de incrementar ventas consistentemente y con una capacidad de crecimiento, por el momento, ilimitado. Su continua

expansión en el ámbito de la distribución on-line, con entregas cada vez más rápidas, la facilidad que ofrece a sus suscriptores para encontrar prácticamente cualquier producto y la posibilidad de terminar ofreciendo servicios financieros, sitúa a la empresa de Jeff Bezos en una situación privilegiada para continuar con su imparable expansión. Desde que empezara a cotizar en bolsa a dos dólares y medio en 1997, la acción se ha disparado hasta rondar los tres mil en la actualidad.

2) **¿Tiene la dirección de la empresa la capacidad de seguir desarrollando productos y/o servicios cuando el potencial de crecimiento de los actuales ya se haya agotado?** Una compañía puede tener unas expectativas muy prometedoras pero, si no innova, puede que sus productos queden obsoletos y deje de crecer. Tomando como ejemplo el caso anterior de Motorola, la compañía perdió su posición de preeminencia en el mercado de telefonía móvil en cuanto aparecieron marcas que ofrecían mejores diseños y prestaciones. Hoy día ya no se trata de poseer un teléfono sino de vivir una experiencia sensitiva. Los celulares ya no son únicamente toscos aparatos que sirven para llamar. Se utilizan para fotografiar nuestros recuerdos y compartirlos, realizar pagos, guiarnos en una ciudad desconocida, o servirnos de agenda y despertador, entre otras muchas funciones. Si encontramos una empresa que cumpla tanto el primer como el segundo punto, muy probablemente estaremos ante una gran inversión, como bien sugiere Fisher en la página 82 de *Common Stocks und Uncommon Profits*.

3) **¿Cómo de efectiva es la investigación y sus esfuerzos para su desarrollo en relación a su tamaño?** Una empresa debe concentrar sus esfuerzos en lograr que por cada dólar invertido en I+D se consigan dos dólares o más de beneficio. En ocasiones, las cifras pueden resultar engañosas. Imaginemos una empresa que logra diez millones de euros de beneficios anuales provinientes de sus productos innovadores y su capitalización es de mil millones. Estaría logrando un 1% de beneficio proviniente de su división de

innovación. Y otra compañía que alcance la misma cifra de diez millones pero cuya capitalización sea de cien millones de euros, obtendrá un 10%. Según la regla del 72, la empresa que consigue un 10% de beneficio habrá conseguido dos dólares por euro invertido en poco más de siete años. Por su parte, la compañía que consigue sólo un 1% de ingresos por I+D, tardará setenta y dos años (si sobrevive) en conseguir los mismos resultados. Conviene además, comparar los beneficios obtenidos en relación a la media de su industria correspondiente. Los negocios de sectores con mayor competencia deben destinar más recursos al desarrollo de nuevos productos o servicios mientras que las que pertenenecen a sectores con nichos de mercado no tienen obligación de gastar tanto en I+D. No obstante, no siempre invertir en I+D es beneficioso. Muchos proyectos quedan en agua de borrajas y todo el dinero invertido en tales proyectos se pierde por el desagüe, aunque el coste de no invertir en desarrollo puede ser potencialmente superior a las pérdidas ocasionales que puedan suceder eventualmente. Para Fisher es esencial que las empresas más innovadoras tengan líderes cuya visión se traduzca en productos disruptivos: "Las compañías grandes tienen equipos con personal muy cualificado y especializado, cada uno de ellos, en un área concreta. Una empresa de la industria pesada puede contar con el mejor químico, el mejor físico, el mejor metalúrgico y el mejor matemático, pero necesitan un líder con una visión definida que guíe y coordine a los diferentes especialistas hacia un objetivo común".[6] Debemos considerar también que, la inversión en I+D, puede verse afectada seriamente en épocas de crisis. Las compañías recortan personal y se centran en los productos ya existentes en los momentos turbulentos. Esto significa un menor gasto a corto plazo pero una pérdida económica a largo plazo puesto que la compañía puede verse rezagada si no invierte lo suficiente en el lanzamiento de nuevos productos. Las

---

[6] Fisher, Philip. *Common stocks and uncommon profits*. Cap 4, pág. 83.

compañías deben tener en cuenta, antes de lanzar sus futuros productos, el tamaño de mercado al que se dirigen. Si el producto es muy bueno pero costoso y dirigido a un nicho no lo suficientemente amplio, podría no resultar rentable su lanzamiento y no cubrir, con el importe de sus ventas, el dinero invertido en él. ¿Cómo debe por tanto el inversor proceder a la hora de realizar su selección respecto a este punto?: "Analizar cuantos ingresos en ventas o beneficios obtiene la empresa seleccionada derivada de su investigación en I+D durante un periodo de diez años. Una compañía que haya presentado un buen número de productos innovadores rentables en dicho periodo de tiempo seguirá, muy probablemente, siendo igual de productiva siempre que se mantenga operando bajo los mismos métodos que le han proporcionado éxitos en el pasado reciente". [7]

4) **¿Posee la compañía un equipo de ventas por encima de la media?** Sin ventas no es posible sobrevivir. El marketing es imprescindible en un mundo tan competitivo. "Mil canciones en tu bolsillo" era el efectivo *slogan* que Apple eligió para promocionar su nuevo producto, el Ipod, allá por 2001. El producto era bueno (aunque en una primera fase algunos de ellos salieron defectuosos) pero el marketing, claro y conciso, era todavía mejor. Se anticipaba una era donde los productos debían estar bien definidos, ser manejables y prácticos, tener un bonito diseño, y en el que pagar un alto precio estuviera justificado. El empresario Grant Cardone lo resume del siguiente modo: "Vender es resolver problemas. Vender es ofrecer soluciones a la gente. Vender es aportar valor a la vida de los demás, más calidad, mejores precios, mayor rapidez y mayor atención personalizada. Para la mayoría de las personas el precio no es el problema. Si el precio fuera el problema la gente tomaría el café en casa por la mitad de dinero que cuando acude a Starbucks. O se quedaría tranquilamente en casa

---

[7] Fisher, Philip. *Common stocks and uncommon profits*. Cap. 4, pág. 86.

viendo un partido de fútbol en lugar de acudir al estadio y pagar la entrada".[8] La inversión en marketing varía ampliamente de unas empresas a otras. Zara destina poquísimo dinero a mercadotecnia: su mejor carta de presentación son las miles de bolsas con su logo impreso y que se ven a diario en las zonas comerciales de las grandes ciudades. Por otra parte, las empresas automovilísticas se enfocan más en promociones televisivas. Las compañías tecnológicas, en cambio, se centran más en vender a través de redes sociales. Sin embargo, ninguna estrategia de marketing es tan efectiva como el trato cara a cara. Cuando dudamos sobre adquirir un producto o servicio, la impresión y atención que nos demuestre el vendedor de turno será fundamental a la hora de tomar una decisión definitiva. Para Fisher, contar con buenos equipos de ventas es vital para su crecimiento a largo plazo.

5) **¿Posee la compañía un margen de beneficio que merezca la pena?** Hemos visto en el punto anterior la importancia del equipo de ventas en un negocio. Pero dichas ventas deben traducirse ineludiblemente en mayores márgenes de beneficios para la empresa. Es primordial examinar cuantos céntimos de beneficio nos proporcionará cada venta en relación a cada euro invertido. Huelga decir que el margen de beneficio variará ampliamente entre unas empresas y otras. No es lo mismo compañías de gran capitalización cuyos márgenes no diferirán en grandes proporciones ni crecerán en múltiplos exagerados en épocas de bonanza económica que compañías de baja capitalización que ofrecen márgenes de beneficios espectaculares en épocas de expansión económica, pero cuyos sensacionales márgenes disminuirán drásticamente en ciclos de depresión económica. Las grandes compañías aguantan los varapalos con menores pérdidas o incluso presentan leves crecimientos

---

[8] Alcaide Hernández, Francisco. *Aprendiendo de los mejores 2.* Editorial Alienta, 2018. ISBN: 978-84-16928-59-0. Pág. 133-135.

en épocas de contracción económica. Debemos buscar empresas con un amplio margen de beneficio, que éste sea sostenible en el tiempo, y estudiar su comportamiento durante los ciclos de depresión. Nos interesan más aquellos negocios que sean capaces de crecer incluso en periodos de adversidad.

6) **Qué va a hacer la compañía para mantener o mejorar tales márgenes de beneficios?** Para ampliar los márgenes de beneficios no basta con que la compañía aumente los precios. Precio y calidad deben subir en la misma proporción. Los márgenes de beneficios se pueden ver reducidos por varias razones: subidas de los precios de las materias primas, aumento de los costes laborales, incremento de tasas e impuestos...únicamente pueden aumentar precios sin mejorar la calidad de sus productos o servicios, aquellos negocios con una demanda anormalmente alta. En esos casos, tales subidas pueden estar justificadas. Lo ideal, no obstante, son los negocios que no necesitan subir precios y que reinvierten sus beneficios en nueva maquinaria o nuevas tecnologías que les permite abaratar costes y, de esta manera, mejorar sus márgenes de beneficio.

7) **¿Tiene la compañía un buen ambiente laboral?** Muchos inversores no conceden importancia a este punto pero una compañía que paga mal a sus empleados, que no facilite la conciliación familiar o que frecuentemente se vea afectada por convocatorias de huelga, está en franca desventaja respecto a otros negocios que sí cuidan estos aspectos. Un buen trato de los empleadores se traduce en un personal más valorado y motivado. Además, las empresas con rotación alta de empleados, sufren mayores costes laborales y costes de oportunidad por todo el tiempo que deben destinar a formar al nuevo personal y que podrían aprovechar de mejor manera en otros menesteres. Cuando Fisher escribió *Common Stocks and Uncommon Profits*, la afiliación sindical de los trabajadores tenía una tendencia alcista. Hoy en día, muchas de las mejores empresas mundiales no

disponen de afiliación sindical o ésta muestra una tendencia a la baja. Esto puede ser buena señal dependiendo del prisma con el que se mire. Muchas de las nuevas compañías que nacieron en los últimos tiempos se preocupan de sus empleados: conciliación familiar; posibilidad de desarrollar proyectos personales dentro de la empresa; y contribuciones de los empresarios a planes privados de previsión y jubilación de sus empleados, son algunas de las condiciones que, muchas de las compañías que se crean hoy, ofrecen. Luego está la remuneración laboral, claro. Nadie trabaja por amor al arte. Pese a que las condiciones detalladas en el párrafo anterior son importantes, al final el salario resulta clave. Aquellas empresas que presentan mayores márgenes de beneficios pueden permitirse pagar sueldos más elevados para que incidan de manera positiva en la salud laboral de los trabajadores. Otras muchas compañías, pese a podérselo permitir, pagan salarios bajos para, de esta forma, elevar sus márgenes en detrimento de la remuneración del trabajador. No obstante, a largo plazo no resulta una estrategia rentable. "Paga cacahuetes y contratarás monos" le gustaba decir a mi abuela. Los negocios que no pagan bien a sus empleados no pueden aspirar a contratar a los mejores profesionales. Por último, tenemos los negocios en los que los altos mandos están bien remunerados y los trabajadores menos cualificados no. Al inversor no le interesan compañías que pagan altos salarios, bonus y pluses a los directivos pero en cambio maltratan a los trabajadores de menor rango. Las grandes empresas, como las pertenecientes a la industria pesada o al sector financiero, destinan altas sumas de dinero a los dirigentes cuando los beneficios deberían reinvertirse en el negocio. Como consecuencia de ello, el dinero se evapora.

8) **¿Tiene la compañía un excelente *management*?** En el punto anterior hemos hablado de que no es bueno extremas diferencias de salario entre los altos mandos y el personal de menor cualificación. Sin embargo, es primordial que los máximos dirigentes se sientan bien pagados y valorados por lo que hay que encontrar un cierto equilibrio. Que los

directivos tengan posibilidades de promocionarse dentro de la empresa y de que los ascensos se produzcan según meritocracia y no por enchufes o amiguismos. Recurrir únicamente a personal externo si no hay nadie en la compañía preparado para cubrir una eventual vacante. Ofrecer revisiones salariales con frecuencia y pluses por objetivos cumplidos. Un buen clima de trabajo entre las altas esferas también es esencial. Steve Jobs comentó en una conferencia: "Mi principal tarea en Apple es asegurame de que los cien trabajadores principales de la compañía son excelentes. Contratar a gente que sienta pasión por la excelencia. Cuando cuentas con gente muy buena, no necesitas estar encima de ellos. A los jugadores de primera les encanta trabajar juntos y no les gusta que les toleres un trabajo de segunda".[9]

9) **¿Posee el *management* capacidad para expandirse?** A medida que una empresa crece, su dirección debe ampliarse desde una base fundacional a otra más profesional. Jeff Bezos comenzó su negocio haciendo todo tipo de labores en su apartamento junto a su mujer pero, a medida que la empresa iba creciendo, tuvo que delegar tareas y contratar directivos que le ayudaran. Una vez que la compañía empieza a expandirse, ésta debe enfrentarse a nuevos y mayores retos. Nosotros, como inversores, debemos saber analizar como un negocio va a poder afrontar estos cambios en el futuro. Cuanto más crezca una empresa más preparados deben estar sus directivos. Además, la comunicación entre los diferentes departamentos debe ser lo suficientemente fluida para evitar confusiones y/o duplicidades para que no se solapen unas a otras. En un entorno tan cambiante como el actual, los diferentes directivos, en sus respectivas áreas, deben estar contínuamente reciclándose y formándose para seguir siendo competitivos en el futuro.

---

[9] Alcaide Hernández, Francisco. *Aprendiendo de los mejores*. Editorial Alienta, 2016. ISBN: 978-84-16253-87-6. Pág. 311.

10) **¿Cómo de bueno es el departamento de análisis de costes y de contabilidad de la empresa?** En este punto vamos a recordar lo que aprendimos en *Maestros de la Bolsa 1*: la reacción de un equipo mediocre a las operaciones débiles es una contabilidad débil. Un acurado control contable resulta imprescindible. Las ventas pueden ser fabulosas en un momento dado. Puede la empresa contar con vendedores que consigan endosar hielo a esquimales o puede reunir a los principales ejecutivos de la revista Forbes en ella. Todo esto resulta fenomenal pero si la contabilidad presenta fisuras, el dinero se les escurrirá entre los dedos. Es vital que el equipo contable de una empresa sepa hacia donde fluye hasta el ultimísimo céntimo para poder analizar como la compañía puede suprimir todos aquellos gastos innecesarios que puedan ser una rémora para la prosperidad del negocio. La contabilidad es el mapa de una empresa. El GPS que nos guía por la carretera de la planificación de gastos.

11) **¿Cuáles son los aspectos o peculiaridades del negocio que den una pista al inversor de como se comportará el negocio dentro de su industria, en el futuro, con respecto a la competencia?** En pocas palabras: encontrar una empresa que tenga una ventaja competitiva respecto a la competencia. En este punto Fisher habla de las patentes. El hecho de disponer de licencias o patentes pueden dar cierta ventaja a las empresas que las desarrollan (ver capítulo 5 de Maestros de la Bolsa 1) aunque no pueden vivir eternamente de ellas ya que tienen fecha de caducidad. Las patentes permiten a los negocios que la competencia no pueda copiarlos durante cierto tiempo pero advierte que "un constante liderazgo en ingeniería, y no las patentes, es fuente fundamental para la protección de activos".[10] Otro aspecto importante a observar: los ratios de endeudamiento. Las empresas con excesiva deuda deben destinar parte de sus ingresos a devolver capital e intereses y no pueden

---

[10] Fisher, Philip. *Common Stocks and Uncommon Profits.* Cap. 3, pág. 101.

invertirlos en nuevos productos, o fortalecer o renovar los ya existentes. Las empresas que crezcan de manera sostenible, sin necesidad de recurrir a créditos, desarrollarán también su ingenio: pedir dinero a terceros no requiere de mucha habilidad. Pensar nuevas formas de generar ingresos, sí.

12) **¿La visión de la compañía es a largo o corto plazo?** Muchas empresas sacrifican crecimientos sostenibles a largo plazo para obtener beneficios a muy corto plazo. A menudo, las compañías grandes, debido a su obligación de presentar resultados trimestrales, se centran en obtener ganancias rápidas. El trato ofrecido a los clientes es un buen síntoma de los horizontes temporales de las empresas. Las que buscan conseguir beneficios a corto plazo preferirán políticas agresivas basadas en la venta rápida en lugar de centrarse en ganar clientes a largo plazo.

13) **Requerirá la compañía, en un futuro, la emisión de nuevas acciones para necesidades de financiación que diluyan el valor de las acciones ya emitidas?** El término "ampliación de capital" no deja de ser un eufemismo. En realidad significa lo siguiente: "Nos hemos pulido vuestro dinero...¿Nos prestáis más?" Una gran entidad bancaria española ha estado haciendo ampliaciones de capital de manera continuada en los últimos años. Huelga decir que ha perdido un 75% de valor desde sus máximos históricos... Si tenemos el 10% de una compañía que tiene 100 participaciones a un euro cada una (tenemos 10 participaciones x euro = 10€) y emite una ampliación por valor de un 100% (es decir la compañía pasa a tener 200 participaciones) pero no acudimos a la ampliación, pasaremos a tener sólo una participación del 5% de la empresa. Si esto ocurre con frecuencia, deberíamos estar aportando capital a las compañías cada dos por tres. No sale a cuenta tener en cartera este tipo de empresas. Los inversores exitosos huyen de estos valores como lo hace el gato escaldado del agua caliente. No ocurre nada si las compañías lo hacen de manera esporádica pero las compañías de calidad pueden financiarse a buen precio sin

necesidad de recurrir a nuevas emisiones.

14) **¿Hablan mucho los directivos de la empresa cuando todo marcha bien pero se callan cuando todo va mal?** Cuando una empresa funciona a las mil maravillas todo el monte es orégano. Todos los directivos quieren hacer partícipes de su éxito a los accionistas y mostrar cómo de fabuloso es su trabajo. Les encanta colgarse la medallita. Pero cuando la cosa se tuerce, a pocos les gusta hablar más de la cuenta. La verdad es, en ocasiones, dolorosa pero una empresa transparente en los malos momentos siempre resultará más fiable para un inversor que una compañía opaca. Lo que verdaderamente debemos tener en cuenta es conocer si la compañía tiene planes de contingencia para contrarrestar los posibles baches que puedan ir surgiendo por el camino.

15) **¿Tiene la administración de la empresa una integridad intachable?** Lamentablemente el mundo bursátil ha tenido "ovejas negras" que han manchado la reputación de los mercados financieros. Casos como Enron y Worldcom en los Estados Unidos de América o el Banco Popular y Abengoa en España, han causado mucho dolor a miles de accionistas. Directivos que enchufan a sus familiares, retribuirse con *stock options* o tarjetas de crédito opacas, autoimponerse pluses escandalosos, maquillajes contables, comercialización de productos poco éticos, o directamente robos a las arcas de las empresas, son algunos hechos que se producen excepcionalmente pero que resultan mediáticamente sonoros cuando ocurren. El éxito nubla a algunas personas que están cerca del poder y cuando eso sucede, los accionistas quedan desprotegidos. Invertir en empresas con un *management* de reputación intachable no es una garantía de éxito al cien por cien pero hace que juguemos con más probabilidades a nuestro favor.

Las compañías ideales para invertir son aquellas que cumplen con al menos diez de los requisitos comentados ya que son "capaces y afortunadas". Fisher considera que algunas de ellas son afortunadas por pertenecer a un sector con un amplio desarrollo y eso las transforma en capaces. Después están las que son capaces y por tanto son afortunadas porque pueden sacar siempre partido a dichas capacidades. Añadir que el proceso de selección es válido tanto para empresas de gran capitalización como para negocios de pequeña capitalización. Fisher comenta en el prefacio de *Common Stocks and Uncommon profits*: "Tengo las ideas claras, no me confundas con hechos". No vamos a ser nosotros los que discutamos quince puntos tan clarividentes. Por algo estamos hablando de uno de los inversores mas exitosos de la historia...

1.8. LOS 10 "NOES"

"Es difícil hacer predicciones, sobre todo respecto al futuro". Yogi Berra.

Buffett dice a menudo que aprender a decir "no" es una inmensa ventaja para el inversor. Estamos inmersos de lleno en una época de positivismo en la que parece obligatorio decir siempre "sí" a todo, pero nada más lejos de la realidad. En el mundo de las inversiones debemos aprender a ser *contrarian* y aprender a decir que no. Las buenas oportunidades de inversión son bastante menos frecuentes que las malas por lo que hay que procurar ser tremendamente selectivos.

Fisher enumera diez coyunturas de mercado en las que tener suficiente voluntad y saber decir que no sin tapujos:

1) <u>NO acudir a IPO´s</u>. Los precios de las compañías que acuden a una Oferta Pública de Venta suelen estar hinchadas por los emprendedores, agentes y colocadores que la sacan a subasta. Son negocios en ciernes, con mucho potencial, y que despiertan unas enormes expectativas pero carecen de la madurez suficiente como para confiar en ellos todavía. Aunque el equipo sea talentoso, prometedor y capaz, adolece todavía del marketing y de las habilidades financieras necesarias para un desarrollo exitoso. En épocas de rally bursátil, la fiebre compradora sobrecalienta en exceso los precios de salida. En 2021, hemos tenido el caso de Airbnb que en su primer día de cotización triplicó su precio inicial.

Del mismo modo, son mucho más frecuentes las IPO's en tiempos de expansión y menos habituales en tiempos de recesión ya que resulta mucho más sencillo una amplia distribución de las acciones en un mercado eufórico.

2) <u>NO ignorar una acción porque se negocia *over-the-counter*.</u> La negociación extra-bursátil, también conocida como negociación *over-the-counter*, se lleva a cabo entre dos partes fuera de los mercados bursátiles. **En este tipo de mercado se encuentran empresas que no cumplen los requisitos suficientes como para cotizar en bolsas formales.** En líneas generales el mercado *over-the-counter* es menos fiable. Las exigencias de regulación y de información son más laxas y tienen riesgo de contrapartida. Aunque acudir a mercados extra-bursátiles tiene sus peligros (recordemos el caso Gowex en España en 2014) no debemos descartarlo siempre de inmediato. Si conocemos bien el negocio y nos informamos adecuadamente de como funcionan este tipo de mercados, pueden resultar inversiones lucrativas.

3) <u>NO comprar una acción en base a sus resultados anuales</u>. El reporte anual no es más que un ejercicio de marketing. En palabras del propio Fisher: "Es bueno recordar que los informes de resultados anuales están diseñados, generalmente, para dar una buena impresión al accionista. Debemos ir más allá y fijarnos en los elementos fundamentales. Como cualquier otra herramienta de venta están pensados para ofrecer la mejor cara de la empresa. Casi nunca presentan argumentos equilibrados y completos de los problemas reales y las dificultades del negocio. Son, con frecuencia, demasiado optimistas".[11] Fisher nos anima a aprender a leer entre líneas para discernir si la información proporcionada por la empresa refleja con fidelidad la

---

[11] Fisher, Philip. *Common stocks and uncommon profits*. Cap. 8, pág. 130.

realidad o no. Si no lo es (aparte de estimar muchos otros factores), abstenerse de comprar. Por la misma regla de tres, Fisher explica que no debemos vender una acción que ya poseamos por el mero hecho de que el informe anual sea negativo. De nuevo debemos comprobar la realidad subyacente del negocio para hacernos una idea real de la situación y no incurrir en una posible precipitación por unos informes interpretados fuera de contexto.

4) <u>NO asumir que una acción vendida a una exigente valoración respecto a sus ganancias es un indicador que dicha alta valorización ya está descontada en el precio</u>. El inversor californiano lo explica con un claro ejemplo. Estamos en posesión de las acciones de la empresa XYZ. Presenta un PER medio de 20 veces beneficio durante los últimos treinta años, lo que supone el doble del PER medio del índice de referencia que es de 10. Un inversor puede pensar que la acción está sobrevalorada. La compañía sigue presentando las mismas buenas perspectivas para los cinco años siguientes y se espera que el mercado en conjunto presente un crecimiento similar por lo que es muy posible que dentro de cinco años la acción siga cotizando a una valoración doble del precio de mercado. El inversor puede llegar a la errónea conclusión, por consiguiente, que el crecimiento futuro del valor ya está descontado en el precio y vender la acción. Para Fisher esta interpretación es totalmente equivocada ¿Porqué no va a poder seguir creciendo a un ritmo superior de la media del mercado si lo ha venido haciendo regularmente y se mantienen las mismas condiciones?

5) <u>NO regatees al mercado</u>. Fisher explica el caso de un inversor de su época que tenía claro que deseaba adquirir una acción a 35$ e introdujo una orden de compra limitada a ese precio. El valor se negociaba a 35,25$. Se mantuvo en sus trece y no quiso cambiarla por una orden de mercado. Pues bien, dicha orden jamás se ejecutó ya que la acción nunca

bajó hasta los treinta y cinco dólares. Para desesperación de este inversor cabezón, veinticinco años después la cotización del valor era de 500$... La moraleja de la historia es fácil de adivinar: si nos interesa un valor en particular ¡debemos ejecutar una orden de mercado! La posibilidad de quedar fuera de un negocio prometedor por racanear unos centavos, resulta absurda para los inversores sensatos. Fisher calcula que este tozudo inversor dejó de ingresar más de cuarenta y seis mil dólares de la época por escatimar veinticinco centavos por acción en el precio de compra.

6) <u>NO diversificar en exceso</u>. Al igual que otros maestros de la talla de Warren Buffett, Ben Graham y Peter Lynch, a Fisher le gusta colocar todos las manzanas en el mismo cesto...y ponerlo a buen resguardo. Quién sabe, quizás no hay suficientes manzanas de calidad para rellenar todos los cestos y caigamos en la trampa de la *diworsefication* (ver *Maestros de la Bolsa 1*). Según el inversor de San Francisco, no hay una regla universal establecida respecto a la diversificación. Esta será de una manera u otra dependiendo del tamaño de la cartera del inversor, sus conocimientos, sus sesgos de preferencia o su aversión al riesgo. Si tenemos cuatro acciones en cartera y estas son Gamestop, Nintendo, Tencent Holdings y Activision Blizzards estaremos diempeorando el *portfolio* ya que todas pertenecen al sector de videojuegos y nuestro futuro financiero estará a expensas de como funcione el negocio del *gaming*. En *Common Stocks*, Fisher recomienda dos tipos de cartera: a) con cinco valores de alto crecimiento y gran tamaño con un 20% repartido en cada uno de los valores, poniendo especial atención en que un posible crecimiento desmesurado de alguno de ellos no desequilibre el *portfolio*; y b) combinando valores de gran capitalización con otras acciones algo más pequeñas. El porcentaje máximo asignado para cada uno de los valores debe estar entre el 8-10% del tamaño total de la cartera.

7) NO temas invertir en momentos de pánico. Al contrario. Cuando los tanques patrullan las calles a sus anchas debemos sacar toda la artilleria a relucir y no estoy hablando en sentido figurado. Fisher comenta en sus libros como cada vez que Estados Unidos incursionaba en una guerra, el mercado se desplomaba para, posteriormente, resurgir de nuevo. Los inversores se deshacen de sus acciones para hacer acopio de liquidez y vuelven a entrar en el mercado una vez que el peligro ha pasado. Los inversores inteligentes hacen al revés: entran en acción cuando hay sangre en las calles (comprando tras las caídas) y venden (o mantienen) cuando soplan los vientos de paz. En todo conflicto bélico las bolsas tienen tres fases: en la primera, hay descensos pronunciados y los inversores prefieren la liquidez por si hay escasez de abastecimiento; una segunda fase de recuperación donde los mercados se animan, especialmente sectores como la industria pesada; y una tercera fase de grandes subidas impulsadas por el optimismo insuflado por el fin del conflicto y la llegada de la ansiada paz.

8) NO dejarse influir por datos que no son importantes. La mayoría de inversores tratan de adivinar el futuro rendimiento de las acciones en base a datos que Fisher considera correctos pero malinterpretados. Los ratios, por ejemplo, ayudan pero no debemos tomarlos como axiomas. Fisher no prestaba atención al análisis técnico tampoco. Para él, los *charts* explican muy bien el pasado y el presente pero no indican lo que nos deparará el futuro. Por ello, consideraba errónea la obsesión de muchos *traders* de buscar comprar en mínimos y vender en máximos ya que la mayoría de inversores no eran capaces de dilucidar qué llevaba a una acción a mínimos o a máximos. Eso el análisis técnico no lo explica.

9) NO fallar en considerar el *timing* igual de importante que el precio. Saber entrar y salir en el momento adecuado es todo un arte. Como hemos visto en el punto anterior, muchos se

creen los más listos de la clase comprando en mínimos y vendiendo en máximos. El problema es que cuando una empresa toca fondo es difícil de saber si puede ir más abajo o si toca máximos pueda subir todavía más... Desde un punto de vista *value*, imaginemos que un valor que nos interesa cotiza a treinta euros, el precio de compra objetivo para mantener un buen margen de seguridad es de veinte, y su valor intrínseco es de sesenta. Si lo adquirimos ahora el potencial de revalorización sería del 100%. Si esperamos a que caiga a veinte la revalorización esperada sería del 200%. Pero como ya sabemos, nada impide que el valor caiga por debajo de veinte. A veces es peligroso comprar valores que bajan constantemente. Fisher ofrece una solución: como él revaluaba las acciones cada seis meses, esperaba un margen de cinco a seis meses para ver si la cotización se acercaba al precio del margen de seguridad y si esto se producía, compraba. Otra estrategia interesante sería utilizar el DCA o *Dollar Cost Average* (ver *Maestros de la Bolsa 1*).

10) <u>NO seguir a las masas</u>. Si sólo recordamos el 10% de lo que leemos, este es el único punto que el inversor inteligente debe grabar a fuego lento en su subconsciente: hacer lo contrario de lo que hace la multitud. Cuando nos dejamos influir por las masas, olvidamos todo pensamiento crítico e independiente que son dos de los ingredientes principales en la receta personal del inversor sensato. Lo hemos repetido hasta la saciedad pero seguro que a más de uno y de dos se le olvidará fácilmente.

1.9. CUÁNDO COMPRAR Y VENDER

" El mejor momento para vender una acción es casi nunca".

Como hemos comentado en el apartado anterior, saber el momento preciso de comprar y vender una acción es más un arte que una ciencia. El "cuándo" es tan importante como el "qué". Fisher nos ofrece una completa guía para facilitarnos la labor.

En principio si estimamos que una acción cumple con diez de los requisitos de los quince puntos sería conveniente adquirirla ¿no es así? Bien, no es tan sencillo. Dependerá de los objetivos y del temperamento del inversor. También de la lectura que extraiga de las condiciones macroeconómicas o del grado de importancia que conceda a las consideraciones de los analistas de mercado que siempre ofrecen tal disparidad de opiniones que parecen la noche y el día.

El mejor momento para comprar acciones suele ser cuando una empresa de crecimiento abre una nueva fábrica, o una nueva planta tecnológica para desarrollar un nuevo producto, o mejorar uno ya existente, o implementa algún proceso novedoso aunque los resultados no se vean *ipso facto*. Cuando una empresa innovadora anuncia el lanzamiento de un nuevo producto, proceso o fábrica, se produce una reacción alcista en bolsa. Los inversores se entusiasman con la novedad pero no estiman que durante las primeras semanas o meses la compañía incurrirá en unos gastos extras de construcción, promoción y personal, que mermarán el resultado del conjunto del negocio. Por consiguiente, se producirá una corrección bursátil cuando la compañía anuncie en su informe trimestral los costes derivados del nuevo artículo, bajando, en consecuencia, su beneficio por acción. Ese es el momento de comprar.

Pese a que Fisher era un gran entusiasta de la filosofía *buy&hold*, no se andaba con miramientos a la hora de deshacer una posición si observaba alguna perspectiva negativa que pudiera cambiar el rumbo de las compañías que poseía en cartera. En concreto nombra tres situaciones en las que el inversor inteligente debería vender:

1) <u>Por un error de percepción en la compra inicial.</u> Equivocarse es humano. La posibilidad de desprenderse de la inversión dependerá de factores psicológicos intrínsecos al inversor. Saber gestionar correctamente el ego es tan importante como el manejo de nuestra cartera de inversión. La pérdida, aunque dolorosa, puede ser significativamente menor si se corta a tiempo. La ganancia potencial será mayor una vez recuperado el capital de la inversión fallida ya que permitirá destinar el dinero a otra empresa con mejores perspectivas.

La pérdida ni debe ser acogida con dolor ni tampoco ser tomada a la ligera sino que debe servir de lección para hacer una selección de valores más apropiada en el futuro.

2) <u>Por un cambio en las perspectivas de la empresa.</u> Fisher reevaluaba cada cierto tiempo las condiciones de los valores de su cartera. En cuanto alguno de los criterios descritos en los quince puntos se tambaleaba, el inversor californiano se planteaba su venta. Por norma general, ello ocurría, principalmente, por dos razones: a), por un deterioro en la dirección de la empresa; o b), porque la compañía no era capaz de continuar su expansión como lo venía haciendo de manera habitual. En ambos casos, recomienda vender sin importar que las condiciones generales del mercado o las tasas de crecimiento de la compañía puedan seguir siendo elevadas. Podríamos añadir una tercera razón, no obstante: cuando una compañía pertenece a un sector maduro es normal que se pueda quedar estancada por una simple cuestión de saturación. En este caso ni se trata de mala gestión del *management* ni de malas perspectivas empresariales sino que simplemente es un mercado que ya no da más de sí.

3) <u>Para dejar espacio a nuevas inversiones</u>. Si alguna nueva potencial adquisición presentaba un aspecto más prometedor que las compañías de más flojo rendimiento de su *portfolio*, realizaba la "permuta". Este caso, según Fisher es menos común si se ha hecho un correcto *scuttlebutt*. El coste de oportunidad es evidente. Si una compañía ya ha cumplido un ciclo y ya no responde a las expectativas debe ser substituida por otra que cumpla nuestros requisitos. Aunque el inversor debe tener en cuenta que las buenas oportunidades son una *rara avis* y aquí el peligro más evidente es juzgar equivocadamente al valor nuevo y que su rendimiento futuro sea peor que el del anterior.

Estos son los tres motivos por los que el inversor norteamericano se desprendería de alguno de sus valores. El inversor minorista, a menudo, desea realizar una venta para invertir las plusvalías en la compra de una vivienda o financiar los estudios de los hijos. Es difícil que una inversión dure eternamente así que si alguna de ella sirve para pagarnos una casa o una carrera para nuestros hijos habremos hecho los deberes correctamente. No obstante, debemos recordar el coste de pasar por caja (pagar a hacienda) cada vez que vendemos una posición ganadora. Esto hará que, irremediablemente, nuestra rentabilidad se resienta ligeramente.

1.10. DE TAL PALO, TAL ASTILLA

" Nunca asciendas a alguien que no ha cometido errores, porque si lo haces, promocionas a alguien que nunca hizo nada".

Trabajo, trabajo y por último, más trabajo es la principal razón del triunfo para muchas de las personas más exitosas. El magnate del petróleo, John Paul Getty, tenía una fórmula parecida: "Levántate temprano, trabaja duro, encuentra petróleo". Fisher se lo tomaba con más calma...repartía su tiempo entre trabajar, preocuparse y pasear.

Philip Fisher tuvo bastante claro, ya desde temprana edad, cuál iba a ser su futuro profesional. Tuvo como mentor al marido de su tía, millonario pariente del empresario Levi Strauss, con el que cenaba todos los viernes. Acostumbraban a debatir sobre negocios y economía. Sus ganas de aprender lo llevó, en sus años de estudiante, a ofrecerse a acompañar en coche a su profesor de la escuela de negocios de Stanford y a visitar empresas locales que después analizaban en clase. Fisher siempre afirmó que aprendió mucho más con esas visitas que asistiendo a las aulas. Posteriormente, abandonaría su carrera académica para adentrarse a fondo en la inversión en bolsa, invirtiendo y fundando su propia firma, Fisher Investment.

Su tercer y último hijo, Kenneth, llevaba la bolsa en los genes. Tras obtener un grado en economía en la Universidad de Humboldt State, fundaría su propia firma de inversiones, Fisher Investments, en 1979, con un capital de doscientos cincuenta mil dólares. En 2016, justo antes de delegar sus funciones, gestionaba cien millones. Kenneth es también un prestigioso escritor financiero. Su columna *Portfolio Strategies* de la revista Forbes es la sección que ha permanecido más años en la historia de la revista: nada más y nada menos que treinta y tres años. La estrategia de inversión del hijo menor de Philip Fisher, quedó reflejada en su libro superventas de 1984, *Superstocks*. A finales de la década de 1980, Kenneth Fisher abriría una puerta a la inversión en empresas de baja capitalización, comercializando índices que englobaban pequeñas compañías. Además de su multiventas *Superstocks*, ha escrito diez libros más, entre los que destacan *Wall Street Waltz* y *The Three Only Questions That Counts*. Su hijo mayor, Nathan, siguiendo la estela marcada por su padre y por su abuelo, es el gestor principal del departamento de pensiones de Fisher Investments.

Como hemos comprobado a lo largo del capítulo, Philip Fisher ha sido uno de los inversores más influyentes de la historia. En ocasiones, un legado no se puede reducir a una simple cuestión de números: Vincent Van Gogh sólo vendió un cuadro en vida pero es, sin lugar a dudas, el padre de un movimiento pictórico fundamental, el Impresionismo Holandés. Por su parte, la selección neerlandesa de fútbol de 1974, conocida como "La Naranja Mecánica", no consiguió ganar la final de la copa mundial de la FIFA pero sus ideas y conceptos novedosos sentaron las bases del fútbol moderno. Philip Fisher siempre será recordado como el creador de una escuela de inversión que ha proporcionado grandes beneficios a quienes se han subido al tren del *Growth Investing* y han tenido la habilidad de recorrer íntegramente su largo trayecto sin apearse de él antes de tiempo. Sus nietos (tanto familiares como "adoptivos") se encargan de que su legado perdure.

CAPÍTULO 2: GERALDINE WEISS

"Los machos alfa aún pueden gobernar Wall Street, pero las mujeres logran, con consistencia, mejores resultados y en silencio".

Geraldine Schmulowitz Weiss nació en San Francisco, California (EEUU), en 1926 y está considerada como una de las mejores inversoras de la historia. Se graduó en la Universidad de Berkeley en 1945, obteniendo un grado en finanzas y negocios. Cansada de ser rechazada en el mercado laboral por su condición de mujer, decidió crear, en 1966, una revista especializada en finanzas llamada Investment Quality Trends que firmaba sólo con sus iniciales. Más tarde, se haría cargo de la firma de inversiones Withmore Capital Management. Se la conoce con el apodo de "La Gran Dama de los Dividendos" por una trayectoria forjada a través de la inversión en empresas que pagan altos dividendos. Es además, conocida por escribir dos *best-seller* del mundo de las inversiones como son *Dividends don't lie* y *The Dividend Connection*.

2.1. LA GRAN DAMA DE LOS DIVIDENDOS

"Sé tan buen@ que los demás no puedan ignorarte". Cal Newport.

Geraldine Weiss pertenece a una categoría de la que pueden presumir muy pocas personas: ser la primera inversora exitosa y reconocida en el ámbito bursátil (hubieron otras, justo es decirlo, pero no obtuvieron reconocimiento o se lo otorgaron demasiado tarde). Forma parte del olimpo de las pioneras en sus respectivas profesiones junto a personajes femeninos ilustres como Marie Curie en medicina, Simone de Beauvoir en literatura u Oprah Winfrey en el mundo audiovisual. Weiss triunfó en su especialidad (el mercado de valores) y allanó el camino a las generaciones venideras que tuvieron un referente a quien seguir, un espejo en el que verse reflejadas.

Weiss se caracterizó, además, por un estilo de inversión muy definido y a contracorriente: basaba su criterio de inversión en hallar las empresas que generaban un mayor rendimiento a través de sus dividendos. En Maestros de la Bolsa 1 ya comentamos que los mejores inversores son aquellos que tienen un rasgo diferenciado, un estilo único e intransferible y Geraldine Weiss, por supuesto, forma parte de este selecto grupo de privilegiad@s. Nelson Mandela afirmaba: "Lo que cuenta en la vida no es el mero hecho de haber vivido. Son los cambios que hemos provocado en la vida de los demás lo que determina el significado de la nuestra".[12] Como persona influyente que ha sido, Weiss ha cambiado la vida a muchos inversores (sin importar género) al convertirse en un referente tanto por su calidad como inversora como por su aportación a su particular lucha para que las mujeres dispongan de las mismas oportunidades que los hombres en el ámbito laboral.

Al contar con pocas o ninguna referencia femenina a la que aferrarse, Weiss tuvo que recurrir a modelos masculinos. Benjamin Graham se convirtió en su arquetipo de inversor ideal, fijando su atención en su libro *Security Analysis* especialmente, en los que incluía sus famosos *Ten Point Investing Checklist*, por lo que

---

[12] Alcaide Hernández, Francisco. *Aprendiendo de los mejores*. Pág. 354.

podemos catalogar a la inversora de San Francisco como seguidora de la filosofía *Value Investing*. "Los libros de Graham han influído en mi vida de inversora y en la manera en que tomo mis decisiones de inversión", declaró la prestigiosa gestora al periódico digital Telegraph en Septiembre de 2017. Parece ser que aprendió bastante del gran maestro de origen británico ya que, en los últimos treinta años, una cartera diseñada por ella ha conseguido una rentabilidad que bate con creces a los mercados de referencia, un nada despreciable 11,8%, basándose en una estrategia de cobro de dividendos (que analizaremos al detalle). Un *portfolio* a prueba de bombas en momentos de pánico financiero que ha sido capaz, en años puntuales, de superar los resultados de todo un gigante de la industria financiera como es Berkshire Hathaway o de batir al índice MSCI WORLD INDEX indistintamente. En el siguiente gráfico podemos observar la sustancial diferencia de rendimiento entre el ETF S&P500 DIVIDEND ARISTOCRAT y la cartera diseñada por ella que parece darle la razón a la inversora californiana.

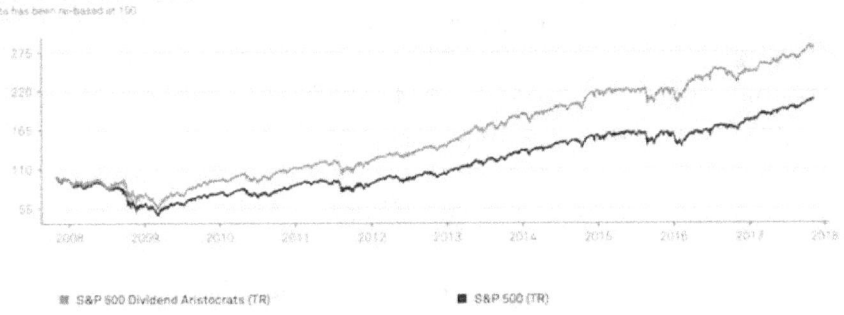

FIGURA 1.1

En un entorno actual donde los bonos rinden tan por debajo de una rentabilidad digna, recibir dividendos de manera regular puede resultar la manera ideal de conseguir una buena retribución (lo estudiaremos en profundidad en las siguientes páginas). Imaginemos una pareja de jubilados con un patrimonio en acciones de quinientos mil euros, que reciben una retribución media de un 5% anual a través de dividendos (500.000€ x 5% = 25000€). Veinticinco mil euros anuales significan un magnífico complemento a la pensión. Considerar, no obstante, que la cantidad es bruta. Después debemos descontar impuestos y gastos de intermediarios, por lo que quedaría una cantidad neta de aproximadamente veinte mil. Tampoco está mal. Teniendo en cuenta que la gran mayoría de parejas en países como España, Italia o Estados Unidos, llegan a la jubilación con una vivienda en propiedad, veinte mil euros anuales (unos veinticuatro mil dólares) parece suficiente para complementar una jubilación de veintiocho mil euros anuales de media por pareja (las pensiones en España rondan los mil euros mensuales de media por persona con catorce pagas, aunque debido al "efecto sustitución" o "tasa de reemplazo", el estado paga cada vez retribuciones más altas). En el capítulo dedicado a William Bernstein abordaremos el tema de la jubilación más detalladamente. Esa misma pareja de jubilados recibiría cincuenta y nueve mil euros anuales si siguiera la estrategia de Geraldine Weiss (500.000€ x 11,80% = 59.000€). De nuevo recordar que estamos simplificando al máximo y que deben descontarse impuestos y gastos, amén de considerar que los activos mobiliarios como las acciones fluctúan mientras que en el caso de los bienes inmuebles la volatilidad es significativamente menor. Tener en cuenta, además, que en caso de no necesitar el dinero de manera imperiosa, las personas retiradas pueden optar por reinvertir la retribución y hacer crecer su patrimonio por lo que cada vez recibiría dividendos mayores debido al efecto bola de nieve o interés compuesto (ver *Maestros de la Bolsa 1*).

2.2. UN MUNDO DE HOMBRES

"Una creencia no es simplemente la idea que la mente posee, es una idea que posee a la mente". Robert O. Bolt.

Geraldine Weiss no lo tuvo nada fácil. Tras graduarse, se casó con un oficial de la marina y fue madre bastante joven. Sacrificó una potencial carrera profesional prometedora para dedicarse al cuidado de su familia. En 1962, con sus hijos ya en edad adolescente y con su marido ya asentado (su condición de oficial naval suponía frecuentes traslados para el núcleo familiar) buscó, sin éxito, trabajo en diversas firmas de inversión. La rechazaron en todas. Su mayor hándicap era ser mujer por increíble que parezca. La idea imperante en aquel mundo machista absolutamente retrógrado (que desgraciadamente, y de manera más sutil, sigue existiendo) era que las mujeres no poseían la misma capacidad intelectual que los hombres para manejar inversiones. Para mas inri, y como humillación, en todas las solicitudes rechazadas le ofrecían, en cambio, trabajo de secretaria...la gota que colmaba el vaso.

La creencia de que una mujer no sirve para gestionar finanzas e inversiones resulta una falacia del tamaño del Taj Mahal, además de insultantemente estúpida. Prejuicios como que los judíos son avaros o las personas de color menos inteligentes ya no tienen cabida en la sociedad actual pero eran el pan de cada día a mitad del siglo pasado. Por el simple hecho de ser mujer ¿Debía verse relegada a un papel secundario en la sociedad y dedicarse al cuidado de su casa y su familia? La emprendedora californiana tenía otros planes.

Frustrada porque, de manera constante e incesante, se daba de bruces contra el muro de la testosterona, en lugar de tratar de derribarlo, decidió transformarlo en una puerta que se abriera de par en par para lograr el éxito personal que anhelaba desde joven. Y a buena fe que lo conseguiría.

2.3. LA REVISTA

"No existe mejor momento para comprar un valor, como cuando una empresa muy conocida para el gran público, por la razón que sea, pierde el favor de la comunidad inversora".

El dolor y la frustración no dejaron que Geraldine Weiss cejara en su empeño de cumplir su meta: demostrar que podía, no solamente ser tan buena como cualquier hombre, sino ser superior a la gran mayoría de ellos. La inversora californiana no creía en victimismos y buscó la manera de dar la vuelta a la tortilla. En 1966, decidió establecerse por su cuenta creando su propia revista de inversiones: Investment Quality Trends, un boletín de tendencias trimestrales. Si la montaña no va a Mahoma, Mahoma va a la montaña. Weiss creyó en sí misma, creó sus propias oportunidades, comprometiéndose al cien por cien en su tarea de cumplir sus objetivos vitales, y terminó hallando la solución: seguir su propio camino. Debemos tomar las adversidades como un aprendizaje aunque éstas resulten, en ocasiones, dolorosas.

Con la inestimable ayuda de su intermediario financiero, Fred Wihtmore, presidente de Wihtmore Capital Management, fundó la revista a los cuarenta años de edad. Tomó la decisión de firmar sus artículos como G.Weiss para que, de esta manera, valoraran sus análisis sin ningún tipo de prejuicios. En la escuela elemental ya sufrió problemas de antisemitismo por su origen judío (eran los años sucesivos al ascenso del fascismo) debiendo acortar su apellido original (Schmolowitz) a Weiss, por lo que ya estaba doblemente escarmentada. En 2002, a los setenta y seis años, se jubiló y vendió la revista al gestor de inversiones Kelley Wright.

La revista resultó ser todo un éxito y, apenas un año después de su lanzamiento, Weiss compró la parte de Wihtmore y se quedó sola manejando el timón. La publicación trimestral de las "Lucky 13", era todo un acontecimiento en el mundo de la bolsa. Las "13 afortunadas" hacía referencia a las trece compañías cuyos dividendos presentaban un mejor *payout*. Por norma general, eran empresas muy estables con un dividendo consistente y creciente.

Además de escribir su propio magazine, la inversora de origen judío ha colaborado como articulista, plasmando sus ideas de inversión, en prestigiosas publicaciones financieras como las revistas Time, Fortune y Forbes o el periódico The Wall Street Journal.

2.4. LA REVELACIÓN

"La inversión no es cirugía cerebral. Cualquiera puede ser un inversor de éxito".

En 1977, el mundo de la bolsa quedó estupefacto al descubrir que G. Weiss correspondía en realidad a Geraldine Weiss. Debió ser toda una revelación: aquí en España aún tratamos de averiguar quien demonios es el M. Rajoy que aparecía en los papeles de Bárcenas...Volviendo al tema que nos ocupa, muchos inversores particulares e institucionales habían seguido, a pies juntillas, los postulados que la extraordinaria inversora norteamericana plasmaba en su revista sin reparar en que se trataba de una mujer. Este hecho, desde luego, sirvió para demostrar que, evidentemente, Weiss estaba igual de capacitada que cualquier otra persona del género masculino para comprender las inversiones, y, por supuesto, asesorar y hacer ganar dinero a sus suscriptores.

Según un estudio del Peterson Institute for International Economics, a día de hoy, el porcentaje de hombres en el mundo laboral sigue siendo mayor que el de mujeres. Se calcula que la proporción es de 60%/40%. En las jerarquías más altas la desproporción es más evidente: el 60% de las empresas analizadas (casi veintidosmil compañías en noventa y un países) no tenían mujeres en sus cúpulas directivas y apenas un 5% estaban dirigidas por una persona de género femenino. Destacar que las compañías con un 30% de mujeres en altos puestos ejecutivos obtienen un 15% más de beneficios. Noruega, Eslovenia y Bulgaria encabezan el ránking de paridad. Japón está en el furgón de cola. España se queda a medio camino: de noventa y seis empresas analizadas, tan sólo el 3% tiene una CEO femenina, apenas un 13% en los más altos puestos ejecutivos y un 14% de presencia en los consejos de administración. Entre sectores, resulta curioso que el financiero sea uno de los sectores punteros en presencia femenina.[13] Decisiva, sin duda alguna, ha resultado ser la contribución de alguien como Geraldine Weiss. En el polo opuesto encontramos al sector logístico y energético donde predomina apabullantemente el género masculino.

2.5. DIVIDEND DON´T LIE

"Pocas cosas me proporcionan más satisfacción que ver llegar mis dividendos". John D. Rockefeller.

Definimos el dividendo como la proporción de beneficios que una compañía distribuye entre sus accionistas. Para la empresa representa un pasivo: el dinero sale de su balance y no lo puede reinvertir en la empresa. Para el accionista es una forma de generar una renta pasiva y suele recibirlos de manera trimestral, semestral o anual.

Geraldine Weiss lo tenía claro: **el reparto de un suculento**

---

[13] Peterson Institute for International Economics. Artículo publicado el 30/08/2018.

dividendo es la mejor medida de valor de una empresa por una razón: es el resultado derivado de sus ingresos**. Aquí no hay trampa ni cartón: el incremento de dividendos derivado del aumento de ingresos es señal de buena salud empresarial. Una compañía no debe (poder puede, pero no debe) aumentar su retribución al accionista si sus ingresos no se incrementan simultáneamente. Resulta insostenible con el tiempo. El dividendo, como el algodón, no engaña.

De manera general distinguimos los siguientes tipos de dividendos:

1) <u>Dividendo a cuenta</u>: retribución corriente que recibe el accionista de manera habitual y periódica como recompensa por su inversión en la compañía.

2) <u>Dividendo complementario</u>: dividendo que, de manera eventual, puede repartir una empresa como premio o estímulo al accionista.

3) <u>Dividendo extraordinario</u>: es una retribución especial que la empresa paga al accionista de manera eventual cuando recibe algún beneficio extraordinario sin necesidad de tener que aumentar el dividendo ordinario.

4) <u>Dividendo en acciones</u>: retribución en forma de especie (acciones) en lugar de dinero en efectivo. Conocido como *scrip dividend* por sus siglas en inglés.

Weiss buscaba comprar acciones cuyo dividendo estaban un 10% más bajo de su valor histórico más alto o en su punto más elevado de los últimos cinco años y vendía aquellos valores cuyo valor estaba dentro del 10% de su valor histórico más bajo o en su valor más inferior de los últimos cinco años.

La rentabilidad del dividendo resulta de dividir el porcentaje que la compañía reparte entre el valor al que cotiza la empresa en ese determinado momento:

Rentabilidad dividendo = (dividendo por acción / precio de cotización) x100

Ej: (10/100) x 100 = 10%

Cuanto más bajo es el precio de cotización de la acción, más elevada será la rentabilidad del dividendo, y viceversa, cuanto más alta sea la cotización del valor, más baja será la rentabilidad del dividendo.

En su libro *Dividends don't lie*, cita sus reglas de selección de compañías ideales para su estrategia de dividendos a la que bautizó como *The Six Blue Chips criteria*:

1) Deben ser valores con un historial de más de veinticinco años distribuyendo dividendos.

2) Sus dividendos deben haber sido crecientes durante cinco de los últimos doce años.

3) Los beneficios de la empresa tienen que haber sido crecientes durante siete de los últimos doce años.

4) El rating otorgado a la empresa por la agencia de calificación Standard&Poors debe ser mínimo "A".

5) Que forme parte de la cartera de grandes inversores institucionales.

6) Que tenga el suficiente número de acciones en circulación: un mínimo de cinco millones de acciones.

2.6. ARISTÓCRATAS DEL DIVIDENDO

"El pago de dividendos es, probablemente, el más sagrado de los componentes financieros de una compañía, y la medida de valor en la que mantenemos una más alta consideración".

Existen diversos fondos de inversión, fondos índices y ETF's especializados en empresas que retribuyen a sus accionistas con suculentos dividendos. A este tipo de compañías se las ha

denominado como **"Aristócratas del dividendo"**. Para formar parte de este selecto club, las compañías deben cumplir una serie de requisitos:

1) En Estados Unidos es requerido aumentar el dividendo durante veinticinco años mínimo, y que pertenezcan al índice S&P500 todas aquellas empresas que quieran ser candidatas al título de "aristócratas".

2) Siguiendo en los Estados Unidos de América, encontramos otra categoría: "The dividend Kings". En este caso el requisito son cincuenta años de incremento del dividendo aunque no deben pertenecer necesariamente al índice S&P500.

3) En Europa y Reino unido se exigen diez años o más de incremento continuado de la retribución al accionista.

4) En Canadá el requisito mínimo, al igual que en el país vecino, es de veinticinco años de incremento consecutivo.

En la categoría "The dividend Kings", encontramos empresas tan consolidadas como P&G, Johnson&Johnson, Emerson Electric y Colgate-Palmolive en el *top ten*. En la lista de "aristócratas" tenemos sesenta y cuatro valores: Coca-cola®, Caterpillar, Automatic Data Processing, IBM, Pepsico y Walmart entre ellas. En Europa, el nivel exigido es menor, de hecho, sólo tres compañías han aumentado su retribución durante veinticinco años y podrían formar parte de la aristocracia norteamericana: Fresenius Medical Care, Lotus Bakeries y Fresenius SE&CO. Otras empresas importantes que aparecen en las primeras posiciones son: Bayer, Danone, Sanofi, Siemens, y las españolas Enagás, REE e Inditex. En el Reino Unido, tenemos a la distribuidora de bebidas alcohólicas Diageo, a la aseguradora Alliance Trust, a la empresa química Croda y a James Fisher&Sons (compañía de transporte marítimo) en los puestos altos de la clasificación. En Suiza, la medalla de oro corresponde a la empresa de servicios de salud Roche, la medalla de plata a Nestlé y el bronce a la farmacéutica Novartis. En Canadá (donde recordemos que la exigencia es de veinticinco años) tan sólo nueve empresas encajan en tan distinguida clasificación: Canadian Western Bank, Canadian Utilities, Thomson Reuters e Imperial Oil, entre las más destacadas. España tiene una representación mínima entre la "aristocracia": las tres comentadas con anterioridad que forman parte del Europe Aristocrat Dividend. A Enagás, REE e Inditex, se le suman Viscofán y Miquel y Costas, compañías que han ido aumentando dividendo durante dieciocho y dieciséis años consecutivos respectivamente. [14]

Para invertir a través de fondos indexados o ETF´s tenemos varias opciones:

1) S&P 500 ARISTOCRATS DIVIDEND INDEX: acumula casi un 15% de rentabilidad anual en los últimos diez años. Engloba a las sesenta y cuatro compañías del S&P500 que aumentan su dividendo desde hace más de un cuarto de siglo.

2) S&P HIGH YIELD DIVIDEND ARISTOCRATS: lo componen aquellas empresas que forman parte del S&P 1500 Composite que han incrementado el dividendo durante los últimos veinte años.

3) NASDAQ US DIVIDEND ACHIEVERS SELECT: reúne a las empresas del sector tecnológico que han aumentado su dividendo cada año en la última década.

4) SPDR S&P GLOBAL DIVIDENDS ARISTOCRATS UCITS ETF: un fondo cotizado a nivel global para diversificar más.

5) SPDR S&P PAN ASIAN DIVIDEND ARISTOCRATS UCITS ETF: fondo cotizado centrado en empresas asiáticas.

6) VANGUARD DIVIDEND APRECIATION ETF: fondo cotizado que replica al índice Nasdaq US Dividend Achievers Select.

---

[14] Artículo Dividendo y los aristócratas. Diario de Bolsa 11/11/2020.

7) <u>PROSHARES S&P 500 ARISTOCRATS ETF</u>: fondo cotizado que replica al índice S&P500 Aristocrat Dividend.

2.7. VENTAJAS Y DESVENTAJAS DEL DIVIDENDO

"Un contable inteligente puede maquillar o abultar una cuenta de resultados según la temporada o sus objetivos. Pero no existen subterfugios respecto al dividendo: o se paga o no se paga".

Por supuesto que la inversión en empresas con un alto rendimiento a través de dividendos lleva aparejados diferentes beneficios y riesgos. No todo es de color de rosa. A continuación enumeramos sus pros:

1) <u>Fuente de ingresos pasiva:</u> cobramos una "renta" trimestral, semestral o anual que podemos optar por reinvertir en más acciones de la misma empresa, en valores de otras compañías o simplemente destinarlo a lo que creamos más conveniente.

2) <u>Es señal de fortaleza</u>: las compañías que distribuyen dividendos constantes y crecientes son negocios fuertes que generan flujo de caja recurrente y beneficios consistentes que demuestran su buen quehacer.

3) <u>Interés compuesto:</u> si optamos por reinvertir los beneficios, podemos aprovecharnos del "efecto bola de nieve" que brinda el interés compuesto. Nos beneficiamos de la acumulación del dividendo y de la posible revalorización de las acciones. En este caso puede ser más provechoso invertir en alguno de los ETF´s comentados unas líneas más arriba.

No obstante, este tipo de estrategia también tiene sus contras:

1) <u>Debemos tributar.</u> Con hacienda hemos topado. En el momento en que la empresa realize el pago, el dividendo llega con la parte que le corresponde al fisco ya descontada

en el caso del cobro de dividendos de empresas españolas por parte de ciudadanos españoles. En cuanto a dividendos de compañías de otros países, debemos estar atentos a posibles dobles imposiciones. El porcentaje sujeto a retención también varía de unos países a otros. Nuestra rentabilidad se ve seriamente mermada cada vez que nos toca pasar por caja.

2) Cambios en la retribución. Algunas compañías deciden disminuirlo o eliminarlo según conveniencia y el inversor minorista no tiene ningún control sobre estas decisiones. Es por ello que resulta primordial elegir compañías con un buen historial de pagos de dividendos para no llevarnos sorpresas desagradables.

3) Distorsión de la realidad. Algunos negocios presentan un alta rentabilidad por dividendo pero en ciertos casos esto puede resultar engañoso. Una empresa que cotize a veinte euros y pague un euro por acción tendría una rentabilidad anual del 5%. Si al año siguiente, cotizara a diez y siguiera pagando un euro por acción, pasaría a tener una rentabilidad del 10%. Sin embargo, deberíamos plantearnos si es conveniente mantener un valor así ya que el cobro de la retribución podría no compensar la bajada del precio de la acción y su consiguiente minusvalía latente.

4) *Scrip dividend* y ampliaciones de capital. El accionista ve diluido su porcentaje de participación en la empresa cuando se le "retribuye" de esta forma.

5) Coste de oportunidad. Algunas empresas que pagan altos dividendos son, por lo general, compañías fuertes y grandes. Por contra, suelen ser también de lento crecimiento y, tener mucho capital invertido en estos "mastodontes", implica el coste de oportunidad de no tener nuestro dinero en otros valores de alto crecimiento cuyo potencial de revalorización supera con creces la inversión en valores con una alta rentabilidad por dividendo.

J.B.Williams, inversor que basaba también gran parte de su estrategia de inversión en colocar capital en compañías que distribuían altos dividendos, declaraba en 1938: "Las vacas por su leche. Una gallina por sus huevos. Una abeja por su miel. Las acciones por sus dividendos".[15]

El inversor que desea poseer acciones que distribuyan elevados dividendos debe estar atento ante movimientos inesperados de las empresas. Algunas de ellas pueden hacer un *split* o *contrasplit*. Vamos a analizar ambos casos al detalle.

1) *Split*: **traducido al castellano como desdoblamiento de acciones, es un ajuste de precio consistente en disminuir el valor de cada acción, aumentando el número de acciones en circulación y manteniendo la misma proporción monetaria a los inversores**. Las compañías recurren a un desdoblamiento de acciones cuando psicológicamente el valor está "caro". Imaginemos que poseemos diez acciones de una empresa que cotiza a mil euros. Tenemos, por tanto, diez mil euros invertidos en dicho negocio. Como un precio de mil euros puede resultar poco atractivo para el gran público, la compañía anuncia un *split* de 1:10. Significa que por cada acción que tenemos nos van entregar diez acciones más. Como mantenemos el mismo nivel de capital de mil euros, ahora poseemos cien acciones que cotizan a cien euros (100 x 100€ = 10.000€). Suele ocurrir que, tras un desdoblamiento, la cotización de la empresa de turno va para arriba (ha ocurrido recientemente con Tesla Motors y Apple). Eso es porque la mente nos engaña y creemos que cien euros es más barato que mil, lo que evidentemente es cierto, pero la realidad es que seguimos teniendo el mismo capital, diez mil euros invertidos en la empresa. Quizás es una ventaja para el inversor que entra por primera vez al mercado porque normalmente un *split* impulsa el precio al alza pero no lo es para el que ya tiene capital invertido en la compañía.

---

[15] Williams, JB. *The theory of investment value*. www.bnpublishing.com. ISBN: 978-1607964704.

Respecto al dividendo, el inversor queda en posición neutra. Éste se ajustará automáticamente. Si, por ejemplo, la compañía pagaba diez euros por acción antes del desdoblamiento cuando cotizaba a mil y el inversor cobraba cien euros (1%), ahora la empresa pagará diez céntimos por acción (1€/10 = 0,10€) y el inversor seguirá recibiendo cien euros, el 1% de diez mil euros. Un dato: Berkshire Hathaway jamás ha realizado un desdoblamiento pese a que la acción del conglomerado presidido por Warren Buffett cotiza a más de trescientos mil dólares. Las personas más allegadas a Jeff Bezos, gran admirador del "oráculo de Omaha", aseguran que tampoco tiene intención de realizar un *split* pese a que el gigante tecnológico cotiza ya por encima de los tres mil dólares por acción...

2) *Contrasplit*: es el movimiento opuesto al *split*. En castellano se traduce como **"agrupamiento de acciones"**. **Es un ajuste de precio consistente en aumentar el valor de cada acción, disminuyendo el número de acciones en circulación y manteniendo la misma proporción monetaria a los inversores. Las compañías recurren a un *contrasplit* cuando psicológicamente el valor está demasiado barato**. Cuando una empresa cotiza a menos de un euro suele recurrir a esta estratagema para evitar la volatilidad inherente a este tipo de valores conocidos vulgarmente como *penny stocks* o "chicharros". En los últimos años, empresas españolas en situaciones problemáticas como el grupo PRISA o Bankia recurrieron a un *contrasplit* cuando sus acciones cotizaban a céntimos. Como excepción, comentar que la farmacéutica Pharmamar realizó en verano de 2020 un *contrasplit* de 1x12 pasando de cotizar desde un precio de 9,56€ a 114,70€. Algunas empresas usan la estrategia para dar "empaque" a la compañía. Un inversor que tenga acciones de una corporación cuyo valor cotiza a diez céntimos y tenga cien mil acciones en total, tendrá un capital de diez mil euros (100.000 x 0,10€ = 10.000€). Si la compañía realiza un agrupamiento con una proporción de 1 x 20, el accionista pasaría a tener cinco mil acciones (100.000/20 = 5.000

acciones) a un precio de dos euros cada una (0,10€ x 20 = 2€), conservando evidentemente el mismo capital de diez mil euros. Si antes cobraba el 1% de dividendo anual (10.000€ x 1% = 100€) ahora seguirá cobrando la misma cantidad, en este sentido no le afecta el *contrasplit*.

Lo que debe tener en cuenta el accionista de manera adicional es que, en realidad, no se le regala nada. En el momento de distribuir el dividendo, el porcentaje se resta del precio de la acción. Si un valor que cotiza a diez euros paga un dividendo del 5% (10€ x 5% = 0,50€) pasará inmediatamente a cotizar a 9,50€. Si la empresa marcha bien es probable que recupere la cotización anterior pero de momento el inversor no ha ganado nada. Recordar además, que cada vez que nos retribuyen, hacienda se lleva su parte. Algunos grandes inversores como Warren Buffett prefieren compañías que no distribuyan dividendos para que usen ese efectivo para reinvertirlo en la empresa o en recomprar sus propias acciones. Por contra, si la compañía reinvierte sus beneficios de manera ineficaz, el inversor se verá afectado doblemente, ya que ni recibirá las rentas del dividendo ni se verá beneficiado por el crecimiento del valor de la acción, al haber dilapidado el dinero absurdamente. El inversor sensato debe valorar diferentes puntos de vista y adoptar la estrategia que mejor se adapte a su perfil y necesidades.

2.8 DIVIDENDOS VS OTRAS RENTAS PASIVAS

"Cuando algo marcha mal en alguna gran compañía, debemos verlo como una oportunidad de compra en lugar de verlo como un inconveniente".

Como ya hemos mencionado con anterioridad, la estrategia de comprar compañías que retribuyen a los accionistas con altos dividendos se asemeja a una estrategia pasiva. Vamos a analizar los beneficios y los inconvenientes que otras metodologías de inversión pasivas tienen con respecto a la retribución vía dividendos:

1) <u>Respecto a rentas inmobiliarias</u>: los rendimientos provinientes de la inversión en inmuebles suelen ser jugosos

en cuanto a cantidades se refiere. En los centros de grandes ciudades como Barcelona, Madrid, París, o México D.F. se pueden obtener altas rentas del alquiler de viviendas. Sin embargo, las barreras de entrada son altas. Un piso en uno de los mejores barrios de Barcelona como es el Eixample, puede costar alrededor de cuatrocientos mil euros (unos 460.000 dólares). Si consiguiéramos alquilarlo por dos mil euros mensuales (una cifra nada desdeñable y bastante aproximada al precio medio del distrito barcelonés) obtendríamos veinticuatro mil euros anuales, una rentabilidad del 6 % anual. A ello habría que restarle los gastos inherentes como impuestos o seguros por lo que la rentabilidad neta bajaría a alrededor del 4%. Una inversión de 400.000 euros en el *portfolio* de Geraldine Weiss a un 11,80% nos generaría, el primer año, unos ingresos de 47.200 euros, el doble que la inversión en ladrillo, casi el triple de rentabilidad anual y sin necesidad de pelearse con ningún inquilino moroso... Si además optamos por reinvertir constantemente los beneficios, doblaríamos nuestra inversión inicial en poco más de seis años pasando a tener un capital de 800.000 euros. Para amortizar nuestra inversión inmobiliaria necesitaríamos entre doce y dieciocho años (dependiendo de los gastos), y siempre y cuando el inmueble esté siempre alquilado...

2) <u>Dividendos versus intereses de renta fija</u>: Poco que comentar al respecto. Actualmente, con los tipos de interés en negativo, los rendimientos de los dividendos ganan a los de los bonos por goleada.

3) <u>Respecto a rentas del *crowdlending* o *crowdfunding* *inmobiliario*</u>: en los últimos años se ha puesto de moda la inversión colectiva en préstamos a particulares o empresas conocida como *crowdlending*. **Los inversores representan el papel de banqueros y prestan el dinero a cambio de recibir unos intereses**. Cuando vence el préstamo, el inversor recupera el capital inicial. Algunas plataformas permiten invertir a partir de un euro, y de manera totalmente *online*, por lo que este tipo de inversión no presenta barreras

de entrada. El riesgo, naturalmente, procede de que el prestatario no pueda afrontar los pagos. **El *crowdfunding* inmobiliario funciona de manera similar. Se recolecta dinero de varios inversores para la compra de locales o viviendas (normalmente a través de una sociedad) para recibir beneficios de su posterior venta o del alquiler de los mismos. También se puede prestar dinero a un promotor y que éste devuelva el capital más intereses.** En Europa se han popularizado mucho en el último lustro y se obtienen rentabilidades de alrededor del 10% (normalmente son más altas en el *crowdlending* que en el *real estate crowdfunding*). Una reflexión: ¿Qué tipo de perfil de prestatario aceptaría que le cargaran intereses del 12% cuando una entidad bancaria le podría conceder un crédito a una tasa muy inferior? La liquidez (especialmente en el *crowdfunding* inmobiliario) no es muy elevada, por otra parte.

4) <u>Rentas vitalicias</u>: **son seguros de vida y ahorro que garantizan una renta periódica a lo largo de toda una vida.** Por lo general, se hace una aportación inicial o periódica a una entidad aseguradora, se invierte el dinero en productos ultraconservadores de renta fija y cuando vence el seguro, se cobra de manera periódica, en forma de renta, el ahorro aportado más los intereses. Actualmente con los tipos tan bajos la rentabilidad ofrecida es escasa. Sin embargo ofrecen ventajas fiscales. Esto es válido también para sus "primas-hermanas" *Unit-linked*, planes PIAS, y planes SIALP. El objetivo fundamental al contratar estos seguros es que nos proporcionen una red de estabilidad. Estos productos están pensados para garantizar bienestar y deben formar parte de nuestro plan para estar cómodos mientras desarrollamos proyectos para hacernos ricos.

5) <u>Hipotecas inversas</u>: esta es una forma de obtener una renta con las propiedades inmobiliarias sin necesidad de venderlas o alquilarlas. Para optar a ellas hay que ser mayor de sesenta y cinco años. **Se trata de un préstamo con garantía hipotecaria en el que la entidad financiera paga una**

cantidad total o periódica al propietario de la vivienda. La persona que contrata estos servicios no debe devolver el préstamo ni los intereses en vida. El jubilado recibe una paga mensual, conserva la propiedad y el usufructo ¿Suena fabuloso verdad? Pues no es tan maravilloso como parece... especialmente para los herederos que deben recomprar el préstamo en caso de querer recuperar la vivienda. Si no pueden afrontar el pago pueden constituir una hipoteca regular sobre la vivienda hipotecada (valga la redundancia), vender la propiedad para saldar la deuda o renunciar a la herencia. Los intereses son crecientes (en la hipoteca normal, éstos son decrecientes) y obligan a contratar un seguro (en ocasiones el precio de la póliza es más elevado que la propia hipoteca). Las entidades financieras prestaron este servicio durante los años de la burbuja inmobiliaria pero hoy en día sólo un puñado de ellas ofrecen este producto, quedando el mercado en manos del sector asegurador. El exceso de ladrillo en sus activos no permite a los bancos añadir nuevos inmuebles a su cartera. Además son entidades financieras, no empresas inmobiliarias.

Si bien recibir rentas pasivas a través de dividendos también tiene sus inconvenientes, parece una estrategia mucho más rentable en comparación a otras que hemos detallado en este capítulo. Lo más importante a recordar por el inversor es que la distribución de dividendos no es el único factor a considerar a la hora de adquirir acciones de una empresa y que invertir en una compañía que no lo reparta puede ser también significativamente provechoso.

2.9. LUCKY 13

"La suerte es el dividendo del sudor. Cuanto más sudas, más suerte tienes". Ray Kroc.

En el siguiente capítulo, vamos a estudiar a trece de las compañías afortunadas líderes en reparto de dividendo en este 2021, pero vamos a analizar también si merece la pena comprarlas siguiendo otros parámetros (PER, BPA, margen de seguridad, liquidez y perspectivas de crecimiento). Tomaremos siete empresas europeas (del EUROPEAN ARISTOCRAT TOP DIVIDEND) y seis del mercado norteamericano (concretamente tres del KINGS OF DIVIDEND y tres del US ARISTOCRAT TOP DIVIDEND). No son necesariamente las primeras de cada respectivo ránking.

H.B. Fuller: nada menos que cuarenta y nueve años aumentando su *payout* de manera consecutiva. Esta empresa norteamericana se dedica a la divertidísima tarea de fabricar adhesivos industriales y cotiza en el índice S&P600 Component. La acción no se ha revalorizado de manera significativa en el último lustro, apenas un 25%, pasando de cuarenta dólares en 2015 a cincuenta a finales de 2020. Si hubiéramos adquirido mil dólares en el valor hace cinco años, hubiéramos podido adquirir veinticinco acciones que nos reportarían hoy doscientos cincuenta dólares de beneficio (25 acciones x 10 dólares de beneficios = 250$). Si le añadimos su dividendo, que ha crecido a un ritmo del 5% anual en el último lustro y ha repartido una media de 0,64$ de dividendo por acción en el mismo periodo (0,64$ x 25 acciones = 16$), obtenemos dieciséis euros anuales y los multiplicamos por cinco años que dan como resultado ochenta dólares (16$ x 5 = 80$). Lo añadimos a nuestra ganancia inicial de doscientos cincuenta dólares para lograr una beneficio total de trescientos trenta dólares (250$ + 80$ = 330$). Una revalorización total del 33% que supone un 5,9% anualizado. Sin embargo, la ganancia principal, como podemos comprobar, proviene de la revalorización del valor y no del dividendo. Desde el punto de vista de un *Growth Investor,* este valor no supone para nada una ganga: en un lustro donde, de media, los mercados mundiales han superado el 10% de revalorización, escoger este negocio no hubiera resultado interesante. Para un inversor en valor tampoco: recordemos que Benjamin Graham exigía un 7% anual de retorno medio a sus inversiones. La compañía presenta un PER de 24 veces beneficio contra un 20 del sector y, pese a que se espera que su BPA crezca en los próximos años, posibles parones industriales debido al problema actual podrían causar que sus ventas se resintieran, pese a que, probablemente, su nicho tan especializado le conceda una amplia ventaja competitiva. No obstante, invertir sólo por el dividendo que distribuye, no parece la estrategia más adecuada en este caso.

Caterpillar: lleva veintisiete años repartiendo un dividendo creciente. Caterpillar Inc, con base en Chicago, es una corporación con casi cien años de historia que diseña, desarrolla y comercializa maquinaria y motores para uso industrial. Produce camiones, grúas, equipamiento para transporte militar, turbinas de gas, maquinaria para la construcción, etc. En la actualidad, cotiza tanto en el índice Dow Jones Industrial, como en el S&P500 a un precio cercano a los 170$ y reparte un dividendo anual de 4,12$ por acción lo que supone una rentabilidad del 2,42%. Se estima que su BPA, en un futuro próximo, puede estar alrededor de 11$ y presenta un PER bastante elevado: 29 veces. Además, es una empresa cíclica que se vio afectada por el parón económico aunque está consiguiendo remontar el vuelo y el precio de su cotización está cerca de máximos históricos. Finalmente, considerar que la maquinaria industrial seguirá teniendo alta demanda y Caterpillar es uno de los líderes en su sector. Vamos a detenernos un momento en su BPA. Al ser una empresa cíclica, tiene fuertes vaivenes y para muestra un botón: en 2016 su beneficio por acción fue negativo, un -0,11%. Ese año, la compañía tuvo que endeudarse para pagar el dividendo Su PER también sufre fuertes oscilaciones: pasó de 11 veces beneficio en 2012 a 23, en 2014. La acción desde un punto de vista *value* no presenta ningún atractivo. Desde un punto de vista *growth* la acción se ha revalorizado casi un 150% en diez años, una rentabilidad bastante atractiva por lo que dependerá del perfil del inversor si le resulta interesante o no. Ahora vamos a comprobar si invertir por el dividendo vale la pena. Si hubiéramos invertido mil euros en Caterpillar a finales de 2015 cuando la acción cotizaba a setenta y dos dólares, habríamos podido adquirir catorce acciones (1000$/72$ = 14$) que hoy día, con la cotización a ciento setenta y cuatro dólares (174$ x 14$ = 2416$), estaríamos ganando mil cuatrocientos dieciséis euros en plusvalías (2416$ − 1000$ de inversión inicial = 1416$), que supone una magnífica tasa de crecimiento anual del 19,30%. Si le añadimos el dividendo de cuatro dólares anuales por acción (14 x 4$ = 56$) hubiéramos obtenido una ganancia adicional de cincuenta y seis dólares que multiplicados por cinco años nos rentaría doscientos ochenta dólares (56$ x 5), a añadir a los dos mil cuatrocientos dieciséis dólares de valor actual de nuestra inversión (2.416$ + 280$ = 2696$). La ganancia total es de dos mil seiscientos noventa y seis dólares por lo que nuestra revalorización compuesta anualizada se elevaría hasta un impresionante 21,90% que haría que el mismísimo Warren Buffett estuviera orgulloso de nosotros.

Fresenius Medical Care. Empresa alemana dedicada a la producción de material médico en general, y en instrumentos para diálisis renal, en especial. Es la gran ganadora del EUROPEAN ARISTOCRAT TOP DIVIDEND habiendo aumentado su retribución anual durante trenta y un años consecutivos. Como gran empresa de lento crecimiento que es, su cotización en los últimos cinco años ha tenido tendencia lateral oscilando entre cincuenta y cinco euros de mínimo y noventa y dos de máximo, rondando en la actualidad los setenta euros. En noviembre de 2015 el valor cotizaba a setenta y ocho por lo que incurriríamos en una pérdida latente del 10% en caso de poseer la acción. Las doce acciones que podíamos adquirir con mil euros, tienen hoy un valor total de ochocientos noventa y siete euros Tenemos que comprobar si el dividendo compensa la pérdida. En 2020 la compañía teutona pagará 1,20€ por acción como remuneración habiendo aumentado la retribución en un 8,5% de media anual durante los últimos cinco. Ello supone haber cobrado un rendimiento bruto del 1,03€ anuales durante el último lustro. Descontando la parte que le toca a nuestros amigos de hacienda, obtendríamos 0,84 euros netos anuales a multiplicar por nuestras doce acciones (0,84€ x 12 = 10,08€) un aguinaldo de 10,08€ que multiplicaremos por los cinco años que llevamos en el valor, consiguiendo una ganancia total de 50,04€ (10,08€ x 5 = 50,04€). Sumamos esa cantidad (sino los hemos gastado ya) a los ochocientos noventa y siete euros que vale nuestra posición actual (50,04€ + 897€ = 947,04€), acumulando una caída del 5,96%. Deberíamos plantearnos hacer un análisis *value* porque, desde luego, tanto desde el punto de vista del dividendo como desde la perspectiva del inversor en crecimiento parece que no vale la pena...

American States Water Co. Es la reina del dividendo en USA con sesenta y cuatro años consecutivos de aumento retributivo al accionista. Fundada en 1929, se dedica a proveer sevicios públicos de electricidad y agua. Pese a que estas empresas gigantescas suelen presentar un bajo crecimiento, su comportamiento en bolsa ha sido bastante bueno en el último lustro pasando de cotizar desde los cuarenta dólares en otoño del 2015 hasta alcanzar los setenta y cinco de finales de 2020 por lo que prácticamente la acción se ha multiplicado por dos. Con mil dólares hubiéramos podido adquirir veinticinco acciones de la *utility* (1.000$/40 = 25) y ahora la inversión valdría mil ochocientos setenta y cinco dólares (25 x 75$ = 1.875$). Ello supone un incremento total del 87,5% (13,4% anualizado). Ahora le sumaremos el dividendo: American States Water ha distribuido una media de 1,25$ por acción en los últimos cinco años. Multiplicamos esta cifra por veinticinco acciones y obtenemos un ingreso extra de 31,25$ anuales (1,25$ x 25 = 31,25$). Posteriormente lo multiplicamos por los cinco años transcurridos para conseguir 156,25$ adicionales a sumar a nuestra ya rentable operación (1875$ + 156,25$ = 2031,25$). ¡Tenemos una 2-bagger en cartera!¡Y en tan sólo cinco años! Acción de alto crecimiento con un dividendo potente, ¡el santo grial del inversor en bolsa!

IBM. Es un gigante de la industria tecnológica, conocida principalmente por la fabricación de ordenadores. En 2019, entró en la privilegiada lista del US ARISTOCRATS por lo que 2020 supondrá su vigesimosexto año consecutivo de incremento de dividendo. Ha repartido una media de 6,41$ anuales por acción en los últimos cinco años con una media de revalorización anual del 1,60%. La cotización se ha comportado de manera errática en el pasado lustro. Si hubiéramos invertido mil euros en el *stock* en 2015 cuando cotizaba a ciento cuarenta dólares, estaríamos perdiendo dinero ya que en 2020 cotiza en torno a los ciento veinte dólares, por lo que nuestra cantidad inicial de mil dólares habría bajado a ochocientos cuarenta, una minusvalía del 16%. Nos queda el ¿consuelo? del dividendo. Multiplicamos los 6,41$ por las siete acciones que poseemos para obtener 44,87$ anuales de retribución. Multiplicamos dicha cantidad por cinco años para obtener 224,35$ que nos hace recuperar nuestra pérdida anual y adentrarnos en cifras positivas: 840$ + 224,35$ = 1.064,35$. Un 6,4% de revalorización total, apenas un 1% anualizado. Desde la perspectiva *value* también arroja dudas. Si bien su PER no es excesivamente alto (tres veces menor que la media del sector) tiene una deuda sobre activos propios de un 300% respecto a sus fondos propios. Parece que IBM dejó de competir en las grandes ligas hace ya bastante tiempo...

REE. Es la reina del dividendo en España habiendo aumentado la remuneración al accionista durante veinte años consecutivos. En 2021, la compañía de suministros eléctricos pagará una retribución al accionista de 1,09€ por acción. La tasa de aumento del dividendo ha sido de una media del 8,54% en los últimos diez años. En la actualidad, su BPA es de 1,24€ pero su ritmo de crecimiento en el último lustro ha sido de un escuálido 0,05% (el sector presenta tasas de crecimiento negativo en el mismo periodo). La rentabilidad del dividendo se sitúa en el 6,17%. El PER medio del valor en los 5 últimos años ha sido de 13 veces beneficio. La acción ha oscilado en los últimos cinco años en un rango lateral de entre 15-20€. En el momento de escribir estas líneas (otoño de 2020) cotiza a 17€. Su VCA (Valor Contable por Acción) es de 4,80€. Lo interesante de esta empresa puede venir del ritmo de implantación del coche eléctrico que podría dar impulso a las compañías eléctricas, por lo demás, parece la típica acción de lento crecimiento que necesita de incrementar incesantemente el dividendo para retener al accionista. Su ratio de endeudamiento es muy elevado: un 207% sobre fondos propios. ¿Compensaría haber mantenido la acción durante cinco años por el dividendo? Hagamos los cálculos: en otoño de 2015 la acción cotizaba a 20,20€ y actualmente cuesta 17€ con lo que el valor ha caído un 15% en el último lustro. Adquirimos cuarenta y nueve acciones a 20,20€. Mil euros de inversión en 2015 valen ochocientos cincuenta ahora. El dividendo mitigaría algo la caída: un reparto medio de 0,9805€ por acción en estos cinco años (49 x 0,9805€ = 48€ anuales brutos). Debemos restarle el 19% de retención a esa cantidad por lo que hablaríamos de 38,91€ netos. Multiplicamos esos 38,91€ por cinco años (38,91€ x 5 = 194,5€). Sumamos ciento noventa y cuatro euros y medio a los ochocientos cincuenta de valor actual de nuestra inversión y obtenemos mil cuarenta y cuatro euros en total (850 + 194,50 = 1.044,50). Una revalorización total del 4,4% en cinco años: menos de un 1% anual de revalorización. Compensa más comprar un bono del tesoro creo yo...

Roche. La compañía farmacéutica es la reina del dividendo en Suiza, habiendo aumentado la retribución al accionista durante trenta y dos años de manera consecutiva. La compañía con sede en Basilea, cotiza a un precio de trescientos euros por acción aproximadamente, oscilando en los últimos cinco años en un rango de precio de entre doscientos y trescientos cincuenta euros. Presenta un PER de veinte veces beneficio y su BPA es de 69€. Retribuye al accionista con un total de 9€ brutos por acción habiéndolo aumentado a un ritmo de un 2,5% de media anual en el último lustro. Si hubiéramos adquirido las acciones hace cinco años a un precio de doscientos cincuenta euros, habríamos obtenido cuatro acciones con mil euros. Como la cotización actual ronda los trescientos euros, nuestra inversión de mil valdría en la actualidad mil doscientos euros, un 20% de revalorización. Le sumamos la retribución media anual de estos cinco años que es de 8,38€ brutos por acción y descontamos el 19% de retención y obtenemos un total de 6,78€ (8,38€ - 19% = 6,78€). Multiplicamos esta cantidad por el número de acciones que poseemos y obtendríamos un pago anual de 27,15€ anuales. A continuación, multiplicamos esos 27,15€ por los cinco años que llevamos en la compañía y obtenemos un plus de 135,75€ (27,15€ x 5 = 135,75€) a sumar a nuestra ganancia de doscientos euros de la revalorización de la compañía helvética por lo que el rendimiento total de nuestra inversión sube a 335,75€ (200€ + 135,75€ = 335,75€). La revalorización total sube pues a un 33,57% lo que supone una tasa anual compuesta del 3,5%. Conclusión: en un periodo como el último lustro con revalorizaciones bursátiles por encima del 10% anual ¿vale la pena conformarse con un 3,5%? La pérdida en términos de coste de oportunidad parece clara...

Altria Group. Es un conglomerado internacional de la industria de la alimentación con sede en Virginia (EEUU) que agrupa a empresas como Philip Morris (comercializadora de Marlboro), Kraft Foods, Nabisco (galleta Oreo) e InBev (cervezas Corona y Buidweisser). Parece encajar en un perfil conservador pero la verdad es que su acción se ha comportado peor en el último lustro que algunas homólogas suyas como P&G, Unilever o Nestle. Presenta un PER de cien veces beneficio por lo que parece estar fuertemente sobrevalorada. En 2015, la acción rondaba los sesenta dólares por lo que hubiéramos podido adquirir veinte acciones del holding a un precio de mil doscientos dólares. En la actualidad cotiza sobre los cuarenta, reportando una minusvalía del 33% por lo que nuestra inversión inicial de mil doscientos dólares ha caído a ochocientos. Sólo nos queda comprobar si el dividendo puede compensar algo la caída. La multinacional ha distribuido una media trimestral de 2,97$ en los cinco últimos años con un incremento anual de casi un 11% que se antoja como la única opción para retener al accionariado. Calculamos que conseguiremos 54,90$ anuales extras (2,97$ x 20 = 59,40$). Multiplicamos esos 59,40$ por cinco años y conseguimos ingresar doscientos noventa y siete dólares en total en concepto de dividendo (59,40$ x 5 = 297$). Ahora lo sumamos a los ochocientos dólares de valor actual de nuestra inversión para obtener en total mil noventa y siete dólares (800$ + 297$ = 1097$) Perdemos ciento tres euros permaneciendo en Altria Group acumulando una minusvalía del 10,3%.

Inditex. La empresa textil comandada por Amancio Ortega fue creada en 1985 y cotiza en los parqués desde 2001. Es la mayor distribuidora de moda del mundo con marcas tan reconocidas como Zara, Massimo Dutti, Stradivarius y Bershka. Está presente en noventa y seis países y, como bien resalta la propia página web de la compañía, cuenta con más de siete mil tiendas en el mundo. Evidentemente, se ha visto fuertemente afectada por el parón en la actividad económica pero está dirigiendo sus esfuerzos en mejorar su presencia online. A día de hoy, paga un dividendo de 0,72 euros netos por acción (con una rentabilidad después de impuestos del 2,37%) y lleva aumentando su retribución a un ritmo del 11% anual aproximadamente (incluyendo remuneraciones extras). Eso supone que ha multiplicado por sesenta veces la retribución al accionista mientras su beneficio neto se multiplicaba por 12. Por tanto, Inditex es de esas compañías que cada vez se dedican más a remunerar al accionista en lugar de reinvertir los beneficios en la empresa. Peter Lynch diría que comienza a presentar síntomas de empresa de bajo crecimiento y que sólamente puede mantener el interés del inversor a través de la retribución por dividendo. Presenta un PER elevado de 56 veces beneficio por lo que no sería una empresa que estuviera bajo el radar de un inversor en valor. La acción se ha comportado de manera errática tras alcanzar máximos históricos en 2017. El inversor que tenga posiciones en el valor debe considerar si le vale la pena cobrar ese 2,37% de *payout* anual a cambio de permanecer en un valor que lleva estancado cinco años. En otoño de 2015, desembolsamos mil euros en la compañía gallega que cotizaba a treinta y tres euros para un total de treinta acciones. A finales de 2020 el valor ronda los veintiocho euros por lo que pierde un 15%. Nuestros mil euros valen ahora ochocientos cuarenta euros. La media del dividendo repartido ha sido de 0,58€ netos durante los cinco años que hemos estado posicionados en el valor por lo que las treinta acciones nos han reportado 17,52€ anuales adicionales. Multiplicamos esta cantidad por cinco años y obtenemos un pago total de 87,60€ (17,52€ x 5 = 87,60€). Conseguimos amortiguar algo las pérdidas perdiendo, hasta el momento, 927,60€ (840€ + 87,60€ = 927,60) una minusvalía del 7,24%. Obviamente, invertir por dividendo en esta compañía, no compensa.

Wal-Mart. Son los grandes almacenes por antonomasia de los Estados Unidos de América. La compañía fue fundada en 1962 y cotiza en bolsa desde hace cincuenta y un años de los cuales en los cuarenta y cuatro últimos ha incrementado el dividendo distribuido a los accionistas. Hace cinco años cotizaba a un precio de sesenta dólares y en la actualidad lo hace a un precio de ciento veinticinco dólares aproximadamente por lo que ha subido un 108% (15,8% anualizado) en este periodo. Hubiéramos debido desembolsar mil doscientos dólares para obtener veinte acciones y, en otoño de 2020, esas veinte acciones se hubieran transformado en dos mil quinientos dólares, mil trescientos dólares más que la cantidad inicial Debemos añadir a esta plusvalía la media de 1,86 dólares por acción que hemos acumulado en este lustro (1,86$ x 20 = 37,20$ anuales). Multiplicamos esa cifra por cinco y obtenemos ciento ochenta y seis dólares (37,20$ x 5 = 186$). hemos logrado, por tanto, mil cuatrocientos ochenta y seis dólares de plusvalías totales de una inversión inicial de mil doscientos dólares que suponen una tasa de interés anualizada del 17,5%. Casi el 90% del beneficio, huelga decirlo, proviene de la revalorización del valor y no del dividendo.

Nestle. Compañía multinacional líder en distribución de productos alimenticios con sede en Vevey, Suiza y que no necesita demasiada presentación. Entre sus productos estrella, encontramos nescafé, nesquik y Alston Purina. Ha sido capaz de aumentar su retribución al accionista de manera consecutiva durante los últimos veinticuatro años. Además, lo ha incrementado a un ritmo del 5,5% anual. Cotiza en la bolsa suiza a un precio aproximado de cien francos suizos. Su crecimiento ha sido contenido en el último lustro y tan sólo se ha revalorizado un 25% en este periodo. Comprando quince acciones en 2015 hubiéramos debido desembolsar mil doscientos CHF para obtener mil quinientos euros. La media de su *payout* ha sido 2,41F en estos cinco años. Como tenemos quince acciones obtenemos 36,15F anuales a multiplicar por cinco para conseguir un total de 180,75F (36,15F x 5 = 180,75F). Lo sumamos a nuestros trescientos CHF de beneficio y obtenemos 480,75F lo que nos supone un 7% anualizado que es el *carry trade* mínimo exigido para una inversión bursátil como bien aprendimos en Maestros de la Bolsa 1. No está nada mal para una *blue chip* como Nestle que representa el paradigma de valor defensivo ideal para diversificar nuestra cartera de valores.

Aliance Trust. Es la Queen Elizabeth del dividendo en el Reino Unido con nada menos que cincuenta y dos años consecutivos incrementando su *payout*. Tiene su base en Dundee, Escocia, y es una compañía de seguros con más de ciento treinta años de historia. Encajaría perfectamente en la cartera de un inversor de perfil defensivo. Vamos a ver si también resulta interesante desde otra perspectiva. Hace cinco años, la empresa británica cotizaba a quinientas libras aproximadamente y en la actualidad su precio se sitúa en los albores de las ochocientas cincuenta libras esterlinas que suponen un 70% de revalorización total (11,2% anualizado). En el último lustro, ha incrementado su CAGR (tasa de crecimiento anual compuesto) a una media del 7,41%, con especial mención a los años 2015 y 2016 en que el aumento fue superior al 10%. El precio medio del reparto de su dividendo en este periodo ha sido de 12,50£ por acción. En 2015, habríamos adquirido dos acciones a quinientas libras que nos hubieran reportado veinticinco libras adicionales (12,5£ x 2 = 25£) durante cinco años (25£ x 5£ = 125), ciento veinticinco libras esterlinas a añadir a la revalorización del valor que, recordemos, es del 70%. Por lo tanto, nuestra inversión inicial de mil euros pasa a tener un valor, a día de hoy, de mil setecientas libras a la que sumaremos los dividendos acumulados (1700£ + 125£ = 1825£). Nuestra rentabilidad acumulada es del 82,50% y del 12,8% anualizado. La entidad aseguradora presenta un PER de 61 veces por lo que no resulta especialmente interesante para seguidores de Benjamin Graham pero sí para los fans de Geraldine Weiss ya que supera el 11,80% de rentabilidad media que la inversora norteamericana ofrece con su estrategia.

Lotus Bakeries. Es la segunda compañía en el ránking EUROPEAN ARISTOCRAT TOP DIVIDEND tras veintinueve años de distribución ininterrumpida del dividendo. Además, su CAGR (*Compound Anual Growth Rate*) ha aumentado a un sensacional ritmo del 19,5%, repartiendo actualmente un *payout* de veintinueve euros por acción. Lotus Bakeries tiene su sede en Lembeke, Bélgica, y pertenece al negocio de la alimentación, especializándose en snacks, galletas de mantequilla y helados. Hace cinco años cotizaba a mil seiscientos euros, y en la actualidad, tiene un valor de mercado de tres mil quinientos euros. Una revalorización anualizada del 17% por lo que mil seiscientos euros de inversión en 2015 se hubieran transformado en tres mil quinientos en 2020. Si le añadimos veintinueve euros anuales durante este periodo, obtendríamos un total de ciento cuarenta y cinco euros (29€ x 5 = 145€) a añadir a los tres mil quinientos (3.500€ + 145€ = 3645€). Así pues, nuestro rendimiento sube hasta el 17,9% de revalorización interanual. ¡Otra 2-bagger! ¡Mejor ahorramos en la compra de galletas e invertimos ese excedente en la empresa belga ¡Nuestra salud y nuestro bolsillo saldrán ganando!

Queda claro entonces que **si un negocio aúna crecimiento del dividendo y crecimiento empresarial, mejor que mejor. Invertir en una empresa sólo porque distribuye un generoso dividendo no parece ser la mejor opción como hemos comprobado**. De las trece compañías diseccionadas, diez nos hubieran aportado plusvalías y tan sólo tres de ellas (Fresenius, Inditex y Altria Group), minusvalías. El dividendo nos amortigua algo las pérdidas en las compañías perdedoras pero no merece la pena mantenerlas por ese motivo ya que podemos conseguir mejores retornos con otras acciones. De las diez empresas que ofrecen retornos positivos, la mitad no bate al rendimiento del mercado de los cinco últimos años. Eso nos deja con cinco valores estupendos (un 38,4% del total de la cartera) que por orden de mejor a menos bueno son Caterpillar, Lotus Bakeries, Walmart, American States Water y Aliance Trust que serían la envidia (esperemos que sana) de cualquier inversor sin importar su perfil.

Este análisis se ha realizado en base al crecimiento y rendimiento de las empresas en los últimos cinco años pero sería igualmente correcto hacer una previsión a diez años. Adicionalmente, podríamos realizar una estimación a futuro calculando la media del crecimiento del dividendo del último lustro para calcular nuestras futuras ganancias. Si se quiere ser más conservador, escoger la retribución más baja de dicho periodo aunque quizás no tenga sentido tratándose de empresas que incrementan el beneficio de forma continuada (no en vano serían expulsados del índice si no cumplieran con los requisitos). Parece lo más indicado para el inversor particular con mayores conocimientos Para el inversor pasivo o con menor formación, no obstante, tiene más sentido escoger alguno de los ETF que hemos comentado con anterioridad si no es capaz de realizar un análisis concienzudo de los valores.

2.10. MAESTR@S DE LA BOLSA

"La paciencia no es sólo una virtud, da dividendos". Bryan Forbes.

Geraldine Weiss ha sido una gran inspiración para otras mujeres que se han abierto paso en un mundo financiero acaparado por una predominante mayoría masculina. A continuación destacamos algunas de las inversoras más importantes de los últimos años.

Muriel Sibert. Se convirtió, en 1967, en la primera mujer en conseguir uno de los mil trescientos sesenta y seis asientos del NYSE. Aunque no pararon de presentarse dificultades (los miembros de la bolsa de New York se resistían a aceptarla y los bancos se negaban a avalarla), ella no cejó en su empeño. Pese a no completar sus estudios, consiguió trabajar para varias firmas de Wall Street como analista, bróker y operadora. Más tarde, fundaría su propia gestora, Siebert Financial Corp, que sigue en pie siete años después de la muerte de la propia Siebert. De origen judío, fue una firme defensora de los derechos de la mujer y de las minorías. Dedicó, además, gran parte de su tiempo a obras de filantropía. En 1977, fue nombrada supervisora bancaria del estado de New York. Ningún banco bajo su supervisión quebró durante el tiempo que ocupó el cargo.[16]

Lubna Olayan. Inversora y empresaria saudí, fue elegida en 2014 como una de las cien mujeres más influyentes del mundo (Forbes). Dirigió los destinos de Olayan Financial Group Company, fundada por su padre, hasta 2019 cuando se convirtió en la primera mujer en ser elegida CEO de una entidad financiera saudí, concretamente en el Saudi British Bank, donde su antigua empresa posee un importante paquete en el accionariado. Como activista corporativa (profundizaremos más en este término en el capítulo 5 dedicado a Carl Icahn) también tiene participaciones y se sienta en los consejos de administración de Citigroup y Rolls Royce, entre otros. Es, además, miembro del Foro Económico Mundial.

Linda Bradford Raschke es *trader* de futuros y *commodities*. Aprendió de su padre quien le enseñó análisis técnico. Empezó su carrera profesional operando como *Market Maker* (profundizaremos en este término en el capítulo 8) y destaca por operar contra la tendencia. Sin embargo, como bien explica en el libro de Jack D. Schwagger, *New Market Wizards*: "De repente descubrí que podía perder 80.000 dólares en una noche". Tras vender unas opciones *CALL* de una empresa, surgieron rumores de OPA y las acciones se dispararon más de un 100%, perdiendo más capital del que disponía en ese momento. Superó el mal trago y aprendió a controlar los niveles de apalancamiento. Según cuenta al propio Schwagger: "Mi operación ideal dura diez días pero me aproximo a cada una de ellas como si fuera a durar dos o tres días". Suele operar contra tendencia vendiendo en mercados sobrecomprados y comprando en mercados sobrevendidos. Ha escrito varios libros sobre su metodología de *trading* entre los que destacan: *Street Smarts* y *Trading sardines*.

Meredith Withney es una destacada analista de mercado. Trabajó en Wachowia Investments y en la firma Oppenheimer en dos etapas. Mientras trabajaba en esta última, ganó notoriedad al publicar un informe en que no dejaba en buen lugar a la entidad bancaria Citigroup. En los albores de la crisis financiera, predijo que no sería capaz de mantener su elevado dividendo y que las acciones estaban

---

[16] Investopedia. Artículo del 24/11/2019.

sobrevaloradas. La acción se derrumbaría un 95%. Posteriormente, en 2009, fundó su propia firma de asesoramiento, Meredith Withney Advisory Group y, en 2013, abrió un fondo de cobertura, Kenbelle Capital LP. Fortune la clasificó como una de las cincuenta mujeres más poderosas del mundo de los negocios durante los años 2010 y 2011.

Fahmi Quadir saltó a la palestra gracias a un documental de una plataforma en *streaming* dónde se detallaba su operación bajista en Valeant Pharmaceuticals (ahora rebautizada como Bausch Health Company). Mientras estudiaba para conseguir un doctorado en matemáticas, comenzó a trabajar como analista de compañías farmacéuticas en la empresa Deallus Consulting. Mientras desempeñaba su labor, un gestor de *Hedge Fund*, Michael Krensavage, quedó impresionado por su trabajo y la contrató para dirigir las operaciones en corto de su fondo. Quadir siempre pensó que Wall Street era el último lugar en La Tierra donde iba a trabajar pero su destino era sacar a la luz uno de los mayores fraudes empresariales de los últimos veinte años. Valeant era una compañía que se dedicaba, principalmente, a adquirir empresas farmacéuticas con nichos especializados sin apenas competencia y después elevaba los precios a valores astronómicos. Para echar más leña al fuego, Valeant creaba empresas fantasmas para desviar parte de sus ingresos. En cuanto Valeant lanzó sus redes sobre Allergan, no sabía que estaba firmando su sentencia de muerte. Allergan no iba a dejarse intimidar.

Quadir abrió una posición *short* por valor de treinta millones de dólares (el 10% del capital total del fondo) en junio de 2015. En marzo de 2016, Valeant Pharmaceutical se había hundido un 90% y Quadir reportó casi sesenta millones de dólares al fondo. Su éxito la llevó a fundar su propio fondo de cobertura, Safkhet Capital, en 2017, con tan sólo veintisiete años de edad. En los sucesivos años, ha abierto posiciones cortas, con mayor y menor éxito, en la empresa alemana de servicios de pagos Wirecard, en General Motors y en Tesla. El *Hedge Fund* gestiona, en la actualidad, alrededor de cuarenta millones de dólares. [17]

---

[17] Square mile web. Artículo del 7/2/2020.

Las mujeres van ganando visibilidad en el ámbito financiero pero aún queda un largo trecho por recorrer. Ha quedado ya de sobras demostrada su valía por lo que sólo falta esperar que en un futuro no demasiado lejano su presencia vaya progresivamente en aumento. Geraldine Weiss y el resto de protagonistas de este capítulo marcan el camino a seguir. "Al vencer sin obstáculos se triunfa sin gloria" decía el dramaturgo francés Pierre Corneille en su obra Le Cid. Probablemente, hubieran agradecido menos piedras en el camino pero eso les otorga un mérito doble y una enorme ventaja sobre los hombres pues las dificultades que han debido superar son infinitamente mayores.

CAPÍTULO 3: JESSE LIVERMORE

"Si existiera el dinero fácil, nadie vendría a ponerlo en tu bolsillo".

> Jesse Lauriston Livermore nació en Shrewsbury, Massachussets (EEUU) en 1877, y falleció en New York, en 1940. Está considerado el mayor especulador bursátil de todos los tiempos. A los catorce años se marchó a Boston donde trabajó un año como "board boy" en la agencia Paine Webber. Al poco tiempo empezó a especular y, a los quince años, ya había ganado sus primeros mil dólares apostando en *Bucket Shops*. En lo sucesivo, se arruinaría y haría millonario en cuatro ocasiones. Sus andanzas quedaron reflejadas en un libro escrito por el periodista Edwin Lefèvre, *Memorias de un operador en bolsa*, publicado en 1922, y que continúa cosechando ventas importantes hoy en día. El propio Livermore publicó *Cómo operar con acciones* en 1940, poco antes de cometer suicidio.

3.1. BUCKET SHOPS

" Los principios del éxito en la especulación en valores, se basa en la suposición de que la gente, en el futuro, seguirá cometiendo los mismos errores que en el pasado".

Damas y caballeros: ¡No intenten esto en sus casas! Todo lo que lean en este capítulo deberá ser borrado de su memoria al instante. Lo único que deben recordar es que, en las siguientes páginas, vamos a explicar ¡todo lo que no se debe hacer en el mundo de la bolsa! Les deseo que pasen un rato entretenido leyendo este capítulo pero recuerden: hagan caso omiso de todo lo aquí escrito...

Bromas aparte, Livermore comenzó su carrera en el mundo de la bolsa a la precoz edad de catorce años. Proviniente de una familia muy humilde, huyó de la granja donde vivía para instalarse en la ciudad de Boston. Su primer trabajo fue como *board boy*, apuntando en una pizarra las actualizaciones de los precios de las acciones y las materias primas, para la empresa Paine Webber. Pronto comenzaría a interesarse por la especulación financiera. Toda la experiencia acumulada como *board boy,* le enseñó a predecir de manera correcta los patrones en los movimientos de los precios. Como era menor de edad y no podía abrir una cuenta de valores, tuvo que acudir a un tipo de establecimiento de corretaje denominado *Bucket Shop*.

Los *Bucket Shops* eran establecimientos en los que se ofrecía intermediación (en muchas ocasiones de manera fraudulenta) para especular con acciones y materias primas con altos niveles de apalancamiento. A finales del siglo XIX, la invención del telégrafo posibilitó la comunicación instantánea en los mercados de valores. Una práctica habitual de estos establecimientos de corretaje (y que también llevaban a cabo casas de apuestas deportivas con las carreras de caballos) era ofrecer con unos minutos de retraso las cotizaciones y aprovechar esta ventaja para especular contra las posiciones de los clientes. Además, les cobraban un *spread* en la compra de las acciones por lo que sus ganancias estaban aseguradas. Algunos especuladores (como en el caso de Livermore) se sabían la mayoría de los trucos y hacían saltar la banca por lo que pronto se extendió el rumor en Boston de que un mocoso se estaba forrando a costa de los beneficios de las casas de corretaje y pronto le sería privada la entrada en la mayoría de ellos. Su jefe en Paine Webber le desaconsejó de manera rotunda estas prácticas pero Livermore hizo caso omiso y fue despedido. No pareció importarle demasiado al imberbe especulador. Al encontrarse sin empleo, pudo dedicarse a tiempo completo (hasta ese momento aprovechaba la pausa de la hora del almuerzo para especular) a realizar sus apuestas y muy pronto ganaría más dinero que trabajando para Paine Webber.

No queda muy clara la procedencia del término *Bucket Shop*. Una leyenda cuenta que el nombre se debe a que los papelitos de los teletipos ("la cinta" como la llamaba repetidamente Livermore en todos sus libros) acababan, al final del día, en un *bucket* (cubo de basura). Otra teoría es que *bucket* proviene de la palabra *buck* (término coloquial con el que se conoce al dólar). Livermore empezaba a forjarse su propio mito. En 1921, el periodista financiero, Edwin Lefèvre, escribió una serie de artículos en los que entrevistaba al propio Livermore. Estas columnas semanales se recopilaron para formar el legendario libro *Memorias de un operador de bolsa*, en 1922. Larry Livingston se convertiría en el *alter ego* de Livermore, convirtiéndose en el primer *trader* mediático de la historia.

La única opción que les quedaba a las corredurías para seguir en pie era deshacerse de este niñato por lo civil o por lo criminal. De vez en cuando, Livermore perdía pequeñas cantidades adrede para disimular pero siempre terminaban por descubrirlo. En otra ocasión le provocaron una considerable pérdida con el viejo truco comentado anteriormente de retener las cotizaciones con una empresa llamada Sugar en la que tenía posiciones abiertas. También le pedían márgenes más altos o le cobraban horquillas de precio (*spreads*) superiores. O aceptaba o puerta. En cuanto cumpliera veintiún años (mayoría de edad por aquel entonces en los Estados Unidos de América), podría dar el salto a Wall Street.

3.2. EL NIÑO OPERADOR

" No hay nada como perder todo lo que tienes para aprender lo que no debes hacer. Y cuando sabes lo que tienes que hacer para no perder dinero, empiezas a aprender qué hacer para ganar".

A la temprana edad de quince años, Livermore ya había acumulado la nada despreciable cifra de mil dólares de la época (equivalente a unos veinticinco mil de hoy) pero tuvo que mudarse al medio oeste de Estados Unidos (concretamente a Sant Louis) ya que en Boston era considerada persona *non grata*. "La bolsa es un enorme campo de batalla"[18] escribía Livermore en el primer capítulo de *Memorias de un operador de bolsa*. Para salir airoso, el joven operador no sólo debía luchar contra el implacable señor Mercado sino contra todos aquellos que querían dejarle fuera de combate.

Livermore desarrolló un estilo propio para operar en los mercados. Llevando la contraria a la tendencia predominante, hacía caso omiso de rumores y supuestas informaciones privilegiadas: "Si compro valores porque Smith me lo ha sugerido, entonces tendré que venderlos según los datos que me dé... y dependeré de todo lo que me diga. No está mal recibir un consejo de vez en cuando, pero ¿y si Smith está de viaje cuando llega el momento de vender?". [19]

En sus primeros tiempos, sin embargo, hizo una pequeña excepción. Cuando todavía era *board boy,* recibió un chivatazo de un compañero suyo sobre las acciones de la empresa Burlington. Livermore consultó sus anotaciones y concluyó que Burlington iba a tener un fuerte impulso al alza. Como aún no tenía la mayoría de edad para realizar operaciones a su nombre, el joven operador de Boston prestó a su compañero cinco dólares como *margin call* para que actuara en su representación y, dos días después gracias al apalancamiento, obtuvo un beneficio de 3,12$ lo que le supuso un beneficio del 62% sobre el capital aportado. El *leverage* consiguió maximizar sus ganancias. Era su primera operación y había resultado ser plenamente exitosa.

"El hombre medio no desea que le digan si el mercado es alcista o bajista. Quiere que le digan qué acción comprar. Quiere algo a cambio de nada. No desea trabajar. Ni siquiera desea pensar".[20] Algo de verdad encierran las palabras del legendario especulador. El ser

---

[18] Lefèvre, Edwin. *Memorias de un operador de bolsa.* Editorial Deusto. 7ª edición 2020. ISBN: 978-84-234-2736-9. Capítulo 1, pág. 16.

[19] Ídem. Cap. 3, pág. 42.

[20] Lefèvre, Edwin. *Memorias de un operador de bolsa.* Cap 7, pág. 83.

humano tiene una facilidad innata para culpar a los demás de todos sus males y, en cambio, apuntarse los méritos personales. Es muy habitual quejarse de los políticos cuando hay una crisis económica pero nadie los ensalza cuando hay una expansión económica. No, cuando todo va de cara nos colgamos la medallita y cuando la situación se pone fea echamos balones fuera. En bolsa, tal proceder es letal. Aquí no nos va a salvar papá estado. Nosotros somos los únicos responsables de nuestros éxitos y fracasos.

Livermore basaba su operativa en el movimiento de los precios. Apuntaba (como John D. Rockefeller) sus operaciones en una libreta. Tomaba como principal referencia los precios de cierre de determinados valores. Si, por ejemplo, un valor cerraba a 10$ el lunes, apuntaba todos los movimientos significativos que hubiera tenido la acción, buscando paralelismos y diferentes patrones que lo impulsara al alza o a la baja. Una práctica habitual era que grandes operadores mandaran emisarios a los *Bucket Shops,* donde se utilizaban altos niveles de apalancamiento, para esquilmar a los incautos que operaban allí. Tras realizar grandes transacciones que impulsaban al alza los precios, los apostadores se abalanzaban como locos a comprar esos valores disparados de precio. Seguidamente, los diferentes emisarios dispersados por las diferentes casas de apuestas, vendían en corto grandes lotes que impulsaban los precios hacía abajo. Los apostadores se veían en la tesitura de tener que ampliar márgenes o bien cerrar sus posiciones con pérdidas. Cuando éstos vendían sus posiciones largas, las cotizaciones bajaban y los operadores avispados cerraban las posiciones cortas y se apuntaban las ganancias. Livermore que sabía bien lo que se cocía en estos infames lugares, no se dejaba engatusar. Pronto le colgarían el sambenito de "problemático". Sí, queridos lectores, a los tugurios de apuestas no les gustan los ganadores. En los casinos, en algunas casas de corretaje, y en la banca, sólo hay cabida para que gane la casa. Con el mercado de Massachussets cerrado para Livermore, éste se vio obligado a realizar su actividad de manera itinerante. La suerte para él es que Estados Unidos es un país enorme que ama el dinero lo que lo convierte en tierra fértil para la especulación financiera.

3.3. EL NIÑO MILLONARIO

"Sólo hay un lado del mercado, y no es lado alcista ni el lado bajista, sino el lado correcto".

En el Midwest, Livermore acumuló nada menos que cincuenta mil dólares (un millón hoy en día). Cada cierto tiempo, debía cambiar de ciudad, de casa de corretaje y de identidad porque lo "calaban" enseguida. Una anécdota de aquella época, que recoge el libro de Lefèvre, es que estaba operando en un Bucket Shop, realizando varias operaciones de compraventa. Un agente se le acercó y le preguntó su nombre:

- "Me llamo Edward Robinson y soy natural de Cambridge", respondió Livermore.
- "Un momento señor", le espetó el agente.
- "Si le preguntan por mi aspecto dígales que soy un hombre gordo, bajo, de pelo oscuro y barba espesa", se anticipó Livermore, alias Robinson.

Evidentemente, el empleado hizo caso omiso y describió con pelos y señales el verdadero aspecto del joven especulador. "Me han dicho esto, señor Edward Robinson de Cambridge: ¡¿No te habíamos ordenado que no aceptases operaciones de Jesse Livermore?! ¡Pues le has dejado que nos esquilme setecientos dólares! El tal Señor Robinson, Livermore o como quiera que se llame..."[21]

Su sistema, obviamente, no era infalible. No obstante, creía firmemente que, partiendo de su propia experiencia, tenía un 70% de posibilidades de obtener beneficios en cada *trade*. Un sistema que permita al *trader* ganar siete de cada diez operaciones y consiga obtener las máximas ganancias en las operaciones exitosas y unas pérdidas mínimas en las operaciones fallidas, es un magnífico sistema. La realidad, sin embargo, es harina de otro costal. El mundo del *trading* no son siempre matemáticas como bien nos enseñó André Kostolany en *Maestros de la bolsa 1*. Un operador puede acumular rachas tanto positivas como negativas y, a corto plazo,

---

[21] Lefèvre, Edwin. *Memorias de un operador de bolsa*. Cap 1, pág. 20.

difícilmente obtendrá una media fiable. Dicen que las desgracias nunca vienen sólas y Livermore (lo comprobaremos en siguientes capítulos) alternaba temporadas en que acumulaba grandes fortunas, con otras en las que se quedaba sin blanca por su mala cabeza y debía operar con dinero prestado. Su vida era una auténtica ruleta rusa. Era un *bon vivant* al igual que el ya mencionado André Kostolany. No es que llevara una vida desordenada, operaba de diez de la mañana a tres de la tarde, disfrutaba de su tiempo libre con pequeños lujos (no bebía) y raramente se acostaba más tarde de las diez pero no tenía el temple en los parqués que sí poseía el genio húngaro. Probablemente, el norteamericano era mejor operador que el especulador centroeuropeo pero carecía de una cabeza lo suficientemente amueblada como para mantener su dinero. En lo sucesivo, se arruinaría y recuperaría cuatro veces pero hay quien asegura que fueron siete. Su vida fue de novela, sin duda, pero se debe disponer de unos nervios de acero, un corazón bien preparado y una capacidad fuera de lo común para crear fortunas de la nada, una y otra vez.

3.4. EL NIÑO ARRUINADO

"Los inversores, a diferencia de los especuladores, son los grandes jugadores. Tras hacer una apuesta, se aferran a ella, y si la operación es perdedora se arriesgan a perderlo todo".

En realidad ya era una persona adulta pero el título queda bien... A la edad de veintiún años se trasladó a la Gran Manzana para dejar atrás el mundo de los *Bucket Shops*. Diferentes operaciones fallidas habían mermado su fortuna. Se presentó en New York con sólo dos mil quinientos dólares cuando había llegado a acumular cincuenta mil. Pronto se dio cuenta que operar en Wall Street no iba a ser fácil. Era otro mundo. Los sistemas utilizados en las casas de corretaje resultaban inservibles en la bolsa de valores. Pronto, su cuenta bancaria se quedaría en números rojos.

Sir Winston Churchill aseveraba en un discurso a la nación que "el éxito es ir de fracaso en fracaso sin perder el entusiasmo". Para el escritor Truman Capote: "El fracaso es el condimento que da sabor al éxito" [22] Mientras que el escritor y conferenciante, Zig Ziglar, escribía: "Recuerda que el fracaso es un evento, no una persona".[23] Livermore no perdió la fe. Pidió mil dólares prestados a un amigo de confianza y se dirigió a Hoboken, New Jersey, para operar, de nuevo, en *Bucket Shops,* lugar donde se movía como pez en el agua. En pocos días recuperó el dinero prestado y ganó dos mil ochocientos dólares adicionales que le servirían para volver al ruedo de Wall Street. Poco tiempo después se ilegalizaron las casas de corretaje fraudulentas. Era 1900 y el nuevo siglo se presentaba con unas perspectivas inmejorables. El primer lustro fue especialmente bueno con un mercado alcista continuo. Se llegaron a negociar, en días puntuales, tres millones de acciones, y hasta veinticinco millones de dólares diarios cambiaban de manos, cifras nunca vistas anteriormente. El saldo de Livermore recuperaba de nuevo los cincuenta mil dólares gracias a esta inaudita pujanza del mercado de valores.

Los *Bucket Shops*, aunque ilegalizados, seguían funcionando de manera clandestina. No obstante, pronto caerían por su propio pie. Durante el rally alcista, la gran mayoría de operadores optaron por una estrategia *buy&hold* y las comisiones por intermediación bajaron considerablemente en un desesperado intento de atraer clientela. Ello terminaría provocando el cierre de muchas de ellas. A Livermore no le quedaba otra alternativa que aprender a operar en la bolsa de valores. "Con el paso del tiempo he aprendido que hay dos clases de tontos: los que se equivocan una y otra vez, y los de Wall Street, que se creen obligados a operar en todo momento. Es imposible que alguien tenga una buena razón para comprar o vender valores todos los días. Y menos, que disponga de la información necesaria que le garantice que sus decisiones son acertadas y se comporta de manera inteligente". Y concluye: "Nunca fueron mis ideas las que me dieron dinero sino la capacidad de esperar. ¿Lo ha

---

[22] Albaigès Olivart, José María e Hipólito, María Dolors. *Un siglo de citas*, 1997. Editorial Planeta. ISBN: 8423992543.

[23] López Ballester, David. *Frases, Kamino y destino*. Editorial Punto Rojo Libros, 2016. ISBN: 978-84-16658-31-2. Pág. 148.

entendido? ¡Esperar tranquilamente! [24]

La estúpida manía de operar cuando debería haberse quedado quieto, mezclado con un equivocado sentido de la anticipación, provocó que Livermore perdiera, de nuevo, casi todo su dinero. En 1901, tras una ininterrumpida alza de dos años, intuyó (equivocadamente) que un mercado bajista estaba por venir. Comenzó a vender en corto pero los valores seguían al alza pese a los altos volúmenes de venta que introducía en el mercado. Las posiciones alcistas eran superiores y, al poco tiempo, se esfumó su capital. A Livermore el largo plazo no le sentaba bien. Lo suyo era entrar y salir del mercado continuamente pero las condiciones del momento no hacían aconsejable este *modus operandi*. Nuestro protagonista, que disfrutaba de una acomodada vida en la costa de New Jersey, tuvo que volver al hogar familiar con el rabo entre las piernas. No duraría mucho en su localidad natal y volvería a dejarse caer por los pocos *Bucket Shops* que quedaban en pie. Los viejos problemas regresaron: su leyenda era demasiado grande y nadie se había olvidado de él. Apenas tuvo tiempo de ganar unos cientos de dólares, suficiente para volver al asalto de Wall Street.

3.5. PÁNICO BANCARIO

"Si un hombre no cometiera errores sería dueño del mundo en un mes, pero si no aprendiera de sus errores, no sería dueño de nada".

En 1907, Estados Unidos sufrió una serie de quiebras bancarias. En 1896, ya había sucedido un evento similar. Este tipo de escenario es el caldo de cultivo ideal para grandes jugadores del mercado como Jesse Livermore. La historia tiende a repetirse y los errores también. Nuevamente, no se aprendió nada del desastre acontecido tan sólo once años antes.

A principios del siglo anterior, no existía un banco central en los Estados Unidos de América por lo que era el departamento del tesoro del país quien controlaba la circulación del dinero. Otoño

---

[24] Lefèvre, Edwin. *Memorias de un operador de bolsa*. Cap. 2, pág. 28/ Cap. 5, pág. 70.

acostumbraba a ser una estación convulsa con frecuentes vaivenes bursátiles ya que la oferta monetaria fluctuaba en base a los ciclos agrícolas de la nación. Por tanto, el precio de las materias primas era la referencia sobre la que el tesoro restringía o insuflaba dinero a los mercados. Las tasas de interés de los préstamos disminuían para que los operadores compraran las *commodities* con dinero prestado y cuando llegaba el otoño y las cosechas eran compradas, se subían los tipos de interés para atraer capital extranjero.

Durante el primer lustro de siglo, las buenas condiciones económicas del país habían proporcionado un rally bursátil. En enero de 1906, el índice Dow Jones alcanzaba su máximo histórico: 103 puntos. En los siguientes meses, iniciaría una ligera correción. En Abril ocurriría el archifamoso terremoto de San Francisco y el consecuente hundimiento de las acciones de la Union Pacific (una de las más grandes *blue chips* de la nación). Por otro lado, considerar que gran parte del capital extranjero que recibía el país provenía de Gran Bretaña pero, en una inesperada decisión, el Banco de Inglaterra (acuciado por los costes de la Guerra de los Boêr) subió las tasas de interés para retener los flujos de capitales por lo que, durante 1906, comenzó a restringirse la entrada de dinero foráneo en la bolsa de New York. En el primer semestre de 1906, el Dow Jones corrigió casi un 20% desde máximos.

El verano también sería movidito. Se firmó el acta Hepburn que permitía al gobierno regular los precios del ferrocarril para evitar el monopolio de la Union Pacific hundiendo, aún más, tanto a la propia compañía como a sus homólogas ferroviarias. En el semestre transcurrido entre septiembre de 2006 y febrero de 2007, la bolsa se desplomó casi un 8%. Lo peor estaba por llegar. En marzo, la bolsa se hundió un 10% adicional y empezaron a llegar noticias de episodios de pánico bancario fuera de las fronteras: Egipto en abril, Japón en mayo, y Alemania y Chile ya en otoño (parece que la globalización ya existía hace cien años...). En junio, la Union Pacific (valor que muchos bancos aceptaban como garantía para prestar dinero ya que la consideraban demasiado grande para caer) descendería un 10% adicional. En julio, colapsa el mercado del cobre (una de las *commodities* con mayor volumen de negociación) y una remesa de bonos municipales de New York quedan sin colocar por falta de demanda, dejando a la ciudad de los rascacielos (aunque entonces tampoco contaba con tantos) en una situación extrema de escasez de liquidez. Para rematar el cúmulo de desgracias, la petrolera Standard Oil es multada con casi treinta millones de dólares (cifra récord por entonces) por sus prácticas monopolistas, deprimiendo el precio del valor. En los primeros nueve meses de 1907, la bolsa acumulaba una caída del 25%.

El colapso bancario acechaba. El magnate del cobre Fritz Heinze se había convertido en uno de los empresarios más poderosos del país. Controlaba, además del comercio del preciado metal, dieciséis bancos, cuatro aseguradoras y varias empresas fiduciarias. Ayudado por el banquero Charles W. Morse y su hermano Otto Heinze, diseñó un plan para acabar de acaparar por completo el mercado de cobre. Los hermanos Heinze creyeron, de manera errónea, que una recompra masiva de acciones de su propia empresa, United Copper, empujaría masivamente a cerrar posiciones cortas que previamente habían colocado los especuladores que esperaban que el precio de la compañía se desplomara. Con ello, provocaría el cierre forzado de las posiciones, el consiguiente hundimiento y, con el dinero obtenido, seguir comprando sus propias acciones aún más baratas. A este tipo de maniobra se la conoce con el nombre de *short squeeze* o arrinconamiento de mercado. Sin embargo, los especuladores lograron colocar sus cortos a otros operadores y los Heinze se quedaron con un palmo de narices. El valor que había escalado de trenta y nueve dólares a sesenta en apenas un día, se despeñó hasta los treinta. Al día siguiente, se hundió hasta los diez dólares, causando la bancarrota a Fritz y Otto Heinze que se convirtieron en insolventes. El 16 de Octubre (siempre octubre), la firma de corretaje Gross&Kleeberg, que representaba a la United Copper, quiebra. El día 17, la bolsa de New York suspende a la United Copper de cotización por mala praxis. La *clearing house* de Butte, Montana, propiedad de Heinze, se ve incapaz de afrontar sus garantías ya que gran parte de éstas provenían del valor de las acciones de la empresa de cobre. La noticia se propaga como la pólvora y los ahorradores (como en la famosa escena de la película Mary Poppins) comienzan a retirar sus ahorros de los bancos propiedad de Heinze. El lunes 21, la Knickerbocker Trust Company, tercer fondo fiduciario de Estados Unidos fuertemente vinculado a las empresas de Heinze, se contagia de la situación y colapsa por lo que los depositantes comienzan a retirar sus ahorros. El principal fondo fiduciario del país, la Trust Company of America, podría haberse visto afectado también pero el poderoso banquero JP Morgan junto a un consorcio de otros fondos fiduciarios deciden inyectar liquidez. Tres días más tarde, el jueves 24 de Octubre (fecha que volverá a ser clave en un futuro), el secretario del tesoro inyecta veintitrés millones de dólares al mercado bursátil para evitar su colapso. El miércoles 29, Morgan (de nuevo) debe acudir al rescate de la ciudad de New York y compra treinta millones de dólares en bonos municipales antes de que el ayuntamiento se declare insolvente. La US Steel (empresa que acapara la producción de acero) adquiere diversas compañías aprovechando la coyuntura, dejando en evidencia la ley antimonopolista de Theodore Roosevelt. En momentos de pánico ¡sálvese quién pueda! no hay regulación que valga. Para controlar adecuadamente los flujos de capitales y no se vuelvan a producir desmadres, nace, en 1913, la Reserva Federal. Los mercados empezarían la recuperación, poco a poco, con las nuevas medidas implantadas por el recién fundado mecanismo monetario, volviendo las aguas a su cauce.

¿Qué hizo mientras nuestro protagonista? Pues no mirar los toros desde la barrera precisamente... Livermore fue uno de los primeros operadores que supo aprovechar la situación y operó en corto con las acciones de la Union Pacific (empresa con la que especularía en diferentes etapas de su vida). Al principio, operó siguiendo una corazonada. No suena demasiado profesional pero a veces los grandes operadores también actúan por intuición. Livermore estaba pasando unos días en Atlantic City cuando comenzó a vender acciones de la ferroviaria y, ya de vuelta en New York, supo del devastador terremoto que asoló San Francisco. El mercado tardó en reaccionar un par de días y Livermore aumentó el tamaño de su posición. La Union Pacific debería hacer frente a reembolsos por las cancelaciones y se vería obligada a detener momentáneamente su actividad. Pasados unos días, la acción comenzó a sucumbir a una espiral bajista y el especulador fue cerrando paulatinamente sus cortos, embolsándose doscientos cincuenta mil dólares en la operación.

Ese mismo verano, mientras disfrutaba de un periodo de vacaciones en el balneario de Saratoga Springs, volvería a especular con las acciones de la Union Pacific pero esta vez operó en el lado largo. Un chivatazo le hizo dudar, vendió el valor y se puso corto.

La jugada le salió mal y tuvo pérdidas, alrededor de cuarenta mil dólares. Por suerte, supo rectificar a tiempo. No ser fiel a su sistema y dejarse llevar por bulos o rumores casi lo llevan (por enésima vez) a la bancarrota. A medida que adquiría experiencia, llegó a la conclusión que realmente los mercados no arruinan a nadie ¡Son los propios operadores que se arruinan sólos!

Apenas un par de meses antes de desatarse el pánico bancario, Livermore/Livingston había regresado de unas lujosas vacaciones en la Saboya francesa. Algo olería porque volvió tres semanas antes de lo previsto. Había pasado varios meses alejado del mundanal ruido pero la cabra tira al monte e intuyó la operación de su vida: "Ese es el día que recuerdo más vívidamente de todos los días de mi vida como operador bursátil. Fue el día en que mis ganancias superaron un millón de dólares y marcó el final exitoso de mi primera campaña de operaciones deliberadamente planificada". [25] Livermore ya no actuaba al tuntún como anteriormente sino de manera reflexiva, a imagen y semejanza de los peces gordos de la bolsa. El mercado había llegado tan arriba que ya no había dinero suficiente para liquidar los valores. El de Massachussets vendió en corto (por enésima vez) diez mil acciones de la Union Pacific e hizo lo mismo con media docena de valores más. Los grandes banqueros le imploraron (incluso apelaron a su patriotismo) que dejara de presionar al mercado. Livermore hizo caso y cubrió posiciones para, pacientemente, acumular posiciones en el lado largo y aprovecharse de las futuras subidas que iban a suceder, una vez que el sistema financiero acudiera al rescate de la bolsa. Livermore se enfundó un millón de dólares de la época, equivalente a unos veinte millones en la actualidad.

En cuanto nuestro querido protagonista supo valorar las condiciones generales del mercado, su operativa mejoró mucho. Comenzó a alinearse junto a la tendencia del mercado. Eso no quiere decir que durante mercados alcistas no se pueda operar en corto o viceversa, significa que las perspectivas son diferentes dependiendo de la tendencia dominante. "Un mercado bajista no me atrae más que un mercado alcista o viceversa (...) Cuando tengo posiciones largas en valores es porque la lectura que he hecho de las

---

[25] Lefèvre, Edwin. *Memorias de un operador de bolsa*. Cap. 9, pág. 112.

condiciones me ha llevado a ser alcista".[26] Por ejemplo, tras los atentados del 11-S el mercado se derrumbó y no se recuperó prontamente, no por el suceso en sí, sino porque en aquel momento, tras la explosión de la burbuja puntocom, las bolsas estaban en una espiral claramente bajista. En cambio, en marzo de 2020, las bolsas colapsaron por el COVID-19, sucumbiendo un 30% en cuatro semanas, pero a finales de año ya se había producido la recuperación. Los operadores más avispados aprovecharon la coyuntura para pescar en río revuelto antes de que el mercado regresara a su senda alcista que era la tendencia predominante. En momentos de *bullish market* el impacto de las noticias negativas es mínimo aunque sean tan demoledoras como la propagación del coronavirus. Pura psicología de mercado. Por norma general, no debemos llevar la contraria al mercado aunque, justo es decirlo, Livermore se hizo de oro siendo *contrarian* durante el crack de 1907.

3.6. FOLLOW THE LEADERS

"Siempre he encontrado beneficioso el estudio de mis errores".

Además de operar con acciones, Livermore también se convirtió en un experto a la hora de especular con materias primas como el trigo y el maíz. Durante cierto tiempo, se especializó en los futuros del algodón, mercado en que se convirtió en un auténtico número uno (la prensa incluso le colgó el mote de rey del algodón) pese a que, al principio, algunas malas operaciones le reportaron pérdidas por valor de doscientos mil dólares. "Todos los errores bursátiles hacen daño en dos lugares muy frágiles: el bolsillo y la vanidad".[27] Más claro agua.

Livermore fue un pionero en la estrategia *swing trading* cuando este término aún no había sido inventado. Observaba diligentemente el mercado para detectar resistencias y soportes. El error principal de muchos *traders* (entonces y ahora) era que intentaban anticiparse al

---

[26] Ídem. Cap. 8, pág. 89.
[27] Lefèvre, Edwin. *Memorias de un operador de bolsa*. Cap. 10, pág. 115.

mercado y se veían atrapados en rangos muy estrechos con los que era difícil que los operadores pudieran ganar dinero. Era la antítesis de Richard Wyckoff, pionero en el desarrollo del análisis técnico. El especulador de Massachussets halló un patrón claramente definido en el precio del algodón: un soporte de 1,10$ y una resistencia de 1,20$. Livermore esperó pacientemente roturas a un lado u otro del mercado. Tenía la convicción que, en el momento en que se produjera una fuerte rotura de la resistencia de 1,20$ (que era el precio que, sin suerte hasta aquel momento, había sido atacado más veces), el ascenso podría ser de más de treinta puntos. Sin embargo, no aguardaría el momento en que el precio alcanzara 1,20$ para comprar sino que esperaría una rotura al alza más amplia. **Es muy frecuente en el *trading* un fenómeno conocido como "falsa rotura". Los *traders* novatos compran o venden justo en el momento en que una resistencia y un soporte es rebasado. Los operadores más expertos lo saben y abren posiciones cortas que empujan los precios a la baja, provocando que salten por los aires los ajustados *stop-loss* que los *traders* noveles han colocado equivocadamente.** Livermore, que sabía más por viejo que por diablo, esperó que el precio subiera 0,50 puntos por encima de la resistencia (el fardo de algodón se movía a 0,10 dólares el punto) y que el movimiento fuera acompañado de un fuerte aumento del volumen de compraventa asignando sólo el 20% de su capital disponible en la operación, adquiriendo un total de diez mil fardos. A medida que la tendencia acompañaba, añadía compras de diez mil fardos por cada aumento de diez puntos en el precio. A este tipo de proceder se conoce como "piramidar posiciones". Si tras la adquisición del primer fardo, el mercado no le hubiera dado la razón, Livermore simplemente hubiera abandonado el mercado con rapidez. **Una de las máximas en el *trading* es cortar las pérdidas rápidamente y dejar correr los beneficios**. Seguía la misma operativa en caso de que el mercado fuera a la inversa, vendiendo en corto y aumentando posiciones a medida que los soportes se vieran rebasados.

Livermore tituló el capítulo tres de su libro *how to trade in stocks*, como "follow the leaders".[28] Explica como en cada época hay unos determinados sectores o ciertas materias primas que despuntan por encima de las demás. En 1900, los ferrocarriles, el acero, el tabaco y el azúcar eran esos sectores que iban en cabeza. No obstante, en 1940, la mayoría de empresas ferroviarias habían perdido un 90% de su valor. Los partidarios de la filosofía *buy&hold* se tiraron de los pelos hasta quedarse calvos. Por aquel entonces, el sector aéreo era el rey junto a la industria automovilística. Ochenta años después, la tecnología, los semiconductores, las energías limpias y el sector salud, llevan la delantera. Lo que debe hacer un inversor es poner el foco en los cuatro sectores donde el crecimiento es mayor e invertir su capital entre las empresas de esas industrias. Eso en lo que respecta al lado largo. Si operamos en corto, debemos fijarnos igualmente en esos mismos sectores: si encontramos empresas desmarcadas del gran rendimiento proporcionado por sus homólogas resulta fácil concluir que algo raro ocurre con ellas y debemos vender en corto (siempre que se dispongan de las herramientas y los conocimientos adecuados). Si operamos con materias primas debemos actuar igual. El petróleo no parece la mejor *commodity* por la que apostar ahora mismo. La caída de la demanda por el problema actual y la apuesta de los gobiernos y las empresas por las energías renovables debido a la concienciación social a favor del medio ambiente presagia un futuro negro para el comercio del crudo pese al alza del precio de los últimos meses. En la década de 1920, Livermore consiguió grandes rendimientos provinientes del agotamiento del sector del cobre que era el que había destacado sobremanera en el anterior lustro. En esta vida todo tiene un final y las ganadoras del pasado se convierten en las perdedoras del presente (recordemos la regla de la reversión a la media). Tras lo expuesto en este párrafo, parece que el especulador de Massachussets consiguió, mediante la creación de unas reglas propias, desarrollar una metodología de *trading* con pies y cabeza.

Sin embargo, nada más lejos de la realidad, su poca cabeza, le jugaría, una vez más, una mala pasada. Perdió el 90% de su capital

---

[28] Livermore Jesse. *How to trade in stocks* 1ª edición 1940. Editorial Duell, Sloan & Pearce, New York. ISBN: 9780071469791. Cap. 3, pág. 30-36.

tras su desafortunada asociación con el también especulador de futuros del algodón, Percy Thomas, otra leyenda de los parqués. Como las desgracias nunca vienen solas, una enfermedad le obligó a tomar reposo durante una larga temporada en la que no pudo operar, viéndose en la obligación de vender sus dos yates para hacer frente a las facturas médicas. A perro flaco todo son pulgas. Su enorme prestigio le permitió, sin embargo, tomar dinero prestado de las firmas de intermediación en cuanto estuvo recuperado. Pronto aparecerían varios obstáculos en el camino. El primero fue que, pese a que volvió por la senda del éxito, el pequeño tamaño de las operaciones realizadas no le permitían incrementar ganancias lo suficientemente rápido como para deshacerse de las deudas contraídas. El segundo problema era la situación de mercado. En el periodo 1910-14, los mercados andaban cortos de liquidez y no había espacio para grandes ganancias. La bolsa, además, tuvo que echar el cierre durante cuatro meses por el estallido de la I Guerra Mundial. Livermore decidió entonces una audaz aunque impopular solución: declararse en bancarrota. Tras negociar con sus acreedores, consiguió una moratoria que le permitió recuperarse a mayor velocidad. El momento no podía ser más oportuno, la Gran Guerra propició una gran fiebre especulativa tras varios meses de cierre forzado. El precio de las materias primas se disparó y las exportaciones se multiplicaron debido a la demanda de productos de primera necesidad de las naciones europeas. Cuando el 7 de Mayo de 1915, el transatlántico Lusitania fue torpedeado por un submarino alemán causando la muerte de mil doscientos pasajeros, los Estados Unidos de América se involucraron en la contienda bélica, aliándose con la Triple Entente en su lucha contra Alemania. Un sector se vio favorecido especialmente por este hecho, el acero. La fabricación de maquinaria de guerra relanzó el precio de las acciones de las aceleras. Livermore puso el foco en una en concreto: Bethelem Steel. Durante tres años, estuvo acumulando posiciones en éste y varios valores más de metales pesados justo hasta el armisticio de 1917 que puso punto final al conflicto bélico y los mercados entraron en una fase de *standby*. La bolsa no tardaría en dar síntomas de entrar en depresión y Livermore aprovechó para ir deshaciendo sus posiciones paulatinamente. Ahora tocaba ponerse bajista en la industria pesada y así procedió. Sus ganancias acumuladas en este periodo fueron de tres millones de dólares. Devolvió un millón más intereses a sus acreedores, colocó gran parte de su capital a nombre de su esposa e hijo, e invirtió mayoritariamente en bonos y depósitos. Parece que ser padre le hizo bien a nuestro protagonista. Ahora tocaba ser más conservador. Igualmente se reservó cierto monto de dinero para seguir operando. Entonces no se sabía pero los Estados Unidos de América estaban a punto de entrar en una era sin precedentes.

3.7. LOS LOCOS AÑOS 20

"Los valores se manipulan hasta el punto más alto posible y luego se venden al público en el descenso".

La década de 1920 fue una auténtica fiesta (a ritmo de Foxtrot y Charleston) especialmente en los Estados Unidos de América. Terminada la Primera Guerra Mundial, el país de las barras y estrellas se consolidó como la principal potencia económica global. El ritmo de prosperidad alcanzado durante ese prodigioso decenio no conocía precedentes. La reconstrucción europea quedaba en manos de las empresas estadounidenses, que incrementaron notablemente la exportación de sus productos, y del gobierno federal que prestaba dinero a las naciones más afectadas, las otrora poderosas Alemania e Inglaterra. El exceso de demanda disparó los ingresos de la población. Como símbolos de la *Belle époque:* la bailarina Josephine Baker; el nacimiento de la industria de Hollywood y sus primeras estrellas mediáticas como Rodolfo Valentino, Mae West, Shirley Temple y Mary Pickford; el auge del art déco, cristalizado en edificios emblemáticos como el Chrysler neoyorquino; y, por supuesto, la implantación del automóvil a gran escala, impulsada (en gran parte) por la revolucionaria cadena de montaje desarrollada por Henry Ford. Constatar que La ley seca, promulgada en 1920 y derrogada en 1933, propició el auge de la economía sumergida y el nacimiento de la mafia por lo que gran parte de las cifras macroeconómicas conocidas de la época no reflejan fielmente la realidad.

La industria financiera comenzó a ingeniar nuevas maneras de fomentar la prosperidad. Los electrodomésticos empezaron a ser habituales en los hogares norteamericanos. Cada estadounidense podía plantearse ser propietario de un utilitario, un lujo que, hasta entonces, sólamente estaba al alcance de unos pocos potentados. La invención de la producción en cadena impulsada por la Ford Motor Company permitía el abaratamiento de costes y, por ende, la accesibilidad del ciudadano medio al sector automovilístico. Bancos y comercios comenzaron a dar facilidades a particulares para financiar sus compras y pagar a plazos. Las familias empezaron a usar los excedentes para disfrutar de periodos vacacionales. Y si sobraba algo más, siempre quedaba la bolsa para sacar un dinerillo extra...

Como vimos en un capítulo anterior, las crisis bursátiles son la consecuencia de una cadena provocada, especialmente, por una pérdida del sentido de la realidad que termina derivando en una excesiva autocomplacencia. Cuando la rueda del dinero fácil gira a gran velocidad con el consentimiento de todos los agentes implicados que están felizmente de acuerdo, resulta difícil disminuir el ritmo pero al final, como un vehículo de gran potencia ante un obstáculo inesperado, termina estrellándose al no poder pisar el pedal del freno a tiempo.

Durante toda la década de 1920, la entrada de inversores minoristas a los mercados bursátiles no paró de crecer. Parecía que la fiesta no iba a cesar nunca. Muchos inversores, incluso, utilizaban financiación bancaria. El rápido crecimiento del valor de las acciones permitía a los deudores pagar fácilmente los intereses de los préstamos: pido dinero prestado al 10% de interés y el mercado me renta un 20% anual. La panacea, vamos. Ni siquiera era necesario ya poseer el dinero constante y sonante, podía usar el de mi banquero. El apalancamiento financiero permitido era de 1:10 por lo que sólo se necesitaba ser propietario de un dólar para recibir diez a cambio. Un alza del 10% del mercado bursátil significaba un aumento del 100% del capital desembolsado, todo un chollo. El problema era si el precio de los valores bajaba: una eventual caída del 10% en cualquier acción se traducía en una pérdida latente del 100%. El inversor minorista podría verse en la obligación de vender su posición o añadir capital adicional como *margin call*. Sin embargo, eso no estaba sucediendo por lo que que no habían motivos para la preocupación. La clase media estadounidense podía seguir jugando a ser peces gordos...

Pero cualquier borrachera tiene su fase de euforia a la que sucede una depresiva: la amarga resaca. En 1928, el panorama empieza a cambiar aunque la bolsa continuará ajena a cualquier atisbo de sensatez por el momento. Los ingresos de la población comienzan a estancarse. Excedentes comerciales empiezan a acumularse sin tener salida. Las exportaciones se resienten por los problemas de deuda de los países europeos que se ven incapaces de devolver el capital prestado y seguir demandando productos al ritmo habitual. La aparición de nuevas tecnologías, pese a que repercutía en un sustancial abaratamiento de los costes, provocaba también una menor demanda de mano de obra por lo que el desempleo comenzaba a aumentar aunque en una proporción no demasiado preocupante todavía. El índice industrial Dow Jones multiplicó por cinco su valor entre 1924 y 1929, un crecimiento sin precedentes. Alcanzó su cénit el 3 de Septiembre de 1929 al tocar los 381 puntos. Sin embargo, durante ese mes, sufrió la primera corrección seria en un lustro al retroceder un 17% desde máximos. A principios de octubre, el Dow borraría la mitad de sus pérdidas pero sería un simple espejismo. Dos analistas de negocios, Paul Walburg y Roger Babson, declararon que las valoraciones de los activos financieros estaban excesivamente hinchados: fueron vilipendiados y tachados de antipatriotismo. El apocalipsis acechaba...

El miércoles 23 de Octubre (¿Qué tendrá Octubre? se preguntaba Mark Twain: 1907, 1929,1973,1987...) se ponen a la venta seis millones de títulos a precios muy bajos y el índice Dow sufre una pérdida de veinte puntos, un 5%. Los nervios en los parqués estaban a flor de piel. El jueves 24 se desata el pánico. Ese día será conocido a partir de entonces como Black Thursday (sí, muy originales no son). Trece millones de títulos fueron ofrecidos en un mercado donde la liquidez escaseaba y el Dow cayó más de un 10% al no encontrar contrapartida suficiente. El viernes 25, el consorcio bancario, con J.P.Morgan a la cabeza, intenta una jugada parecida a la del pánico de 1907: se inyecta nueva liquidez y los mercados recuperan parte de las pérdidas. El fin de semana será muy agitado, no obstante. El congreso de Estados Unidos aprobó (en el peor momento posible) la aplicación de una nueva ley de tarifas a percutir sobre las ganancias bursátiles. Algunas personas de las altas esferas intentaron que el presidente Herbert Hoover vetara la nueva ley pero los esfuerzos resultaron infructuosos. La presión vendedora sería máxima el lunes 28. La bolsa sufrió un descalabro del 13%. El martes 29 (bautizado como Martes Negro para no variar), dieciséis millones de acciones se intercambiaron en Wall Street (récord de volumen de negociación en un sólo día y que no se batiría hasta cuarenta años después) con escaso éxito pese a que JP Morgan y la familia Rockefeller intentaron sostener en vano los mercados. El índice industrial Dow Jones bajaría un 12% adicional. En una semana se había evaporado una cantidad equivalente a diez veces el presupuesto anual de la reserva federal. Ya que hablamos de la FED, considerar que, al contrario de lo ocurrido en 1907, decidió no inyectar dinero al mercado sino mas bien al contrario, elevó las tasas de interés estrangulando así cualquier posibilidad de recuperación a corto plazo. Las caídas serían constantes hasta 1932, momento en que el Dow tocó mínimos no vistos en todo el siglo XX: 41,22 puntos, una caída del 89% desde los máximos de 1929.

La década de 1930 sería la más difícil de toda la centuria. El paro en las naciones desarrolladas se situó en tasas de entre un 25-40%. El estado alemán quebró y con ella la República de Weimar, facilitando la ascensión de Adolf Hitler al poder. Los totalitarismos estarían a la orden del día durante aquellos años consecuencia de la desconfianza de la población en el sistema capitalista. En Estados Unidos, las deudas de la población contraídas por culpa de la fiebre bursátil provocaron la pérdida de las propiedades de muchas familias que se veían en la obligación de entregar sus viviendas que, por otra parte, habían perdido gran parte de su valor por la deflación. En 1933, Franklin Delano Roosevelt llegó al poder para impulsar el New Deal, un programa de recuperación inspirado en el Keynesianismo, que concedía mayor grado de protagonismo a la intervención pública en la economía. No sería hasta la década de 1940, con la entrada de Estados Unidos en la II Guerra Mundial, que la economía norteamericana se recuperaría. La historia tiende a repetirse y si, gracias a la I Guerra Mundial, la nación de las barras y estrellas había conseguido recuperar su poder económico, ocurrió lo mismo durante esta nueva contienda bélica. Sin embargo, una vez finalizada ésta, las medidas a aplicar serían muy diferentes, escarmentadas las naciones, obviamente, por el paupérrimo resultado obtenido tras las medidas adoptadas al finalizar la primera gran contienda bélica.

Livermore, por supuesto, ganó dinero durante el mercado alcista pero en 1928 ya advirtió que el mercado estaba a punto de culminar su punto álgido. En 1929, comenzó a operar en corto y, hasta 1932, estuvo aprovechando la larga racha bajista. Según leyendas de la época, el especulador norteamericano llegó a amasar una fortuna de cien millones de dólares hasta 1932. En 1936, sin embargo, se rumoreaba que estaba, de nuevo, en la más absoluta ruina. Livermore había aprendido bien como amasar dinero pero no como mantenerlo.

3.8. SHORT SQUEEZE

"Un hombre debe creer siempre en sí mismo y en su juicio si piensa ganarse la vida en este juego. Por eso es por lo que no creo en las recomendaciones de valores completos".

Tras los excesos de la década anterior, los años treinta del siglo pasado se convirtieron en una de las épocas más oscuras de nuestra historia reciente. Todos los males de la bolsa se personificaron (muy probablemente de manera injusta) en la figura de Jesse Livermore. Fue acusado, entre otras cosas, de venta y recepción de información privilegiada, manipulación bursátil, ocultación de posiciones y acaparamiento de mercado. Echar balones fuera es algo que siempre se le ha dado bien a Wall Street. Ellos jamás entonan el *mea culpa*. En los deportes de equipo siempre resulta más fácil cesar al entrenador que despedir al equipo entero tras una mala racha de resultados. Aunque hay que reconocer que Livermore no fue el inventor de estas malas prácticas, también es cierto que se valía de ellas, eventualmente, para lograr sus fines.

Una de las operaciones más habituales del especulador de Massacchussets era el arrinconamiento de mercado o *short squeeze*. **El** *short squeeze* **es una práctica que consiste en que una serie de operadores se ponen de acuerdo en adoptar posiciones largas masivamente, de forma coordinada, para acaparar valores o materias primas con un fuerte volumen de posiciones bajistas para obligarlos a deshacer operaciones y salirse del mercado. Tras la retirada de los bajistas, los precios experimentan una nueva escalada y, a posteriori, los especuladores distribuyen las posiciones entre los minoristas**

apuntándose suculentas ganancias. Esta operativa es más fácil de realizar con valores de baja capitalización como ha ocurrido recientemente en Gamestop, volviendo a poner en boca de todos un proceder que parecía en fase de extinción. Al ser Gamestop una compañía con poco volumen de negociación resulta mucho más fácil de manipular. La empresa de videojuegos estaba atravesando horas bajas. La paulatina implantación a nivel global del *gaming online* les había dejado en una difícil posición ya que la mayor parte de su facturación proviene de videojuegos físicos y de la venta de merchandising relacionada con ellos. Los bajistas acumulaban posiciones cortas por valor de un 140% del total de la capitalización bursátil de la compañía, fundada en 1984, en Dallas. Grandes *Hedge Funds* como Melvin Capital o Citadel estaban detrás de la especulativa operación moviendo los hilos. Michael Burry (ver Maestros de la Bolsa 1) era el único gran inversor que estaba largo en la compañía. Al inversor californiano, como *Value Investor* de pro, le gusta el potencial de empresas como Gamestop, compañías machacadas por el público e ignoradas por los analistas. Al igual que ocurrió con la crisis de las *subprime*, su estrategia ha tardado unos años en dar frutos pero, tras adquirir pacientemente acciones mediante DCA a un precio medio aproximado de diez dólares por acción, el valor se disparó más de un 1500% en unos pocos días. Una red social muy conocida en los Estados Unidos puso el foco sobre la compañía de videojuegos. Representan una comunidad de inversores que quieren cambiar las cosas en Wall Street. Podríamos catalogarlos como una especie de Ocuppy Wall Street, activistas sociales que han dicho basta a las malas praxis del *short selling*. Según su punto de vista, el *leiv motiv* de la inversión debe ser ayudar a los negocios, no hundirlos. Unos diecisiete mil pequeños inversores unieron sus fuerzas para acaparar el valor. A consecuencia de ello, los fondos de cobertura se vieron obligados a emitir órdenes de recompra de manera masiva ya que no pudieron hacer frente a los *margin call* requeridos para seguir manteniendo las posiciones bajistas debido al rápido incremento de los precios pero el valor estaba tan acaparado que han sudado la gota gorda para recomprar los valores. La situación les pilló completamente desprevenidos y han acabado hincando la rodilla.

En los años en que Livermore especulaba era más habitual este tipo de operación ya que los volúmenes de mercado eran más bajos y, consecuentemente, las bolsas eran más fáciles de manipular. Livermore se coordinaba con otros grandes peces gordos del mercado para acaparar valores o *commodities*. También utilizaba a la prensa, recomendando los valores a comprar. Como todo lo que decía el especulador de Massachussets iba a misa, los pequeños inversores se lanzaban a comprar las acciones recomendadas. Como vemos, a diferencia de lo ocurrido con Gamestop, eran unos pocos operadores que con fuertes volúmenes manejaban los hilos a su antojo. Ahora, muchos inversores con poco capital han sido capaces de hacer un arrinconamiento de mercado. En España, se ha intentado hacer algo parecido con acciones de Tubacex y Duro Felguera, dos negocios en serios apuros. Un portal español ha intentado emular a su homónimo americano pero los movimientos han sido inapreciables. Aunque son valores con poco volumen de negociación, no despiertan el suficiente interés como para que los fondos de cobertura echen sus garras sobre ellos: el número de posiciones cortas acumuladas en ambas compañías apenas llega al 2%, insuficiente para llevar a cabo un *short squeeze* en condiciones. Asimismo, es prácticamente imposible que esta situación se dé en valores de gran capitalización, aunque en 2008 Volkswagen se vio, por unos días, envuelto en una tesitura de estas.

Sin embargo, Livermore pudo llevar a cabo varias estrategias de arrinconamiento con diversas materias primas como el algodón o el cobre como en el caso que hemos mencionado sobre el acaparamiento de cobre llevado a cabo por los hermanos Heinze. Esto es harto improbable de realizar hoy día debido a los altos volúmenes negociados en estos mercados. No obstante, a principios de 2021, tuvo lugar un intento de acaparamiento en el mercado de la plata a través de la red social Reddit. El principal ETF de referencia del metal precioso se revalorizó un 13% en unas pocas horas a finales de enero de 2021 y varias compañías mineras especializadas en la extracción del metal experimentaron avances de hasta un 50% en un día. Los activistas escribían en el foro que la plata es la materia prima con más posiciones cortas abiertas del mundo. Ya ocurrió un hecho similar el jueves 27 de marzo de 1980, día que es conocido en los ambientes bursátiles como Jueves de Plata (al menos no era octubre).

La SEC ya se ha pronunciado a favor de atajar estas prácticas que parecían desterradas. Lógicamente, hay opiniones para todos los gustos. Los usuarios de la plataforma no entienden porque se considera delito salvar una compañía a la que alguien está intentando hundir deliberadamente. Además, postulan que democratizan los mercados financieros permitiendo a personas corrientes jugar con las mismas reglas que los jerifaltes de Wall Street.

3.9. ANÁLISIS TÉCNICO

" En la mayoría de los casos el objeto de la manipulación es vender al público al mejor precio posible. No sólo es cuestión de vender, sino de distribuir. Obviamente, es más conveniente que un valor esté en manos de mil personas y no en manos de una sóla".

Definimos como análisis técnico al estudio de los movimientos de las cotizaciones bursátiles con el apoyo de gráficos e indicadores. El objetivo fundamental es conocer los patrones que impulsan al alza o a la baja los precios de los activos financieros para poder anticiparse a ellos y obrar en consecuencia. Los gráficos son el mapa del analista técnico. En ellos se estudia el comportamiento del precio de los activos, especialmente el volumen de negociación y su tendencia que son los factores que más influyen en el precio de las cotizaciones.

El economista japonés Homma Munesiha fue uno de los pioneros del análisis técnico. Este operador del mercado del arroz desarrolló uno de los métodos chartistas más usados en la actualidad como son las velas japonesas:

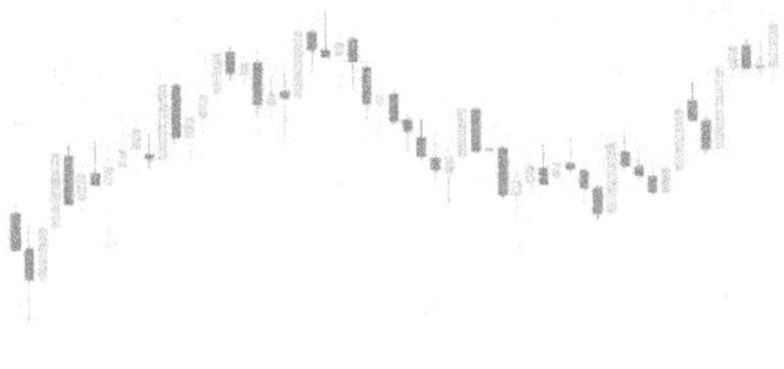

FIGURA 1.2. Gráfico de velas japonesas

Las velas japonesas nos ofrecen cuatro precios de un determinado periodo de tiempo que puede ser de años, meses, días, minutos y/o segundos: precio de apertura, precio máximo, precio mínimo y precio de cierre. **Si la vela está marcada por el color rojo, el precio del activo es bajista y el precio de cierre es inferior al precio de apertura.** La punta (conocida como sombra) que sobresale de la base es el precio mínimo y la punta que sobresale de la parte superior, el precio máximo. La base de la vela representa el precio de cierre y la parte superior es el precio de apertura **Si la vela está marcada por el color verde el precio del activo es alcista y el precio de cierre es superior al precio de apertura**. La sombra que sobresale de la base es el precio mínimo y la sombra que sobresale de la parte superior es el precio máximo. La base de la vela representa el precio de apertura y la parte superior es el precio de cierre.

Charles H. Dow, padre de uno de los índices bursátiles de referencia en el mundo, el Dow Jones, creó a principios del siglo XX, la **Teoría de Dow en la que se describen una serie de patrones por los que se rigen los movimientos de los precios. Según explica Dow, en el precio ya vienen descontados todos los factores que deben tenerse en cuenta a la hora de comprar una activo: expectativas, noticias macroeconómicas, inflación y tipos de interés, entre las más importantes**. Este punto de vista choca frontalmente con el análisis fundamental en el que el valor intrínseco de un activo y su precio real son, esencialmente, diferentes. El análisis técnico descuenta que toda la información viene ya reflejada en el precio y los fundamentales vienen después. El análisis fundamental aboga por lo contrario: los fundamentales se mueven primero y el precio después. Otra crítica recurrente al análisis técnico proviene de los defensores de la **teoría del paseo aleatorio que promulga que el chartismo se basa en estudios sobre movimientos pasados y que éstos son sencillamente impredecibles, inestimables e inmedibles**. La psicología de los agentes implicados en los mercados bursátiles son una buena prueba de ello. Los análisis chartistas no pueden medir como se van a comportar los inversores ante una coyuntura de mercado concreta.

Charles H. Dow distingue tres tipos de tendencia:

1) Tendencia alcista: se produce cuando las subidas de precio son más frecuentes que las bajadas en un determinado periodo de tiempo. **Una tendencia es alcista cuando los precios de referencia máximos se van superando una y otra vez.**
2) Tendencia lateral: **los precios se mueven en zigzag sin ningún patrón definido.** A corto plazo los mercados permanecen así un 70% del tiempo.
3) Tendencia bajista: se produce cuando las bajadas de precio son más frecuentes que las subidas en un determinado periodo de tiempo. **Una tendencia es bajista cuando los precios de referencia mínimos se van rebasando una y otra vez.**

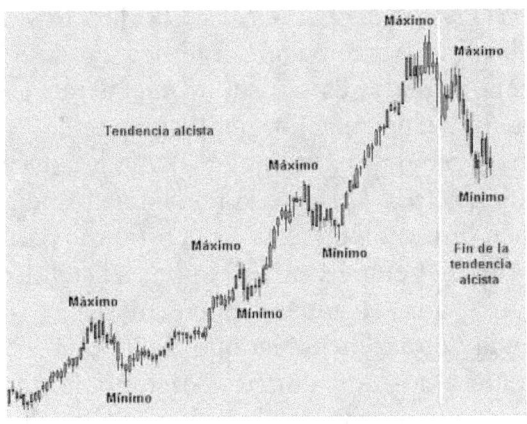

FIGURA 1.3. Tendencia alcista

FIGURA 1.4. Tendencia lateral. Fuente: investing.com

FIGURA 1.5. Tendencia bajista

Distinguimos además tres tipos de tendencia más:

1) <u>Tendencia primaria</u>: es la predominante a largo plazo (periodos de uno a tres años como norma general) y la más importante de todas. Esta tendencia, a su vez, desarrolla tres fases. Si la tendencia es alcista las tres fases son de acumulación, participación pública y de euforia. Si la tendencia primaria es bajista se sucederán otras tres fases: distribución, participación pública y pánico.
2) <u>Tendencia secundaria</u>: tambien llamada intermedia, son las correcciones (*pullbacks*) a la tendencia principal. Es aquella que va en dirección opuesta de la primaria pero en intervalos más cortos de tiempo y no se impone a la tendencia principal. Suele durar unas semanas o pocos meses.
3) <u>Tendencia terciaria</u>: es la que se opone a la secundaria durante periodos muy cortos de tiempo, normalmente pocos días o pocas semanas.

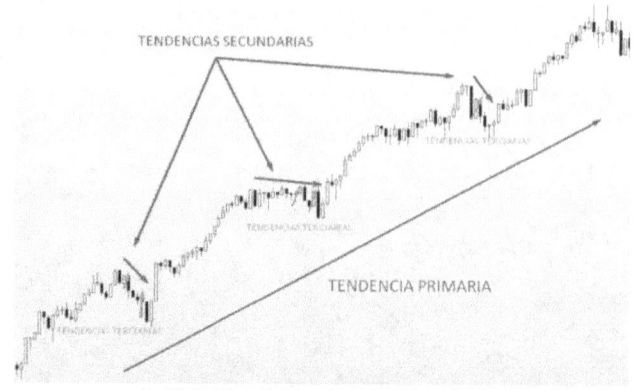

FIGURA 1.6. Tipos de tendencias

Para apoyar los gráficos se utilizan una serie de indicadores. Pasamos a describir brevemente algunos de los más utilizados:

1) Retroceso de Fibonacci: **en matemáticas, denominamos retroceso o sucesión de Fibonacci a la sucesión infinita de números naturales**. Estos son siempre la suma de los dos elementos anteriores (0,1,1,2,3,5,8,13,21,34,55,89...). Esta sucesión de números es clave en la rama de biología pues sirve para la configuración biológica de los tallos de las hojas, de numerosas flores y de especies animales. En bolsa sirve para medir la magnitud de los retrocesos en las tendencias bursátiles. Esta secuencia fue creada por el matemático italiano Leonardo Fibonacci de Pisa en el siglo XIII.

2) Ondas de Elliott: **son una teoría que estudia el comportamiento de los precios. En ella se concluye que las tendencias tanto al alza como a la baja se comportan en una serie de patrones que conforman ocho ondas, unas de ellas se mueven en la tendencia predominante y se llaman impulsos y las otras se mueven contra la tendencia y se denominan correcciones**. En una tendencia alcista las ondas 1, 3 y 5, son alcistas, las ondas 2 y 4, correctivas bajistas, a las que suceden dos ondas bajistas (a y c) y una correctiva bajista (b). Para el cálculo de las ondas se utiliza el retroceso de Fibonacci. El desarrollo es el inverso en una tendencia bajista: las ondas 1, 3 y 5 son bajistas, las ondas 2 y 4 son correctivas alcistas y posteriormente ocurren dos ondas alcistas (a y c) y una correctiva alcista. Las ondas correctivas siempre son de una magnitud menor que los impulsos. Deben su nombre al analista Ralph Nelson Elliott.

3) Bandas de Bollinger: **son un indicador de tendencia**. Son unas bandas azules que aparecen en los gráficos y que "encajonan" el precio entre soportes (banda inferior cuando la tendencia es alcista y al revés cuando es bajista) y resistencias (banda superior cuando la tendencia es alcista y viceversa cuando es bajista). Cuando el precio rompe algún

soporte o resistencia es probable que estemos ante un cambio de tendencia.

4) <u>Pivot points</u>: **sirven para calcular soportes y resistencias de cualquier activo financiero**. Cogiendo como referencia el precio de cierre de la sesión anterior, se calcula el *pivot point* base que equivale a H+L+C/3 (precio de cierre del día anterior, más su máximo y su mínimo, dividido entre tres), tres niveles de soporte y tres niveles de resistencia.

5) <u>Macd</u>: es el acrónimo de *Moving Average Convergence Divergence*. **Es un oscilador que mide el volumen negociado de un activo en concreto y sirve para discernir si dicho activo está sobrecomprado o sobrevendido**. Otro indicador muy utilizado es la media RSI.

FIGURA 1.7. Retroceso de Fibonacci

FIGURA 1.8. Ondas de Elliott

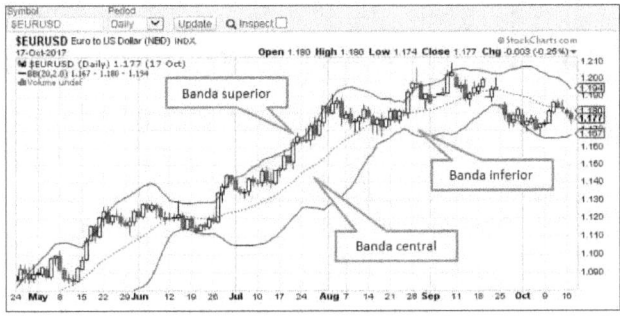

FIGURA 1.9. Bandas de Bollinger

FIGURA 1.10. Indicador MACD

FIGURA 1.11. Oscilador RSI. Fuente: estrategiasdetrading.com

FIGURA 1.12. Pivot Points

Livermore vivió en una época donde el chartismo estaba muy poco desarrollado pero no fue óbice para lograr triunfar en el mercado bursátil. Hoy día, el *trader* tiene a su alcance herramientas que pueden ayudarle a mejorar su operativa pero a veces tantísimos indicadores resultan contraproducentes. Más, no siempre es mejor. El análisis técnico resulta útil en ocasiones pero no es adecuado para medir otros intangibles como pueden ser la intuición o la psicología de mercado.

3.10. LAS 5 REGLAS DEL TRADING

"Una lección que aprendí pronto es que no hay nada nuevo en Wall Street ya que la especulación es tan vieja como las montañas. Cualquier cosa que suceda hoy, sucedió antes y seguirá sucediendo en el futuro".

Livermore fue expulsado de la cámara de comercio de Chicago de la que era miembro. Con las puertas de los mercados cada vez más cerrados para él, decidió escribir un libro detallando sus secretos de inversión: *How to trade in stocks*.[29] Aunque póstumamente el libro se vendería bien, resultó un fracaso en el momento de su publicación, en 1940.

El legendario *trader* expuso en él, sus pautas de especulación:

1) Cortar las pérdidas. Fundamental, sobretodo en operaciones

---

[29] Livermore, Jesse. *How to trade in stocks*. Cap. 9. Pág. 91-112.

apalancadas. Con grandes pérdidas y pequeñas ganancias, la carrera del especulador bursátil será corta. Psicológicamente cuesta habituarse a las pequeñas pérdidas pero hay que saber retirarse a tiempo de las posiciones perdedoras y dejar correr los beneficios en las ganadoras.

2) <u>Promediar al alza cuando el escenario es favorable</u>. Algunos *traders* hacen justo lo contrario y eso es lo que les lleva a la ruina. Creen que están comprando barato pero en realidad están recogiendo cuchillos afilados que caen del cielo y que terminan por amputar parte de su capital. A medida que iba adquiriendo experiencia en los mercados, Livermore no entraba en el capital de una compañía de golpe sino que iba aumentando a medida que el mercado le daba la razón. Esta estrategia se conoce como "piramidar posiciones" y no debe confundirse con el *Dollar Cost Average* ya que en esta última metodología se compra de forma periódica pero adquiriendo los valores independientemente del precio de mercado. El DCA se usa más en estrategias a largo plazo, y promediar al alza, en operaciones tendenciales. El especulador de Massachussets compraba lotes de diez mil acciones cada vez que un valor subía tres puntos y cuando el último precio negociado era inferior a su último precio de compra, significaba que el valor había revertido la tendencia, y vendía. Livermore utilizaba el mismo proceder en los mercados bajistas vendiendo al descubierto diez mil acciones cada vez que el valor caía tres puntos, repitiendo la misma operación hasta que el último precio negociado era superior al último precio de compra.

3) <u>Buscar máximos históricos</u>. Las empresas que rebasan máximos históricos son una ganga ya que despiertan un inusitado interés entre el gran público provocando presión compradora y disparando su precio. Nadie presta atención a las perdedoras salvo los invesores *value* que siguen una estrategia a contracorriente que no es el caso que nos incumbe. En una compañía en máximos históricos, todos los participantes son ganadores: *growth investors*, gestores de

fondos mutuos, y de fondos indexados quienes se lanzan a la caza de los valores alcistas que suelen encontrarlos en los sectores con mejores perspectivas. La tendencia es nuestra gran aliada y simplemente debemos arrimar el ascua a nuestra sardina. Pero no debemos precipitarnos y colocar todo el capital de golpe sino piramidando posiciones a medida que continue la senda alcista, tal y como hemos aprendido en el punto dos.

4) <u>Que sea el propio mercado quien nos expulse</u>. El precio de las acciones no crece hasta el infinito. Algún día las perspectivas positivas de la compañía girarán, los máximos históricos dejarán de sucederse y cuando esto ocurra, no debe temblarnos el pulso a la hora de salirnos del mercado. Nuestra relación con los valores tiene que ser exclusivamente contractual. La mejor manera es dejar que sea el propio mercado quien nos dé puerta. Colocando stops dinámicos, no tendremos que estar pendientes de seguir las evoluciones de las cotizaciones. Pero es primordial que respetemos las reglas autoestablecidas. Los stops deben respetarse a rajatabla.

5) <u>Control de las emociones</u>. Aspecto clave. En el punto uno hemos enfatizado la importancia de cortar rápidamente las pérdidas. Para un especulador es fundamental encarar las operaciones con desapego al dinero. El especulador no debe caer en el error de encapricharse de un valor determinado. El proceder del *trader* tiene que ser plenamente cerebral. Esto es lo que distingue al profesional del aficionado, al experimentado del novicio, al ganador del perdedor. Hablaremos largo y tendido de la psicología del operador en el capítulo dedicado a Paul Tudor Jones.

Al poco tiempo de la publicación del libro, Livermore se quitó la vida de un disparo en un hotel de Nueva York. Estaba casado y tenía un hijo. Un gran operador, probablemente el *trader* más legendario de todos los tiempos que tuvo el enorme mérito de saberse mover como pez en el agua en unos mercados que parecían hechos a su medida. Una gran influencia para las sucesivas generaciones de operadores quienes, no obstante, supieron administrar mejor sus fortunas y no terminar sus carreras de forma tan abrupta. En el *trading* es tan importante aprender qué no se debe hacer como qué se debe hacer.

CAPÍTULO 4: WILLIAM BERNSTEIN

"Cuanto uno más aprende de finanzas, menos sabe".

William J. Bernstein, nació en Philadelphia, Pennsylvannia, (EEUU), estudió en California y actualmente vive en Portland, Oregón. Es economista y neurólogo retirado. Es conocido en el ámbito financiero por desarrollar la teoría del *portfolio* moderno. Fundador de la firma de inversiones Efficient Frontier Advisors, ha escrito dos de los libros más influyentes sobre el mundo de la bolsa: *Los Cuatro Pilares de la Inversión* y *Asset Allocation,* además de tres libros sobre historia económica: *Masters of the World, The Birth of Plenty* y *A Splendid Exchange*. Además, colabora con artículos en diversos medios de comunicación como la revista *Money* y el periódico *The Wall Street Journal.*

4.1. PILAR 1: TEORÍA DE LA INVERSIÓN

"La capacidad para calcular la rentabilidad futura a largo plazo de las principales clases de bienes o activos es quizás la habilidad de inversión más importante que un individuo puede poseer".

William Bernstein es uno de los grandes teóricos del ámbito de las inversiones y las cuatrocientas dieciséis páginas de su principal obra, *Los Cuatro Pilares de la Inversión,* deberían ser de obligada lectura en la escuela secundaria. Aunque en principio el título pueda sonar a tostón, es un libro más entretenido que, por ejemplo, *El Inversor Inteligente* de Benjamin Graham que también se sitúa en una privilegiada posición entre los mejores libros jamás escritos sobre el mundo de la inversión. Neurólogo de profesión, Bernstein rompe con el manido tópico de que los doctores no son buenos inversores (recordemos otra honrosa excepción a la regla: el doctor Michael Burry).

El primer pilar se asienta sobre la teoría de la inversión. El objetivo fundamental para el inversor es saber calcular la rentabilidad futura de los principales activos financieros. **La lección número uno que puede extraer el inversor es que rentabilidad y riesgo van inexorablemente cogidos de la mano.** "Los bienes o activos que procuran grandes beneficios comportan consigo invariablemente un riesgo que revuelve el estómago, mientras que los bienes o activos más seguros casi siempre procuran beneficios más modestos".[30] Bernstein pone a disposición de los lectores, una serie de datos elocuentes que demuestran que las acciones son el mejor activo a largo plazo pese a su supuesta volatilidad. Un dólar invertido en 1790 en la bolsa de valores norteamericana tendría hoy un valor de sesenta y cuatro millones, casi un 9% anualizado, cosa imposible de ver en un bono que, sobre el papel, es mucho más "seguro". Sin embargo, históricamente, renta bastante menos: alrededor del 4% anualizado. No obstante, este dato a favor de la renta variable encierra pequeñas trampas. Una de ellas es el llamado **sesgo de**

---

[30] Bernstein, William. *Los Cuatro Pilares de la inversión*, Editorial Deusto, quinta edición en castellano, 2020. ISBN: 978-84-234-2575-4.

supervivencia. La bolsa norteamericana es la gran ganadora de los mercados mundiales y ya sabemos que la historia tiende a recordar a los vencedores y a olvidarse de los vencidos. Hasta hace relativamente poco, los inversores tenían escasas oportunidades de invertir en bolsas extranjeras así que ciudadanos de países con economías inestables no podían aspirar a rentabilidades tan abultadas como sí podían obtener, en cambio, los inversores de países con economías desarrolladas. Por otro lado, el lector poco instruido en historia económica creerá equivocadamente que, en sus doscientos cuarenta años de existencia, los Estados Unidos de América han sido una economía estable pero nada más lejos de la realidad. Lo cierto es que el país de las barras y estrellas ha sufrido una guerra de independencia, otra de secesión, varios pánicos bancarios, diversos cracks bursátiles, la Gran Depresión y el hundimiento de su divisa en diferentes periodos de su no tan larga historia. Pese a todo, los resultados son los que son y, a largo plazo (periodos de más de veinte años), tienden a ser estables y predecibles mientras que a corto plazo la rentabilidad de los bienes o activos está más relacionada con factores especulativos que no pueden predecirse.

La aleatoriedad del corto plazo crea otro sesgo importante: **el sesgo de permanencia.** Algunas personas leen titulares como "el mercado ha triplicado su valor en la última década" y presumen que todos los inversores han multiplicado por tres su inversión en los últimos diez años. Pero ese dato resulta ficticio ya que el pequeño inversor entra con el mercado en máximos y sale con el rabo entre las piernas cuando la bolsa se desploma. Peter Lynch explicaba una vez que, en una reunión con inversores de su fondo Magellan, le sorprendió las bajas rentabilidades obtenidas por los partícipes cuando estaba obteniendo ganancias del 29% anualizado. A medida que profundizaba en las conversaciones, se daba cuenta de que, la gran mayoría de ellos, salían del mercado al mayor atisbo de crisis y volvían a él en los momentos álgidos, todo lo contrario de lo que pregonaba Sir John Templeton en *Maestros de la Bolsa 1*. La triste realidad es que los mercados bajistas expulsan a los inversores minoristas que, escarmentados, no quieren saber nada sobre los mercados financieros hasta que el ciclo cambia y vuelven al ruedo, lamentablemente para ellos, cuando las bolsas vuelven a estar caras. **En nuestras carreras como inversores debemos esperar uno o** dos mercados bajistas severos y hacer de tripas corazón y no sucumbir a la tentación de retirar nuestro capital, **porque la segunda lección que debemos grabar a fuego lento en nuestro subconsciente es: en máximos de mercado la rentabilidad futura esperada será baja y en mínimos de mercado la rentabilidad futura esperada será alta.** Por lo tanto el inversor que se posicione en el mercado en épocas bajistas tiene mayores posibilidades de conseguir un rendimiento mucho mejor ya que adquirirá los valores cuando están más baratos mientras que aquel que entre con las bolsas en máximos, comprará caro un mercado con pocas opciones de continuar creciendo.

La lección número tres es que un activo sólo vale el ingreso que produzca en el futuro. O, en palabras del economista norteamericano Irving Fisher: "El valor del capital no es más que el ingreso capitalizado"[31] Fisher (quien no guardaba ningún parentesco con Philip Fisher, protagonista de nuestro capítulo uno) escribió en 1930, *Teoría del interés,* una de las aportaciones más importantes en el campo del análisis sobre la influencia de los tipos de interés a la hora de determinar el valor real de un activo: **el DDM (Discounted Dividend Model o "método de descuento de dividendos") enuncia que el valor de una acción o bono es simplemente el valor presente de su flujo de ingresos futuros.** Este flujo de ingresos debe descontarse al presente para reflejar el hecho de que su valor es inferior al ingreso recibido en la actualidad.[32] Un ejemplo: si fuéramos granjeros y tuviéramos ganado, el valor de una vaca, estaría determinado por su capacidad de producir leche en el futuro pero para nosotros es más valiosa la leche que pueda ordeñarse hoy que la que pueda ordeñarse de aquí diez años. El propósito fundamental a la hora de adquirir cualquier activo es la consecución de *cash flow* recurrente: un bien inmueble produce rentas de alquiler; un bono ofrece cupones con un pago fijo; y una acción proporciona dividendos, por eso se las considera inversiones. Si por el contrario, compraramos el ganado para revender las vacas rápidamente a un precio mayor seríamos especuladores y no inversores.

---

[31] Bernstein, William. *Los Cuatro Pilares de la Inversión*. Cap. 2, pág. 69.

[32] Ídem. Cap. 2, pág. 70.

Como los inversores, por lo general, preferimos el consumo presente al consumo futuro, el valor de los ingresos futuros debe reducirse para reflejar su verdadero valor presente.

Tenemos que considerar una serie de aspectos:

1) El número de años de espera: cuanto más lejano en el futuro esté el ingreso, menor valor tiene.
2) La tasa de inflación: cuánto más elevada sea ésta, menor poder adquisitivo vamos a recibir en el futuro.
3) El interés del dinero: cuanto más consumo presente prefiera la sociedad en detrimento del consumo futuro, más elevadas serán las tasas y menor será en la actualidad el ingreso futuro.
4) El riesgo intrínseco: cuanto mayor sea el riesgo de no recibir ningún beneficio, menor será su valor actual.

Los economistas financieros denominan tasa de descuento (*Discount Rate* en inglés) al conjunto de estos cuatro factores. La fórmula de cálculo del DR, también conocida como equación de Gordon, es la siguiente:

$$\text{Rentabilidad de mercado} = \text{Rendimiento de una acción} + \text{crecimiento de dividendos}$$
$$\text{Ej: } 6\% + 5\% = 11\%$$

Por lo tanto, además del incremento del precio de la acción, el inversor recibirá el dividendo correspondiente que se sumará a su rentabilidad anual.

Un último ratio a considerar para el cálculo de rentabilidades futuras es el Ratio de Sharpe que presenta la siguiente fórmula:

$$S = \frac{RI - RF}{\sigma}$$

Donde RI es la rentabilidad esperada por el activo escogido que es del 12% o 0,12 y RF es la rentabilidad del activo libre de riesgo de referencia (letra del tesoro) que es del 2% o 0,02 y σ es la desviación estandar o volatilidad esperada del activo de referencia que es un 10% o 0,10.

$$\text{Ej: } S = \frac{0,12-0,02}{0,12} = \frac{0,10}{0,10} = 1$$

El Ratio Sharpe es muy similar al modelo CAPM (*Capital Assets Price Model*) desarrollado por el propio Sharpe con la ayuda de los economistas Jack L. Traynor, Jan Mossin y John Litner. Podríamos presentar ratios hasta la extenuación por lo que tan solo nos hacemos eco de los más importantes en estas páginas. A menudo, demasiada información deriva en parálisis por análisis y nuestra intención es justo la contraria: simplificar al máximo.

4.2. PILAR 2: HISTORIA DE LA INVERSIÓN

"Cuanta más historia se conoce, más preparado se está para el futuro".

William Bernstein era un reputado neurólogo. Una leyenda extendida en Wall Street es que los médicos son unos pésimos inversores. Una de las posibles causas de esta mala fama es que puedan tender a sobrevalorar sus capacidades a la hora de invertir. Otra razón puede ser la errónea creencia de que la bolsa es una ciencia y, como bien nos explicó André Kostolany en *Maestros de la Bolsa 1*, invertir en los mercados de valores es mas bien un arte. A la hora de invertir, además de la teoría, influyen: la información disponible, la psicología y la historia. Esta última tiene una especial relevancia en el arte de la inversión: "Un médico, un físico o un químico que desconozcan la historia de su disciplina no sufrirán demasiado por la carencia de dichos conocimientos. En cambio, el inversor que desconozca la historia de las finanzas está irremisiblemente en desventaja respecto a los demás".[33] En el

---

[33] Bernstein, William. *Los Cuatro Pilares de la Inversión*. Intro pág.12-13.

mundo de las finanzas no hay nada nuevo bajo el sol. Lo que ocurrió antes, pasa ahora y sucederá en el futuro. Por tanto debemos conocer a fondo la historia de los mercados financieros para saber como se han comportado las bolsas en los diferentes periodos de contracción y desarrollo económico para tomar ventaja respecto a otros inversores menos informados. "No hay nada nuevo en los mercados, sólo la historia que no se ha leído", afirma el reputado inversor Larry Swedroe.[34] Una persona que no sepa que alguien fue capaz de perder todo su dinero por vender su casa para comprar una semilla de tulipán, vería normal que algún día el precio del bulbo de esta cotizada flor fuera más elevado que el de un inmueble. Al que conozca este caso no contemplará, en absoluto, la hipótesis de permutar la semilla de esta exótica flor por su adosado de las afueras.

Mr.Market enloquece de vez en cuando. Aproximadamente una vez cada generación. Los más viejos del lugar ya están escarmentados pero los advenedizos no tienen "memoria histórica". Los periodos de bonanza no son malos *per se*, faltaría más, la mayoría gana dinero en ellos pero cuando se desbocan, desencadenan un periodo de depresión con consecuencias severas para la economía, y por ende, para los mercados bursátiles. Por ello, el inversor inteligente debe ser prudente y tener en cuenta que un *boom* puede derivar en un *crash* de un día para otro y obrar en consecuencia, conservando la prudencia en todo momento. Los periodos de expansión económica acostumbran a ser más duraderos que los de contracción pero estos últimos estallan de manera más virulenta y se hacen sentir muchísimo más.

La historia de las finanzas es apasionante. Debemos remontarnos a los tiempos del Arco fértil Mesopotámico (que englobaba Mesopotamia, Sumeria, Asiria y Babilonia) para hallar documentación sobre los primeros bonos crediticios emitidos y los primeros antecedentes de mercados secundarios donde se intercambiaban los títulos. En la Grecia clásica se emitían unos bonos conocidos como *Pretium Periculi,* préstamos de riesgo marítimo en los que el prestamista entregaba dinero u otros bienes tangibles a un naviero para realizar el transporte marítimo,

---

[34] Ídem. Cap 8, pág. 253.

obligándose el naviero a pagar al prestamista el precio del riesgo sólo si el viaje concluía con éxito y llegaba a puerto sano y salvo. Debido al alto riesgo de estos bonos causado por la inseguridad marítima de la época, las tasas de interés exigidas eran muy elevadas: 22.5% en tiempos de paz y un 30% en épocas de guerra. La historia del desarrollo de las tasas de interés concluyen que los tipos se vuelven decrecientes a medida que los negocios y las naciones se desarrollan. El Imperio Romano presenta los tipos más bajos de la antigüedad: en su pleno apogeo fueron de apenas un 4%. Se tardarían varios siglos en alcanzar estas cifras: el nivel de desarrollo alcanzado por Roma fue notabilísimo. Las alzas y las bajas en los tipos se sucedieron durante los diferentes periodos de la historia. Así, por ejemplo, en la oscura Edad Media, los intereses eran muy altos y, en cambio, durante el resplandor del Renacimiento las tasas bajaron considerablemente. Es precisamente en este último periodo donde se desarrollan los *Prestitis*, unos bonos pepetuos emitidos en la República de Venecia que rentaban intereses de por vida y estaban exentos de devolver el principal. Unos siglos más tarde, Inglaterra seguiría su ejemplo. Por otra parte, el primer bono ligado a la inflación conocido se emitió en Boston, Massachussets, en 1790. Señalar por último, que el abandono del patrón oro en las economías desarrolladas ha propiciado la devaluación del valor de los bonos y el incremento del valor de las acciones, disparando la rentabilidad de estas últimas en tiempos recientes.

La conocida como "burbuja de los mares del sur" merece un puesto de honor entre las más absurdas de la historia y constituye el claro ejemplo de lo que ocurre cuando las expectativas futuras de una empresa están muy por encima de su verdadera realidad. A finales del siglo XVII y principios del XVIII, Inglaterra comienza a disputar a España su dominio en el comercio del Nuevo Mundo. Otras potencias europeas como Francia, Holanda y Alemania también querían su parte del pastel, como es obvio. Diversas guerras entre estas naciones desembocaron en un enorme crecimiento de su deuda pública, especialmente en la británica, desencadenando una profunda crisis económica. En este contexto, La Compañía de los Mares del Sur entra en escena en 1719. Esta empresa naviera llega a un acuerdo con el gobierno británico para adquirir deuda pública a un 6% de interés gracias al dinero obtenido a través de la emisión de acciones. A cambio, la compañía naviera recibió concesiones exclusivas en el comercio marítimo, especialmente en la ruta de los mares del sur, para comerciar con las pujantes naciones latinoamericanas que, por aquel entonces, seguían bajo el mando del Imperio Español. Esta empresa despertó el apetito de los inversores que se abalanzaron en masa a comprar sus acciones, elevando su precio en un 900% en menos de un año pese a que la naviera prácticamente no realizó ninguna actividad comercial durante ese tiempo. Francia, también endeudada hasta las cejas, copió el modelo inglés y concedió privilegios a la Compañía del Mississipi a cambio de la adquisición de empréstitos franceses. Las compañías navieras se convirtieron en el nuevo maná y otras empresas marítimas más pequeñas se crearon aprovechando que el viento soplaba de popa. Sin embargo, la cruda realidad es que el comercio entre España e Inglaterra era nulo debido a las malas relaciones entre ambos países y los inversores pronto se dieron cuenta que todo el tinglado no era más que humo y se lanzaron a vender las acciones masivamente en Julio de 1720. La Compañía de los Mares del Sur no pudo hacer frente a las peticiones de venta de los inversores ya que al no producir ni una libra de beneficio en su actividad empresarial dependía del pago de los cupones del Gobierno Británico para hacer frente a la demanda de los inversores. La compañía, que había alcanzado un tope de mil libras por acción, se desplomó por debajo de las setecientas libras. Para frenar la sangría, la empresa naviera anunció el abono de un suculento dividendo que hizo rebotar el valor a casi ochocientas libras en agosto. Fue un espejismo. En septiembre quedó claro que la empresa sería incapaz de cumplir con sus obligaciones y el valor se desplomó hasta las ciento cincuenta libras, una caída del 70%. En 1722 la compañía cotizaba a menos de cincuenta libras y su actividad apenas se limitaba al comercio en el Canal de la Mancha... Los directores de la compañía, James Cragg y John Blunt, fueron desposeidos de sus bienes, apresados y trasladados a la Torre de Londres. Varias altas personalidades fueron acusadas de fraude pero tan sólo el ministro de hacienda de la época pagó el pato entre la clase pudiente, siendo encarcelado. Dos altos cargos del Ministerio de Interior y el director general de Correos fueron absueltos en el juicio.

Sir Isaac Newton fue uno de los grandes personajes de la época afectado por la burbuja. Su mayor error fue entrar al mercado después de haber salido con una suculenta ganancia. El formulador de las leyes de la gravitación universal adquirió las acciones a un precio de aproximadamente cien libras y vendió cuando alcanzaron las cuatrocientas libras de valor, un nada despreciable 400%. Desgraciadamente, la avaricia rompe el saco y la debilidad humana no escapa ni siquiera a personas tan inteligentes como Newton. El prestigioso científico cayó en la tentación de volver a entrar en máximos y no pudo vender a tiempo cuando estalló la burbuja. "Puedo calcular con precisión el movimiento de las estrellas, pero no la locura del ser humano", declaró frustrado tras la debacle bursátil.[35]

Bernstein cita en *Los Cuatro Pilares de la Inversión* los cuatro principales factores que más inciden en la creación de una burbuja:

1) Revoluciones tecnológicas o disrupciones en las prácticas financieras como pueden ser en la actualidad la aparición de los neobancos y las *fintech*.
2) Exceso de liquidez creado por el acceso al crédito fácil.
3) Sesgo de retrospectiva. El olvido general de la última burbuja, especialmente por los más jóvenes que sólo han vivido mercados alcistas como sucede ahora en 2021.
4) El abandono de los antiguos métodos de valoración de acciones en pro de la especulación irracional de comprar activos por la única razón de que aumentan de precio.

4.3. PILAR 3: FINANZAS CONDUCTUALES

"Aquellos que no pueden recordar el pasado están condenados a repetirlo".

En *Los Cuatro Pilares de la Inversión*, Bernstein explica una serie de consejos para saber desenvolvernos tanto en momentos de euforia, donde se esfuma cualquier sentido de la realidad, como ante momentos de estrés de mercado, cuando se sobrereacciona a

---

[35] Esta célebre frase atribuida a Sir Isaac Newton nunca ha podido ser confirmada en realidad.

cualquier movimiento inesperado a la baja, sucumbiendo al pánico:

1) <u>Efecto manada</u>. No resulta fácil remar a contracorriente. El ser humano es social por naturaleza. Y así debe ser en ámbitos como el laboral o el afectivo. De hecho, el saber que la mayoría de personas comparte nuestra opinión nos reconforta y nos conduce al "efecto gregario" donde vemos con malos ojos a todo aquel que se opone a la opinión generalizada. En los mercados financieros, no obstante, y a riesgo de parecer antisociales, dejarse arrastrar por la multitud asegura el desastre. Si todo el mundo hace lo mismo ¿Cómo demonios vamos a ganar dinero? Cuando las masas se abalanzan sobre un determinado valor o activo, los precios suben como la espuma y la rentabilidad futura esperada será cada vez más baja. En cuanto todo el mundo posea ese valor o activo, los futuros compradores escasearán y el precio caerá en picado por la presión bajista de las "manos inexpertas" que huirán del mercado en estampida. En el momento en que el valor esté deprimido será cuando los precios podrán aumentar a medida que las "manos fuertes" se posicionen en el mercado y comienze el periodo de acumulación ya que la reserva de futuros compradores será amplia para poder distribuirlas entre las "manos débiles". A los seres humanos les encantan las rebajas excepto en la bolsa. El consumismo más desenfrenado se desata en fechas como el Black Friday y el Cyber Monday pero, por alguna extraña razón, no siguen la misma lógica en los mercados de valores. Todo lo contrario, cuanto más caro es un activo más aumenta las ganas de las masas de abalanzarse sobre él. En bolsa ser *contrarian* sale rentable.

2) <u>Batir al mercado</u>. Algunos inversores se obsesionan con la idea de rendir por encima de la media del mercado. Está estadísticamente demostrado que el 96% de los inversores son incapaces de batir a los índices de referencia. Algunos de entre ese 4% de privilegiados que sí lo logran, son capaces de rendir por encima en algún año puntual, y otros pocos más (los menos), durante algún breve periodo de tiempo. Entonces, la inexorable ley de la reversión a la media, cae

encima de ellos como una espada de Damocles y las aguas del río vuelven a su cauce habitual. El inversor sensato debe aspirar a igualar la media pero siempre estará algo por debajo en el momento que se descuenten los gastos de gestión e impuestos. El inversor promedio deberá considerar, además, que quien posee la capacidad de batir al mercado consistentemente dispone de medios financieros, conocimientos y tecnología superiores a los suyos. El mercado es más listo que nosotros. Como bien le gusta decir al propio Bernstein: "Puedes ganar una carrera de caballos pero no a las carreras de caballos".[36]

3) <u>Efecto reciente</u>. Los inversores tienden a quedarse con lo último. Sobreestiman los datos más recientes e ignoran las informaciones más anteriores. Craso error ya que los plazos temporales más amplios nos ofrecen una perspectiva mucho más fidedigna. Bernstein muestra gráficos, en el capítulo 3 de *Los Cuatro Pilares de la Inversión*, de seis grupos de activos en periodos de cinco años. Los ganadores de cada periodo pasan a la cola en el siguiente y viceversa (*Reversion to the mean* o reversión a la media). Algunos creen que escoger al grupo ganador les garantiza el éxito en el futuro y no pueden estar más equivocados. **El doctor Bernstein aconseja que intentemos ignorar los grupos de activos más exitosos de los últimos diez años** como el sector tecnológico y apostemos por aquellas industrias más deprimidas con mayores posibilidades de tener un amplio recorrido al alza durante los años venideros.

4) <u>Diversión</u>. Algunos creen que la inversión debe ser divertida. ¡Qué abran bien los ojos! ¡Las mejores inversiones son aburridas! El mejor inversor es aquel que busca las emociones fuera del mundo bursátil y es capaz de aburrirse viendo como su cartera de valores se revaloriza sistemáticamente. Las opciones para el entretenimiento son

---

[36] Bernstein, William. *Los Cuatro Pilares de la Inversión*. Cap. 3, pág. 147.

variadas: paracaidismo, *Room Escape*, casinos, parques temáticos...Gastas tu dinero pero merece la pena por el ratito de diversión. Perder en la bolsa, en cambio, no tiene nada de entretenido.

5) <u>Riesgo a corto plazo</u>. Los inversores acostumbran a sobrevalorar los riesgos a corto plazo y a infravalorar los riesgos a largo plazo pese a estar demostrado que las bolsas, incluso acumulando en algunos periodos cortos concretos caídas de hasta el 50%, crecen a un ritmo muy superior a largo plazo que los bonos. Los niveles más altos de volatilidad se dan en el corto plazo, a largo plazo Mr.Market siempre recupera la cordura. Los más temerosos deshacen sus posiciones en renta variable en los momentos de pánico y se pasan a los bonos. Si los bonos han rendido a una media histórica de un 4% después de impuestos y las acciones han crecido a un 7% anual, obviando las aleatoriedades del corto plazo, ¿Qué tipo de inversión resulta entonces más arriesgada? Bernstein llama a este tipo de riesgo "riesgo equivocado" o "aversión miope".[37] Por último, **cuanto más tiempo se posee un activo de riesgo, menor es la probabilidad de pérdida.** Un horizonte temporal amplio es la mejor vitamina para combatir la volatilidad. Un dato a considerar: desde 1900, tan sólo durante un periodo de dieciséis años (1966-1982) el rendimiento de los bonos fue superior al de las acciones. De hecho, las acciones superaron en rendimiento a los bonos en el 80% de los periodos de diez años y en el 99% de los periodos de treinta años.

6) <u>Grandes valores</u>: Los inversores minoristas creen, con frecuencia, en ciertos axiomas indudablemente equívocos. De esta manera, compran los valores de las grandes empresas porque se sienten más seguros que adquiriendo valores de compañías más pequeñas. El problema es que deben comprarlas, por lo general, a un PER muy alto (en

---

[37] Bernstein, William. *Los Cuatro Pilares de la Inversión*. Cap. 7, pág. 237- 238.

ocasiones a un ratio tres o cuatro veces superior al precio medio de mercado). Si adquirimos un valor que presenta un PER de mercado de 15, necesitamos quince años para recuperar nuestra inversión. Si otro valor cotiza a un PER de 60 veces su beneficio necesitaremos sesenta años. Así que la diferencia es obvia...El crecimiento de sus ganancias, además, decrece a medida que estas compañías se vuelven más grandes. Por último, señalar que, a largo plazo, la diferencia entre la rentabilidad de los índices de baja capitalización respecto de las de gran capitalización es de casi doscientos puntos básicos a favor de las primeras pese a que en periodos de depresión bursátil los descensos en las cotizaciones de las empresas *small caps* suelen ser más severos.

7) Abstracciones. **El movimiento de los precios son más aleatorios de lo que la mayoría cree**. No hay ningún gráfico que pueda prever si mañana habrá un devastador terremoto que haga caer al Dow Jones cinco mil puntos. "Si existieran patrones repetitivos en los precios, las personas más acaudaladas del mundo serían bibliotecarios".[38] El doctor Bernstein explica, en el mismo capítulo, como los analistas preveían una crisis de dimensiones catastróficas tras el *crash* de Octubre del 87 porque los gráficos eran calcados a la crisis del 29. Dicho cataclismo no se produjo y los mercados se recuperaron pronto. Así que cuidado con confiar nuestras estrategias al pánico desatado por los "analistos" ante el comportamiento del índice de consumo de Michigan o encontrar similitudes entre los charts del Eurostoxx50 y la subida de precios de las naranjas de Valencia...

8) "Contabilidad mental". Debemos valorar nuestra cartera de inversión en conjunto y no de manera individual. No tenemos que perder la compostura si un valor va a la baja si el resto de nuestro *portfolio* reequilibra la situación con valores ganadores. No importa si nuestro portero pasa una mala racha si los delanteros responden. No debemos hacer

---

[38] Ídem. Cap. 7, pág. 228.

tampoco "trampas mentales" hinchando nuestro ego cuando un valor va como un cohete si el resto de la cartera no funciona correctamente. Queda muy bien presumir en las cenas con los colegas pero sólo sirve para engañarnos a nosotros mismos.

9) "Síndrome del club de campo": los inversores más pudientes creen que obtendrán mejores rendimientos si contratan los servicios de un *Hedge Fund* pero, salvo algunos honrosas excepciones como Bridgewater, Quantum o Medallion, la gran mayoría tampoco baten el rendimiento medio del mercado y su "exclusividad" se paga cara: honorarios de entre un 10 y 20% de los beneficios hacen menguar considerablemente la rentabilidad real. El consejo no puede ser más claro: ¡indéxate como cualquier hijo de vecino!

En el campo de las finanzas conductuales o finanzas del comportamiento podemos, adicionalmente, encontrar una serie más de sesgos perjudiciales para el inversor:

1) Sesgo de aversión a la pérdida. Un estudio realizado por Daniel Kahneman y Amos Tverski demuestra que **perder dinero afecta al cerebro 2,25 veces más que ganarlo aunque se trate de la misma cantidad**. Este patrón conductual provoca que muchos *traders* aguanten pérdidas abultadas y consoliden pequeños beneficios. Al ser humano, por lo general, no se le educa para aceptar perder y eso en el *trading* es muy perjudicial. Para el inversor de largo plazo, las pérdidas a corto plazo no resultan tan relevantes ya que su estrategia es muy distinta a la del *trader* pero desde luego que, psicológicamente, también puede resultarle difícil aceptar pérdidas latentes y todavía más, seguir invirtiendo a pesar de que ya hemos comprobado que, a largo plazo, el dinero invertido en épocas de vacas flacas proporciona la mayor rentabilidad futura.

2) Sesgo de confianza. El ser humano peca de excesiva confianza cuando todo le sale a pedir de boca y de

exacerbado pesimismo cuando el viento sopla de proa. Ni tanto ni tan calvo. Como bien decía Aristóteles: "En el punto medio está la virtud".[39] Una excesiva confianza puede conducirnos a una peligrosa distorsión de la realidad. Un estudio reveló que el 81% de los nuevos propietarios de negocios pensó que tenía posibilidades de alcanzar el éxito, pero sólo el 39% lo terminó logrando, y que los conductores de Estados Unidos creían que su país estaba situado entre los primeros en términos de seguridad al volante y no era así, mientras que los conductores de Suecia, quienes sí que estaban entre los primeros lugares del ránking, pensaban que eran más inseguros de lo que realmente son. El inversor inteligente debe procurar encontrar un equilibrio emocional que le permita ser prudente pero seguro de sí mismo.

3) <u>Sesgo de confirmación</u>. Cuando invertimos en una acción o fondo buscamos cualquier dato que confirme que tenemos razón. Si sube un valor en cartera porque los datos macroeconómicos son buenos ratifica lo estupendos que somos como inversores y lo validamos. Si después la acción cae y la prensa financiera dice que eso es bueno porque ahora "el valor presenta un PER atractivo", dicho dato secundará nuestro acierto pese a la negatividad del mismo. Lo cierto es que nuestro cerebro es selectivo y únicamente presta atención a los hechos subjetivos que refuerzan nuestras hipótesis, descartando toda aquella información que no comulga con nuestras creencias lo que deriva en una parcialidad que nos impide observar la realidad desde una perspectiva objetiva. Si un activo financiero no funciona (o hemos dejado de confiar en él) debemos analizar si es conveniente mantenerlo o no. **El buen inversor busca ganar dinero, no tener razón**.

4) <u>Sesgo de anclaje</u>. Es un sesgo cognitivo muy utilizado en marketing. Las personas son condicionadas a basar sus

---

[39] Aristóteles. *Ética a Nicómaco*. Siglo IV a.c. Ética Eudemia part. II, 11 1227 b, 33-35.

decisiones de compra en la primera información recibida sobre un producto o servicio concreto, dato proporcionado por la marca o empresa, naturalmente. En bolsa, "el ancla" que limita a los inversores suele ser el precio. Si el inversor sabe que una acción que ha estado a cien euros cotiza ahora a cincuenta, el precio anterior quedará anclado en el cerebro como referencia y psicológicamente se verá condicionado a comprar porque ahora considerará que el valor está barato y, con total seguridad, algún *pop-up* de la pantalla de nuestro ordenador nos recordará este dato para que piquemos. No obstante, que el valor cotice a mitad del precio de anclaje no significa que adquirirlo sea una buena compra. Hay que estudiar a fondo los motivos por los que la acción ha descendido a la mitad.

Evitar estos sesgos y desarrollar una conducta financiera apropiada es un requisito fundamental para triunfar en los mercados de valores. Un acurado análisis de la situación económica, un profundo conocimiento de la historia de la inversión y una certera selección de valores, no será suficiente si fallamos en nuestros patrones de comportamiento.

4.4. PILAR 4: LA INDUSTRIA FINANCIERA

"Algo que todo el mundo sabe no tiene ningún valor". Bernard Baruch.

La industria financiera come aparte. Constituye el cuarto pilar sobre el que asentar las bases de inversión, por eso Bernstein le dedica enteramente un capítulo a ella en su mencionado libro *Los 4 Pilares de la Inversión*. Los agentes que conforman el circo financiero son los intermediarios, los "especialistos" y la prensa.

Los intermediarios financieros son los que más directamente influyen en los inversores, en especial en su bolsillo. "Cada céntimo en comisiones, tasas y costes de transacción que ésta se lleva, es irremediablemente a su costa (...) Sus operaciones de estrategia son, en cierto modo, diferentes, pero su objetivo ulterior es el mismo: transferir tanto dinero del inversor como sea posible a sus libros de contabilidad".[40] Afortunadamente para el inversor, la irrupción de nuevas tecnologías y la proliferación cada vez mayor de fondos indexados de bajo coste, está rebajando considerablemente los costes y aumentando, en la misma proporción, los problemas de los intermediarios puesto que sus emolumentos decaen de manera irremediable.

Probablemente, no exista una industria donde los intereses del cliente y la empresa sean más dispares que en la financiera. Quizás sea porque, a diferencia de otras actividades como el notariado o la abogacía, por poner algunos ejemplos, no tienen una responsabilidad fiduciaria respecto a sus clientes. A los brókers lo que más les interesa es un alto volumen de transacciones para engrosar sus balances mientras que el cliente lo que menos necesita es un alta rotación de su cartera que merme su rentabilidad en forma de comisiones de custodia, costes de transacción, tasas de corretaje e impuestos. Si bien son necesarios unos gastos mínimos para su supervivencia, los intermediarios deberían cobrar acorde a sus resultados. Resultaría lo más ecuánime. Para suerte de muchos pequeños inversores, la aparición de Jack Bogle y los fondos Vanguard revolucionó una industria que, hasta aquel momento, premiaba la maximización de beneficios de los intermediarios en detrimento de la rentabilidad de los clientes. Otra tendencia habitual de los intermediarios es la de promocionar productos de peor calidad pero más lucrativos para la empresa frente a otros que podrían ser más beneficiosos para el cliente pero que no resultan tan ventajosos para el fondo. Raramente un agente de bolsa o de fondos mutuos llamará a un cliente para ofrecer el mejor valor o fondo sino que ofrecerá el producto que la dirección le ha impuesto y que el vendedor tratará, por todos los medios posibles, de endosar a los más incautos. Porque, no lo olvidemos, son vendedores y no inversores.

En lo que se refiera a especialistas y analistas, más de lo mismo: si quieres café, toma dos tazas. Por norma general, las recomendaciones son interesadas y están alimentadas por grandes agentes institucionales que les dictan los valores que deben promocionar. Cuando la información proporcionada por los grandes

---

[40] Bernstein, William. *Los Cuatro Pilares de la Inversión*. Cap. 9, pág. 257.

gurús que pululan por la selva bursátil llega al gran público, el precio de la acción ya ha subido considerablemente, empujado por los mismos interesados que han suministrado la información. Es la fase de distribución para intercambiar los valores de las manos fuertes a las manos débiles. En mercados bajistas, los especialistas no recomendarán valores para que los grandes inversores comiencen su fase de acumulación y los minoristas no interfieran en ella.

Existen varios tipos de "analistos": los que realmente no saben y creen que sí; los que sí saben pero se mueven por su propio interés; y los que saben mucho de teoría pero no saben llevarla a la práctica. Economistas como Irving Fisher, del que hemos hablado anteriomente, brillante teórico pero que, en 1929, declaró que las acciones no iban a bajar porque habían alcanzado un "grado de estabilización permanente". No hace falta comentar lo que suecedió a continuación...

Por último tenemos a la prensa financiera que ha cambiado radicalmente su cometido en los últimos años: ahora su propósito principal es la desinformación. El Cuarto Poder bombardea constantemente a los inversores con noticias que, en el 97% de los casos, son irrelevantes. Pero hay que rellenar miles de horas de televisión, centenares de páginas de periódicos y páginas web con propaganda de manera irremisible. En España, las grandes empresas tienen representantes en los consejos de administración de los principales medios de comunicación, así que, como imaginaréis, no van a lanzar piedras sobre su propio tejado...Algunas de las compañías que están detrás de los principales medios españoles han perdido, en los últimos años, de media, un 70% de valor, por lo que ¡algo mal habrán hecho digo yo! Sin embargo, ninguna voz crítica alza la voz contra ellos. Todo lo contrario: son siempre los valores más recomendados...

Se preguntará el lector... Bien, debe haber algún medio bienintencionado ¿no? Puede que sí pero pecan de confusos. Repasando la historia de los mercados financieros, encontramos grandes incongruencias. En Agosto de 1979, un artículo del prestigioso semanario Newsweek titulaba de manera grandilocuente: "La muerte de las acciones". Cierto es que el mercado llevaba deprimido casi una década. Correcto es que una galopante inflación anual del 9%, alimentada por la escalada del precio de las materias primas, sacudía las economías occidentales pero ¡allí están los libros de historia al alcance de cualquiera! Si los mercados bursátiles se habían recuperado (aunque muy lentamente) del crack de 1929 ¿No era cuestión de tiempo que volviera a ocurrir lo mismo, tarde o temprano, en la década de los 80? Según el apocalíptico reportaje, siete millones de accionistas, especialmente los más jóvenes, se habían bajado del carro de la renta variable y se habían refugiado en oro, inmuebles y bonos, quedando la inversión en acciones como reducto de una minoría de ancianos seniles que aún esperaban un resurgimiento de las cotizaciones. En 1982, la tendencia se revirtió y las siguientes dos décadas vivieron "la muerte de la renta fija" y la expansión bursátil más prolongada de la historia reciente... Rectificar es de sabios dicen. Pero los medios, lejos de rectificar, se cambiaron de chaqueta.

En Diciembre de 1999, la revista económica Barron´s titulaba: "¿What´s wrong Warren? Warren Buffett may be losing his magic touch"[41]. Tras la fiebre dotcom que había impulsado al índice Nasdaq a cuadriplicar su precio en cinco años, la prensa financiera anticipaba el funeral de Buffett como inversor. El oráculo de Omaha no se había subido al oportunista carro de la tecnología y sus más acérrimos detractores disfrutaron de sus quince minutos de gloria ¡menuda desfachatez! ¡dar lecciones de inversión al mejor inversor de la historia! Apenas unos meses después del infame artículo en que un analista de tres al cuarto soltaba una sucesión de necedades, explotó la burbuja puntocom y todos aquellos que veinte años antes enterraban las acciones, y que ahora creían que las empresas de internet eran la panacea, se encontrarían de nuevo con el rabo entre las piernas suplicando al mesías Buffett su perdón... Moraleja: ¡haced caso omiso de la prensa financiera y aprended de los grandes maestros de la bolsa! Fin de la historia.

4.5. TEORÍA DEL PORTFOLIO MODERNO

"Es deber de los accionistas sufrir periódicamente pérdidas sin rechistar". John Maynard Keynes.

---

[41] Artículo aparecido en la revistas Barron´s 27/12/1999.

La "teoría de la cartera moderna" o *Modern Portfolio Theory* fue desarrollada en la década de los cincuenta del siglo XX por el economista de la escuela de Chicago, Harry Markowitz. Esta teoría estudia la manera de construir una exitosa cartera de inversión eligiendo los valores adecuados, minimizando riesgos y maximizando beneficios. Esta teoría tambien es conocida como "modelo de cartera eficiente". Como premio a su gran trabajo, Makowitz fue galardonado con el premio Nobel de economía en 1990. La construcción del modelo de cartera de Bernstein bebe, principalmente, de estas fuentes.

A continuación vamos a explicar las principales premisas de la cartera moderna:

1) <u>Binomio rentabilidad/riesgo</u>. Como bien hemos comentado anteriormente, rentabilidad y riesgo van cogidos de la mano. El inversor debe construir su *portfolio* en base a esta premisa. Si quiere altos retornos deberá asumir mayores riesgos. Si no tolera grandes sustos tendrá que conformarse con rentabilidades mucho más modestas. Asimismo, **siempre debemos exigir una rentabilidad mayor a los activos de más riesgo.** Si un valor concreto tuviera un riesgo mayor pero su rentabilidad esperada fuera la misma que la de una acción "segura", nadie la compraría. Por otro lado, a las empresas *value* se les tiene que exigir una prima mayor para compensar que se encuentran deprimidas con respecto a las compañías *growth* que, sin embargo, presentan una rentabilidad futura esperada más baja. Finalmente, los sectores y naciones con una percepción de riesgo más elevado deberán ofrecer, consecuentemente, una rentabilidad futura más alta para compensar su mayor riesgo. Por último, hay que tener en cuenta siempre la maldita inflación en la equación. Bernstein ofrece un cuadro de la rentabilidad real esperada a largo plazo para varios activos: un 4% para empresas de gran capitalización; un 6% para acciones *value*; un 5% para *small caps*; un 6% para mercados emergentes; un 5% para REIT; otro 5% para bonos corporativos *high yield*; el 3,5% para bonos corporativos *prime*; otro 3,5% para TIPS; un 3% para metales preciosos y

entre un 0-2% para bonos y letras del tesoro.[42]

2) <u>Eficiencia de la cartera</u>. Markowitz desarrolló un modelo de medición llamado Frontera Eficiente. Tiene dos variables: esperanza y varianza. La primera sirve para medir la rentabilidad. El valor de un activo se calcula a través de un modelo estadístico de distribución normal para intentar pronosticar el valor futuro de dicho activo. La varianza, por otro lado, mide la dispersión de la distribución normal, es decir cuantas veces se desvía de la media, y se utiliza para medir el riesgo de dicho activo. A modo de ejemplo, un activo con una esperanza del 10% y una desviación estándar del 12% será más eficiente que un activo con una esperanza del 10% y una varianza del 15%. **A los activos con una desviación estándar más elevada debemos exigirles mayores retornos.**

3) <u>Diversificación</u>: como en cualquier otra tipología de cartera saber diversificar adecuadamente es clave. Como hemos comprobado ya, los activos ganadores del momento serán los perdedores del futuro y viceversa. La regla de la reversión a la media es implacable. Debemos tener un porcentaje mayor de activos ganadores en todo momento y rebalancear cuando sea posible (preferiblemente semestral o anualmente). De hecho, el verdadero peligro de la diversificación es no hacerla correctamente: el temido diempeoramiento que tanto irritaba a Peter Lynch (ver *Maestros de la Bolsa 1*). Una adecuada diversificación debe incluir diferentes tipos de activos: renta fija, acciones, metales y *real state*, principalmente. Los *portfolios* deben revisarse periódicamente y realizar ajustes cuando proceda.

4) <u>Descorrelación de activos</u>: debemos buscar activos descorrelacionados entre sí para que el mal funcionamiento

---

[42] Bernstein, William. *Los Cuatro Pilares de la Inversión*. Cap. 2, pág. 106.

de unos no dañe el buen rendimiento de los otros. Podemos dividir nuestra cartera de inversión en cuatro grandes grupos: renta fija, renta variable, oro y activos inmobiliarios. Repasaremos en profundidad la asignación de activos adecuada en un próximo capítulo.

Markowitz ofrece una cartera simple con sólo dos tipos de activos en cartera: bonos y acciones ponderados al 50%. No suena muy emocionante pero lo cierto es que los resultados demuestran que es una buena opción. Jack Bogle ya dejó claro en *Maestros de la Bolsa 1* que la clave del éxito es la sencillez. Siempre encontraremos motivos para hacer las cosas más complicadas de lo que realmente son y sufriremos la tentación de enmarañar nuestro *portfolio* con complejas estrategias pero no hay que caer en esa trampa. En el mundo financiero lo complejo vende pero nosotros no debemos comprarlo. En los siguientes capítulos, profundizaremos algo más en la asignación de activos para construir una cartera eficiente.

4.6. TEORÍA DEL PASEO ALEATORIO

"Ni el mismísimo Dios todopoderoso sabe la relación precio-beneficio de una acción concreta". Burton G. Malkiel.

Burton G. Malkiel es un economista y escritor estadounidense muy popular por publicar un pequeño clásico de la literatura de las finanzas titulado *Un paseo aleatorio por Wall Street (A random walk down Wall Street)*. Malkiel es también catedrático de la Universidad de Princeton y fue director del fondo Vanguard durante casi treinta años. El libro se publicó por primera vez en 1973 pero ha tenido sucesivas reediciones, la última en 2016. El enfoque de inversión de Malkiel es muy similar al de Bernstein con algunas pequeñas diferencias que vale la pena reseñar.

La teoría del paseo aleatorio afirma que todo cambio o evolución existente en los mercados financieros, no es medible y estimable debido a la aleatoriedad y eficiencia de los mismos. Malkiel reconoce, sin embargo, algunas ineficiencias de mercado en el corto plazo, donde el "azar" está más presente por la presencia de otros factores externos al campo estricto de las matemáticas como la intervención de agentes económicos. Este punto de vista tiene bastante en común con las ideas de la Escuela Austríaca (hablaremos de ellas en el capítulo ocho). Señala además, que no es posible realizar predicciones fiables sobre los precios de los activos estudiando únicamente su evolución pasada. El concepto, que procede del campo matemático y estadístico, se utiliza con frecuencia en otros ámbitos como la física y la electrónica, además de las finanzas.

Malkiel cree que los mercados ya son eficientes por si mismos y que el valor de los activos ya se encuentra reflejado en el precio. Según el catedrático, el punto de vista estrictamente técnico y matemático no es suficiente para predecir evoluciones futuras. Los mercados se rigen por evoluciones no lineales e intervienen también leyes naturales.

Como es habitual, esta teoría tiene partidarios y detractores. Entre estos últimos, Warren Buffett quien declaró en su día: "Si los mercados fueran eficientes yo sería un vagabundo con un cazo de hojalata" (ver *Maestros de la Bolsa 1*). Si el valor real de un activo fuera el mismo que su precio de mercado, nadie ganaría dinero en la bolsa, defiende. La estrategia *Value*, que él profesa, se basa en adquirir activos que cotizan muy por debajo de su precio real. Por tanto, si los mercados fueran eficientes, él no podría ganar dinero ya que el valor y el precio de un activo serían, en esencia, iguales y no podría aprovecharse de las divergencias que se producen realmente porque, verdaderamente, el valor y el precio de un activo siempre difiere el uno del otro.

Los analistas técnicos tampoco están muy convencidos con esta teoría y aunque representan el polo opuesto a Buffett, coinciden con él en este aspecto: Según explican, los movimientos de precio son mesurables y ahí están diferentes indicadores como los que hemos estudiado en el capítulo dedicado a Jesse Livermore y, si bien es difícil de encontrar patrones exactamente idénticos en el comportamiento de los agentes (bancos centrales, gobiernos e inversores), algunos hechos se repiten de manera similar una y otra vez por lo que estudiar la psicología de los participantes de los mercados bursátiles constituye una obligación.

A modo de conclusión, Bernstein cita en el primer capítulo de *Los Cuatro Pilares de la Inversión*: "El patrón de la rentabilidad de las acciones es casi totalmente aleatorio e impredecible. Los beneficios del último año, o de los cinco últimos años, no dan ningún indicio de la rentabilidad del próximo año (...) nadie, ni los expertos de las empresas de corretaje, ni los escritores de boletines informativos, ni los administradores de fondos comunes, y desde luego, tampoco su agente de bolsa puede predecir adónde se encaminará el mercado mañana o el próximo año".[43]

4.7. ASSET ALLOCATION

"Seguridad...es simplemente el reconocimiento de que los cambios se llevarán a cabo y que usted está dispuesto a hacer frente a lo que sucede". Harry Browne.

En la década de 1980, el inversor Gary Brinson demostró que más del 90% de la variación en la rentabilidad de las inversiones se debe a una adecuada asignación de activos o *asset allocation* y menos del 10% a la predicción y selección de acciones. Por otro lado, la asignación de activos es el único factor sobre el que podemos ejercer alguna influencia. "Dado que usted no puede predecir con éxito el mercado ni seleccionar acciones individuales, la asignación de activos deberá ser el foco central de su estrategia de inversión, porque es el único factor que afecta a su riesgo de inversión y a su rentabilidad que usted puede controlar".[44]

En 1999, el asesor de inversiones Harry Browne dio en el clavo con su libro *La Cartera Permanente*. A partir de entonces, miles de inversores obsesionados con la idea de crear una cartera eficiente con una apropiada asignación de activos dejaron de estar desamparados. **La creación de un *portfolio* que se comportara bien independientemente del momento de mercado era el principal objetivo de Browne.** A finales de los años sesenta del siglo anterior, intuyendo que la valoración de las acciones era excesiva, Browne decidió crear una cartera de inversión donde el oro, la plata y el franco suizo eran los activos estrella. El rendimiento del *portfolio* funcionó a las mil maravillas: la década de 1970 se

---

[43] Bernstein, William. *Los Cuatro Pilares de la Inversión*. Cap. 1, pág. 48.

[44] Ídem. Cap. 4, pág. 152.

caracterizó por una profunda depresión en los mercados de valores y una alta inflación que motivó la consecuente revalorización de los metales preciosos y el hundimiento de valor del dólar en favor de divisas sólidas como el franco suizo. Posteriormente, en la década de 1980, Harry Browne tuvo que recomponer su cartera enteramente debido al cambio de las condiciones macroeconómicas. Los tipos comenzaron a bajar progresivamente, el valor del oro y la plata se desplomó, y las bolsas comenzaron una incipiente recuperación siendo las acciones de la bolsa de Japón y las empresas de pequeña capitalización norteamericanas los activos de mayor rendimiento en ese periodo. Huelga decir que en la década de 1990, las *small caps* americanas y el índice Nikkei obtuvieron el peor rendimiento. Reversión a la media pura y dura.

Cuatro son los activos descorrelacionados que deben componer La Cartera Permanente:

1) <u>25% en metales preciosos</u>. Principalmente oro y plata que se comportan estupendamente en épocas inflacionarias
2) <u>25% en acciones</u>. Producirán los mejores rendimientos en épocas de *bullish market* y baja inflación.
3) <u>25% en bonos</u>. Para tiempos de *bearish market*, especialmente.
4) <u>25% en dinero en efectivo</u>. La mejor protección en épocas deflacionarias.

La cartera debe revisarse una vez al año y rebalancearse si alguno de los activos supera el 35% o se sitúa por debajo del 15%. Respecto a la aportación de nuevos fondos, es recomendable que el inversor añada más capital al activo que peor comportamiento haya mostrado ya que su potencial de rentabilidad futura será mucho mayor.

El libro fue escrito hace veintidós años. A simple vista, parece un coste de oportunidad tener tanta ponderación en bonos y efectivo, pero sorprendentemente, *La Cartera Permanente* ha tenido una *performance* del 6,97% anualizado (el objetivo es el 7%) desde 1999, rentabilidad muy cercana al MSCI WORLD INDEX que obtuvo un rendimiento del 8,13% pero con muchísima más volatilidad. Parece, pues, que el *asset allocation* diseñado por Browne funciona. El objetivo marcado en su día por Browne era que el *portfolio* consiguiera batir a la inflación en un 4-5 % anual. Con tasas de alrededor del 2% de inflación como tenemos actualmente, el objetivo se ha logrado con creces. En la primera década del milenio, el comportamiento de los metales preciosos, los bonos y el *cash*, compensó las turbulencias de la renta variable (burbuja puntocom y crisis financiera global) y, en la segunda década, las acciones presentaron los mejores resultados de la cartera mientras los metales preciosos se comportaban de manera irregular, el efectivo perdía valor por la depreciación del dinero (alimentado por las políticas monetarias expansivas), mientras que la rentabilidad de los bonos caía bajo mínimos. La Cartera Permanente únicamente ha tenido cuatro años de rentabilidad negativa, siendo un -7% su peor *performance*. Durante la crisis de las puntocom, el *drawdown* sufrido por el mercado global fue del 40% mientras que La Cartera Permanente apenas sufrió una caída desde máximos del 3%. En la crisis financiera de 2007-2008 también logró moderar sus pérdidas al sufrir un *drawdown* del 14% para recuperar terreno en unos meses mientras los principales índices se desplomaban casi un 50%. Estamos, pues, ante una cartera de inversión equilibrada, ganadora, estable y muy económica.

Evidentemente el inversor puede ponderar más un activo que otro pero la composición final no debe quedar muy lejos de la asignación aquí expuesta. Gracias a las directrices marcadas por Browne, realizar demasiados experimentos se antojan innecesarios y contraproducentes. En líneas generales, cuanto menos se retoque la asignación de activos, mejor: con una baja rotación de activos se ahorran gastos innecesarios. Por último, el rally bursátil de los últimos años puede ser muy tentador para los inversores capaces de asimilar mayores riesgos pero, por mucho que las acciones sean mucho más rentables que los bonos, Bernstein hace especial hincapié en que **ningún inversor debería estar expuesto nunca a más de un 80% de sus activos en *stocks*.** El mayor riesgo de invertir en acciones individuales es una posible quiebra de alguna de las empresas en las que invirtamos. Aunque no es algo que ocurra todos los días, el inversor debe tener siempre este factor en cuenta: tarde o temprano una empresa es absorbida o liquidada. En caso de bancarrota los empleados y los acreedores tienen preferencia sobre los accionistas por lo que si eso sucede, las posibilidades de recuperar el dinero invertido son remotas. Por ello, Bogle, Dalio y el propio Bernstein aconsejan la inversión en fondos indexados de bajo coste o ETF´s.

No olvidemos que, en una cartera diseñada para inversores conservadores, lo que debe primar es la seguridad, comodidad, estabilidad y facilidad de gestión. Este *portfolio* es simple y funciona en los cuatro escenarios posibles: inflación, deflación, bajo crecimiento y alto crecimiento. La cartera ofrece ganancias moderadas pero sostenibles, acompañadas de una baja volatilidad. El próposito fundamental de Browne cuando ideó esta cartera se ha logrado con creces.

Una propuesta de Maestros de la Bolsa para un modelo de cartera permanente sería el siguiente:

1) 25% ETF referenciado al MSCI World Index. Los más tolerantes al riesgo pueden probar con un fondo índice o ETF de *small caps* americano o del S&P500.
2) 25% ETF sobre bonos soberanos europeos de la zona euro para no incurrir en riesgo de divisa.
3) 25% en un ETF Eurocash.
4) 25% ETF en oro físico *hedged*.

Los principios de *The Permanent Portfolio*, también sirvieron de inspiración a Ray Dalio para su cartera *All Weather*. El propio Bernstein propone en *Los Cuatro Pilares de la Inversión* diferentes modelos de *portfolios* basados en La Cartera Permanente que desgranaremos en las próximas líneas.

4.8. LA REGLA DEL 4%

"La economía es la siembra, y el ahorro, la cosecha". Orison Swett Marden.

Antes de analizar como construir un *portfolio,* primero tenemos que definir qué es el ahorro. **Ahorrar no es otra cosa que sacrificar el consumo actual para gastar en el futuro.** Lo segundo es tener claro para qué ahorramos. ¿Para comprar una casa? ¿Para la educación de nuestros hijos? ¿Para la jubilación? La última pregunta es la más común a largo plazo: tener un colchón de seguridad vital para poder vivir cómodamente la última etapa de nuestra vida . Y, se preguntará el lector ¿Qué cantidad de dinero necesito para dicho colchón de seguridad? Pues bien es una respuesta algo compleja porque dependerá de muchos factores: horizonte temporal, ingresos recurrentes y/o la rentabilidad obtenida de nuestros ahorros, por citar los más importantes. Y, ¿Durante cuánto tiempo debemos ahorrar? Pues desde ¡ya! si todavía no hemos empezado y mejor a edades tempranas: cuanto antes comenzemos, antes alcanzaremos nuestro objetivo financiero y, gracias al interés compuesto, menor esfuerzo requerirá por nuesta parte rentabilizar nuestros ahorros. El objetivo final debe ser disponer de una cantidad de fondos suficientes que nos permitan vivir plácidamente el resto de nuestros días. La solvencia de las pensiones públicas peligra en la mayoría de países desarrollados y es posible que éstas desaparezcan o mengüen considerablemente por lo que es mejor asumir que no la vamos a percibir antes de realizar los cálculos, de esta manera, si finalmente nos conceden una pensión, ésta será complementaria y no nuestro ingreso principal.

Calculamos nuestros gastos mensuales y los multiplicamos por los doce meses que tiene al año. Por ejemplo (1.300€ x 12 = 15.600€). A continuación multiplicamos esta cantidad por los veinticinco años de horizonte temporal de jubilación (15.600€ x 25 años= 390.000€) Trescientos noventa mil euros es el capital que necesitamos para sobrevivir durante veinticinco años.

Ok. ¿Y la inflación? Evidentemente estos ahorros deben invertirse adecuadamente para lograr una rentabilidad que supere a la inflación. Algunos expertos consideran que deberíamos multiplicar la mensualidad de nuestros gastos por 135% (390.000€ x 135% = 526.500€) y, de esta manera, el cálculo resulta más fidedigno. Bernstein añade: "Digamos que va usted a ahorrar durante trenta años antes de su jubilación. Si usa una rentabilidad nominal del 10%, tendrá que someter a deflación esa cantidad con la tasa de inflación acumulada durante treinta años. Y después, por cada año tras su jubilación, tendrá que someter a deflación sus ahorros por el 3% anual para calcular su poder adquisitivo real".[45]

Bernstein utiliza la Regla del 4% para calcular cuanto dinero necesitaremos para vivir cuando dejemos la vida laboral. El

---

[45] Bernstein, William. Los 4 pilares de la inversión. Cap. 12, pág. 319.

reputado neurólogo parte de los estudios realizados por unos profesores del Trinity College en 2010. La investigación utilizó datos de la evolución de la bolsa y de los bonos estadounidenses entre 1926 y 2010 para averiguar la tasa de reembolso sobre una determinada cantidad para prolongarla hasta los 25 años. En otras palabras, calcular el porcentaje de capital que puedes retirar cada año en función del tiempo que quieres que dure éste. El estudio concluye que el porcentaje ideal a retirar anualmente durante veinticinco años es el 4%, de aquí la denominación de Regla del 4%. El cálculo está pensado para periodos de veinticinco años por lo que, si nos jubilamos a los sesenta y siete años, el dinero nos duraría hasta los noventa y dos, una edad superior al promedio de la esperanza de vida en la mayor parte de los países occidentales que actualmente ronda los ochenta y cinco años.

No hace falta ratios complicados para esta regla: si disponemos de un capital de 526.500 euros en el momento de la jubilación y retiramos el 4% anual necesitaremos veintiún mil cien euros anuales contra los quince mil seiscientos euros antes mencionados de gasto para que nos dure veinticinco años (526.500€ x 4% = 21.100€). En España, la pensión de jubilación media está bastante por debajo de esa cifra.

Sin embargo, existe una posibilidad mejor: supongamos que no necesitamos imperiosamente el dinero y somos capaces de conseguir un rendimiento del 4% anual (algo no tan descabellado teniendo en cuenta las rentabilidades históricas que hemos estudiado en este capítulo), conseguiríamos retirar tan sólo los intereses anuales y mantendríamos siempre intacto nuestro capital. Esto, evidentemente, es mucho suponer: habrá años en que el mercado nos proporcionará retornos y en otros, pérdidas. Obviamente, debemos considerar, además, las tasas de inflación para ajustarla al poder adquisitivo real: si obtuviéramos el 4% de retorno anual ya comentado por nuestros activos financieros y la inflación media anual fuera ese mismo 4%, no ganaríamos dinero en términos reales tan sólo mantendríamos el poder adquisitivo y punto. Si por el contrario, en el futuro, volviéramos a ver tasas de inflación elevadas tipo un 10%, nuestro poder adquisitivo real perdería un 6% anual si únicamente obtuviéramos un 4% de rentabilidad anual. Gracias a la Regla del 72 (ver *Maestros de la Bolsa 1*) sabemos que un 6% de pérdida real significaría que, al cabo de doce años, necesitaríamos el doble de capital para mantener nuestro poder de compra (72:6=12).

4.9. VALUE AVERAGING VS DOLLAR COST AVERAGING

"La gran maquinaria de la rentabilidad bursátil es el índice del progreso tecnológico, y no su nivel absoluto".

Hemos hablado largo y tendido de la estrategia *Dollar Cost Averaging* a lo largo de los dos volúmenes de la serie. Resulta un método ideal para los inversores menos experimentados ya que, al no invertir todo el capital de golpe, evitan quedarse "pillados" en momentos de picos de mercado que es cuando el inversor minorista más tentado se siente a comprar acciones y más inminente es una probable caída. Un inversor que durante un año haya invertido cien euros mensualmente en un fondo que ha oscilado entre los diez y los veinte euros, obtendría una media anual de quince euros, sobre el papel. Pero no ocurre exactamente así. El precio medio de compra puede ser, en realidad, tanto inferior como superior. Si el fondo permanece más tiempo por encima de quince euros, el precio medio de compra será superior y si permanece más tiempo por debajo de esos quince euros, dicho promedio será inferior. Un inversor puede verse inmerso en prolongados periodos de compra durante etapas alcistas del mercado y estar consistentemente adquiriendo acciones sobrevaloradas y, al contrario, tener la enorme presión psicológica de adquirir valores que constantemente disminuyen de precio en mercados bajistas. La estrategia DCA, por lo tanto, no elimina totalmente el riesgo (en honor a la verdad, ninguna estrategia lo logra).

El profesor de la Universidad de Chicago, Michael Edleson, desarrolló una alternativa de diversificación temporal para competir con el DCA: el *Value Averaging* o Promedio de Valor. **La técnica consiste en la inversión sistemática de capital tal y como haríamos con la estrategia DCA con la diferencia de que aportaremos más capital en los momentos de caídas y menos dinero en los periodos de subidas.** Por lo tanto, si nuestro objetivo es aportar cien euros mensuales a un fondo, el primer mes tendremos que adquirir diez participaciones a diez euros (10 x 10€ = 100). Si al siguiente mes el precio de las participaciones ha descendido hasta los nueve euros (10 x 9€ = 90€) debemos comprar ciento diez participaciones para lograr nuestro objetivo de tener doscientos euros invertidos (90€ + 110€= 200€). Si al tercer mes la cotización retrocediera a diez euros de nuevo, deberíamos ajustar la inversión a la baja para que el monto total alcance los trescientos euros y así sucesivamente.

Supongamos que nuestro objetivo es invertir seis mil euros durante cinco años (mil doscientos anuales). Resultaría harto improbable completarla en sesenta meses como sí que ocurriría en una estrategia DCA. En un escenario alcista necesitaríamos más meses para completar totalmente la estrategia pues aportaríamos menos capital, mientras que en un mercado bajista agotaríamos nuestros fondos antes de consumir el periodo de sesenta meses que es la gran desventaja de esta estrategia. En cambio, la principal ventaja que obtiene el inversor que apuesta por el *Value Averaging* es que, al invertir más dinero en épocas de *bearish market,* la rentabilidad futura esperada será significativamente más alta.

Existe una alternativa más de estrategia de inversión temporal conocida como GIA (Gestión de Inversión Automática) o AIM (*Automatic Investment Management*) por sus siglas en inglés. Dicha técnica fue creada por Robert Lichello, inversor y escritor norteamericano popular por escribir, en 1977, el libro *Cómo ganar un millón de dólares en bolsa automáticamente* donde explicaba su metodología de inversión. Esta estrategia, no obstante, resulta más especulativa ya que implica invertir en fases de mayor volatilidad de mercado por lo que puede no ser demasiado adecuada para según que perfiles de inversor.

4.10. CONSTRUCCIÓN DE LA CARTERA MODERNA

"Si coges cada día un puñado de arena, formarás una montaña".
Buda.

La construcción de una sólida cartera de inversiones debe

fundamentarse sobre un adecuado asentamiento y sobre unos sólidos cimientos, igual que una casa. Una vez asentados éstos, los materiales deben ser de primerísima calidad para apuntalar adecuadamente la estructura, y, por último, utilizar unos excelentes acabados para embellecer al máximo nuestra morada. Los activos elegidos serán los cimientos y el/lo/s intermediario/s financiero/s constituirá/n el terreno donde se establecerán los mismos. La calidad de los activos (una mezcla entre productos sencillos, baratos y rentables como fondos indexados o ETF´S) mantendrán la estructura sólida y apuntalada. Los rebalanceos compondrán los acabados ideales que terminarán de moldear la casa a nuestro gusto. Si dichos acabados se realizan de manera correcta, pocos cambios serán necesarios en el futuro.

Como bien aprendimos en *Maestros de la Bolsa 1* en el capítulo dedicado a John Bogle, la mejor opción para el inversor minorista (por rentabilidad, comodidad y costes) es invertir en fondos indexados. Un robusto *portfolio* de inversión debe contemplar la edad, situación familiar, ingresos, conocimientos y aversión al riesgo del inversor. Como norma general, los cambios vitales de las personas se suceden de manera gradual. De los veinte a los treinta años, lo normal es que las personas estén en una fase de abrirse camino en el ámbito laboral por lo que sus ingresos todavía están en fase de consolidación aunque el enorme horizonte temporal y la ausencia de obligaciones pueden ayudar a obtener altas tasas de ahorro y a la posibilidad de afrontar riesgos mayores. Entre los treinta y los cuarenta años, el ser humano busca consolidarse. Profesionalmente, comienza a ocupar cargos de mayor responsabilidad, sus ingresos se elevan aunque los gastos pueden crecer en proporciones similares ya que es la época en que suele establecerse emocionalmente, constituyendo su propia familia. La edad comprendida entre los cuarenta y cincuenta años es la más decisiva. Llegados a este punto, la crisis de la mediana edad puede aparecer en algunas personas ya que el ciclo vital parece moverse entre dos aguas: uno no se siente ni joven ni mayor, ve la jubilación todavía lejana pero la posibilidad de un cambio de rumbo, en caso de que laboralmente o financieramente no se esté en la situación deseada, comienza a hacerse cuesta arriba pese a que todavía es posible. A partir de los cincuenta, se entra en la fase de madurez donde el final de la vida laboral comienza a dislumbrarse, los ingresos acostumbran a ser altos y las deudas comienzan a saldarse, especialmente las hipotecarias, con lo que la posibilidad de ahorrar aumenta. Sin embargo, este no es un proceso lineal y en cualquier momento debe contemplarse la posibilidad de algún evento disruptivo a lo largo de ese ciclo vital como pueden ser una enfermedad, la pérdida del cónyuge o un despido laboral que suponga un descenso significativo del poder adquisitivo.

Veamos varios ejemplos de carteras teniendo en cuenta estas premisas:

John Loser está casado y tiene tres hijos. Pasa la crisis de la mediana edad y ha sufrido en sus carnes diversos mercados bajistas por lo que no está para muchos trotes ya. Busca una cartera que le permita conciliar el sueño y hacer frente a los costes de los estudios de sus hijos. La composición ideal para él es 25 R.V./75 R.F.

- 25% en un fondo o ETF que replique el MSCI World Index.
- 25% en un ETF sobre el oro (*hedged* a ser posible).
- 25% en bonos a corto plazo.
- 25% en bonos a largo plazo.

Por otra parte, John Winner tiene veinticinco años, es soltero y dirige su propia *start-up*. Su tolerancia al riesgo es alta, no en vano convive con él a diario. Sus perspectivas son brillantes y le queda un largo trecho por recorrer: 75% R.V. /25% R.F.

-10% en un ETF que replique el S&P500.
-10% en un fondo o ETF que se centre en *small caps* americanas.
-10% en un fondo indexado al índice Nasdaq.
-10% en un fondo del Eurostoxx50.
-10% en un ETF sobre países emergentes
-10% en empresas *value*.
-7.5% en compañías de alto crecimiento.
-5% en REIT.
-2,5% en metales preciosos.
-25% en TIPS.

John Medium es un treintañero que acaba de contraer matrimonio y está esperando su primer hijo. Desea más seguridad para su familia pero sin renunciar del todo a altas rentabilidades:

-25% en el S&P500.
-10% en acciones de alto crecimiento.
-10% en empresas *value*.
-10% en emergentes.
-5% en REIT.
-40 en TIPS.

Sandra García tiene cincuenta años. Ocupa un alto cargo directivo por lo que sus ingresos son altos. No obstante, está divorciada, tiene dos hijas adolescentes y aún debe saldar la hipoteca de su casa. Su ajetreada vida comporta que su *portfolio* deba ser lo más sencillo posible. La cartera tipo sería al estilo Harry Browne:

-25% en el índice MSCI WORLD INDEX.
-25% en bonos a largo plazo.
-25% en TIPS.
-25% en metales preciosos a través de ETF´S.

La creación de carteras de inversión es todo un arte. Bernstein ha sido uno de los grandes impulsores de esta "corriente artística". Su principal mérito es que lo ha promovido desde una perspectiva teórica y científica. Aunque, al mismo tiempo, ha sido capaz de desarrollarla satisfactoriamente mediante una sencilla aplicación práctica. Millones de inversores de todo el planeta tienen mucho que agradecerle.

CAPÍTULO 5: CARL ICAHN

"Algunos tratan de hacerse ricos estudiando la inteligencia artificial. Yo me hago rico estudiando la estupidez humana".

> Carl Celian Icahn es un empresario, inversor y filántropo nacido en Queens, New york (EEUU), en 1936. Es fundador y accionista mayoritario de Icahn Enterprises. Se graduó en filosofía en la Universidad de Princeton. Anteriormente, se había matriculado en estudios de medicina pero los abandonaría a posteriori para alistarse en el ejército. Tras dos años de servicio, inició su carrera en Wall Street trabajando para Dreyfuss&Company donde se especializó en operaciones de arbitraje convertible. También formó parte de Tessel, Patrick&Co. como gerente de opciones financieras. En 1968, crea Icahn&Co, germen del actual Icahn Enterprises. En 2021, ocupa el puesto setenta y ocho entre las mayores fortunas del planeta, según la revista Forbes.

5.1. GORDON GEKKO

"Un consejo para este negocio: si quieres un amigo, ¡cómprate un perro!".

En 1987, el director de cine Oliver Stone, creador de magníficas obras del séptimo arte como *Platoon* y *Nacido el 4 de Julio* (premiadas ambas con sendos Oscars al mejor director), estrenó una exitosa producción: *Wall Street*. La película no pudo aparecer en un momento más oportuno: justo dos meses después del descalabro bursátil que supuso el denominado Black Monday. El personaje principal del film, Michael Douglas (quien recibió también el Premio de la Academia y un Globo de Oro como reconocimiento), interpreta el papel de Gordon Gekko, un tiburón de las finanzas que se dedica a comprar, de manera hostil, empresas con problemas, escindirlas y revenderlas al mejor postor sin importarle lo más mínimo el perjuicio moral, social o económico que se pueda derivar de dichas acciones. Lo cierto es que el personaje no deja a nadie indiferente: o se le ama o se le odia.

Hollywood ha hecho siempre un flaco favor a Wall Street. La imagen que las películas dan del mundo financiero son bastante pésimas. Como es habitual, es parcialmente verdad y mitad mentira. La imagen de despilfarradores, avariciosos, viciosos y otros lindos calificativos que se le puedan ocurrir al lector no siempre reflejan la realidad subyacente. Películas como *El lobo de Wall Street* son el paradigma de producción hollywoodiense donde la atención se centra más en el estilo de vida excesivo del protagonista que en la esencia del mundo de la inversión. Esto es así para hacer el producto vendible al gran público. Como el mundo de las inversiones es aburrido *per se*, hay que rellenar los films de artificios que desvían a los espectadores de la trama financiera. *Blockbusters* lleno de tecnicismos son inconcebibles pues no resultarían comerciales. Cierto es que existe un lado oscuro pero verdad es, no obstante, que existen operadores/inversores/especuladores/gestores que encajan en un perfil más amigable. Icahn tiene algo de ambos mundos. Es agresivo y le gusta ganar dinero pero no necesita un desorbitado nivel de vida. Ni falta que le hace. Eso se lo dejamos a los guionistas de cine.

El famoso discurso que Gekko da a los accionistas de una empresa recientemente adquirida de manera hostil, y en la que afirma: "La codicia es buena", está basada, en realidad, en una charla que el agente de bolsa Ivan Boesky había realizado en la Universidad de Berkeley el año anterior. Podemos considerar a Gekko un alter ego de Icahn que Douglas interpreta magistralmente. El conocimiento que Stone tiene de los mercados financieros (no en vano su padre fue corredor de bolsa) contribuyó al éxito que cosechó la película cuya trama principal gira sobre la compra hostil que Carl Icahn efectuó sobre la aerolínea TWA. Richard Gere afirma también que su personaje de Edward Lewis en *Pretty Woman* se inspira, en gran medida, en Carl Icahn.

5.2. ICAHN LIFT

> "Los grandes beneficios provienen de poder tomar el control de una compañía, poder sanearla y hacerla crecer".

Icahn, como otros muchos inversores que hemos analizado tanto en este libro como en el primer volumen, forma parte de la categoría *Contrarian*. Es, además, un inversor en valor de pura cepa. "Vendo caramelos a precio de caviar" le gusta decir a Icahn para resumir su estilo de inversión.[46] Pese a que su *modus operandi* es poco ortodoxo y resulta muy difícil de encasillar en ninguna categoría, la filosofía de inversión de Icahn se cimenta en comprar empresas con problemas ya que éstas presentan un precio muy inferior a su precio real y son auténticas gangas para el inversor *value*. Lo que diferencia a Icahn de Graham, Buffett o Greenblatt, por citar a algunos *Prime Value Investors*, es su peculiar y agresiva manera de adquirir dichas compañías problemáticas como vamos a ver. Icahn no busca oportunidades, las crea. El inversor minorista no desea intervenir en el día a día de las compañías (en el 99,99% de los casos no nos resulta posible a los simples mortales), únicamente le interesa su devenir en los mercados (si sube de precio o baja, básicamente), no los berenjenales relativos a la gestión empresarial. Es por eso que Icahn es un inversor tan radicalmente diferente al resto.

---

[46] www.tentulogo.com 13/10/2020.

En la cartera de Icahn, sin embargo, tienen cabida empresas de todo tipo, incluidas las de alto crecimiento como Netflix. En 2011, compró un paquete de acciones de la plataforma de emisión en *streaming* por un valor de cincuenta y ocho dólares cada una y deshizo su posición, un año más tarde, consiguiendo una suculenta ganancia del 487%. Su hijo Brett, se tiraba de los pelos: la exitosa empresa con sede en Delaware era una apuesta personal suya. La plataforma de contenidos digitales continuó con su imparable ascensión tras vender Icahn sus posiciones para desesperación de su vástago. Carl explicó a Tony Robbins que la decisión se debió a una cuestión de rebalanceo y que invirtió las plusvalías obtenidas en otras compañías interesantes. Icahn, no obstante, no vendió la totalidad de sus participaciones y mantuvo un 2% de su posición inicial en cartera.

Otra de las empresas por la que Icahn Enterprises apostó fuerte, con parte de las ganancias provenientes de Netflix, fue Apple, adquiriendo cincuenta y tres millones de acciones por un valor total de dieciséis mil millones de dólares entre 2013 y 2016. Un simple tweet de Icahn anunciando que se posicionaba en Apple provocó una subida del 5% esa jornada, un caluroso día de agosto. La muerte de Steve Jobs en 2011 unida a la incertidumbre sobre el rumbo que iba a tomar la nueva dirección de la empresa implicó una disminución en el precio de las acciones que Icahn supo aprovechar para adquirir paquetes de acciones de la compañía tecnológica con sede en Cupertino. El inversor de origen judío tuvo una serie de entrevistas personales con el nuevo CEO, Tim Cook, para convencerle de una recompra masiva de acciones cuando éstas presentaban un precio bastante por debajo de su valor intrínseco. Cook, naturalmente, aceptó. En Abril de 2016, Icahn anunció, en una entrevista a cnbc.com, que había vendido todas sus posiciones en Apple: "Apenas he ganado un par de miles de millones", declaró. Un año después, incidía: "Me he dejado unos cuantos millones en la mesa (respecto a Apple)",[47] una elegante manera de entonar el *mea culpa* por salir tan temprano del capital del fabricante de *smartphones*. Desde 2016, Apple ha crecido un 500% adicional. Qué le vamos a hacer: nadie (ni siquiera Icahn) es perfecto.

---

[47] Entrevista a Carl Icahn en la cadena de noticias CNBC. 3/3/2017.

La gran especialidad del inversor criado en el barrio neoyorquino de Queens son las compañías en apuros. En Wall Street se conoce como Icahn Lift (el "ascensor Icahn") al veloz aumento al alza de los valores que Carl Icahn compra. El tiburón neoyorquino adquiere empresas infravaloradas y en apuros con la intención de influir en sus decisiones empresariales para conseguir el aumento del valor intrínseco de las mismas.

Icahn Enterprises consiguió un *track record* del 31% anualizado entre 1974 y 2014. Ello supone una performance un 50% superior a Warren Buffett, el inversor bursátil que más dinero ha ganado en la historia, durante este periodo concreto que abarca nada menos que cuatro décadas. Icahn es el segundo clasificado de este selecto ránking de millonarios de la bolsa. En 2014, llegó a ocupar el vigesimoséptimo lugar de la revista Forbes que engloba las cien mayores fortunas, su mejor posición hasta la fecha. Aunque pueda parecer que su intención es la de obtener rápidos beneficios en el corto plazo (como hemos visto con Apple y Netflix), el inversor neoyorquino no duda en mantener posiciones diez, quince o treinta años si las compañías siguen aumentado su valor de manera sostenida en el tiempo. En muchas ocasiones, esas empresas incluso siguen al alza después de que Icahn salga de la compañía.

La cartera actual de Icahn está fuertemente concentrada, no en vano el 60% de las acciones está en una sóla compañía, Icahn Enterprises. La segunda, a muchísima distancia, es Herbalife con el 5% de exposición en el *portfolio*. En tercer lugar, encontramos Cheniere Energy. Otras posiciones importantes las encontramos en Xerox y HP, grandes compañías que, aparentemente, han quedado relegadas a un segundo plano pero en las que el magnate neoyorquino parece encontrar cierto valor oculto. Es curiosa la casi nula exposición a valores tecnológicos pero teniendo en cuenta su modelo de inversión a contracorriente quizá no resulte tan sorprendente.

5.3. COMPAÑÍAS "CIGARRILLO"

"Mi filosofía de inversión, generalmente, es comprar algo, cuando nadie lo quiere".

Icahn no es un inversor partidario de diversificar en exceso. Lleva a cabo concentradas inversiones en sectores como energía, minería, metalurgia, automoción e inmuebles (sectores mayoritariamente ignorados e infravalorados por el gran público en la actualidad) centrando su atención en aquellas compañías que él define como "empresas cigarrillo": negocios que Peter Lynch (ver *Maestros de la Bolsa 1*) le gustaba llamar, de manera más sutil, "empresas de valor oculto". En momentos de dificultades transitorias, Icahn no duda en centrarse en compañías de sectores deprimidos siempre que el valor intrínseco de las mismas posean el suficiente atractivo. Los activos ocultos que puedan tener estas compañías proporcionan a Icahn un enorme potencial. Donde todo el mundo ve problemas, Icahn ve oportunidades. Posee, además, el don de la clarividencia. Consiguiendo participaciones mayoritarias en empresas devaluadas, obtiene el poder suficiente para inmiscuirse en sus consejos de administración y provocar significativos cambios que inducen al resurgimiento de ese valor oculto, transformando colillas a punto de consumir sus últimas caladas en los más cotizados puros habanos.

En 1975, tras dos años de crisis y estanflación, los Estados Unidos de América se enfrentaban al periodo económico más delicado desde la época de la Gran Depresión. De ello se aprovecharon los mejores *Value Investors* y un polivalente inversor como Carl Icahn no iba a ser una excepción. Muchas compañías cotizaban a un PER muy inferior a los múltiplos presentados en años anteriores, mostraban un valor en libros por los suelos y tenían un beneficio por acción realmente atractivo. Pero más que en todos estos parámetros, que también son importantes, Icahn puso el foco en el valor de los activos de las compañías analizadas. La gran mayoría de las empresas presentaban, por aquel entonces, precios de cotización muy por debajo del precio justo de sus propios activos. Esto ocurrió también tras el crash de 1987, la crisis de las puntocom en 2000 y tras la quiebra del sistema financiero en 2008: "En nuestra opinión, los elementos del entorno económico actual (1975) se han combinado de forma única para crear oportunidades de grandes beneficios a un riesgo relativamente bajo. El valor de liquidación de muchas empresas estadounidenses ha aumentado notablemente en los últimos años. No obstante, y eso es lo interesante, no se ha visto completamente reflejado en el valor de mercado de las acciones".[48] Estas fueron las palabras textuales que Icahn dirigió a sus clientes en 1975 para describir la situación. Recordemos que, a mediados de los setenta, el otro gran gurú, Warren Buffett, estaba engordando indiscriminadamente su cartera, adquiriendo, a precio de acoso y derribo, valores excepcionales que, de otro modo, no hubiera podido conseguir ni en cien vidas.

En 1977, Icahn cerró la primera de sus operaciones más exitosas: la compra y posterior venta de Tappan Stove Company, una empresa fabricante de hornos y estufas que atravesaba una tesitura complicada por entonces. Icahn fue adquiriendo pacientemente grandes paquetes de acciones a un precio medio de ocho dólares y, en cuanto tuvo un porcentaje lo suficientemente grande del negocio, logró un puesto en el consejo de administración, impulsó profundos cambios en la estructura de la empresa (entre los que se incluían, entre varias medidas, la venta de activos no estratégicos). Tras sanear las finanzas de la compañía, Icahn logró, apenas un par de años después, vender Tappan al fabricante belga Electrolux a un precio de dieciocho dólares, obtuviendo una plusvalía superior al 100% en esta sagaz operación.

5.4. CONCEPTO DE OPA Y OPA HOSTIL

"Me alegro de que los accionistas se beneficien de lo que hago. Pero no soy Robin Hood. Me gusta ganar dinero".

Una OPA (Oferta Pública de Adquisición) es una operación económica en la que una o varias personas físicas o jurídicas, ofrecen a todos los accionistas de una compañía que cotiza en bolsa, la compra de sus acciones a cambio de un precio acordado. El precio de oferta por las acciones debe ser superior al de la cotización para que le resulte interesante a la compañía "opada". A ambas empresas les interesa llevar la negociación en privado para evitar que el precio de las acciones se dispare como bien suele ocurrir cuando llega al público un rumor de OPA. La

---

[48] *Deep Value 1, El Manifiesto Icahn.* Value School. www.googlereads.com.

compra de acciones se puede hacer en efectivo, en especie (ofreciendo la compañía compradora sus acciones a la empresa vendedora) o una combinación de ambas.

Las ofertas públicas pueden ser de diferente naturaleza:

1) <u>Amistosa</u>. Dos compañías se ponen de acuerdo y la empresa compradora lanza una propuesta de adquisición que la empresa vendedora acepta.
2) <u>Condicionada</u>. la compañía interesada en la compra de una empresa determinada supedita la adquisición al cumplimiento de una serie de condiciones previamente pactada por ambas partes.
3) <u>Obligatoria</u>. En España, la regulación obliga a ello cuando una compañía adquiere el 30% de participación sobre otro negocio.
4) <u>Hostil</u>. Especialidad marca de la casa de Icahn. La detallamos a continuación

Se habla de OPA hostil (*Hostil Takeover* en inglés) ante el intento de compra de la totalidad de las acciones de una empresa por parte de otra, si se realiza de manera agresiva por parte de la sociedad o persona física y sin recibir ni consentir el consejo de administración y los accionistas, el aviso previo para realizar dicha operación.
Las causas por la que a una compañía le puede resultar atractivo realizar este tipo de operación son diversas: bien porque cotize con un buen descuento (es decir, a un valor intrínseco real por debajo del precio al que cotize en ese momento); bien porque sean del mismo sector y quieran anular a la competencia; bien sea porque la empresa adquiriente desea entrar en un nuevo negocio y le salga más rentable hacerlo con uno ya consolidado en lugar de empezar de cero. No es la mejor manera de hacer amigos pero quien algo quiere algo le cuesta, aunque sea a costa de perder popularidad.

Para potegerse de compras agresivas, la empresa puede tomar dos caminos: ampliar capital para diluirlo y obligar al potencial adquiriente a un mayor esfuerzo económico que quizás no le compense; o puede emitir bonos convertibles a suscriptores afines a cambio de la condición de realizar la convertibilidad en acciones en el momento que la compañía le requiera hacerlo, cediendo el voto de las mismas a la junta, viendo, de esta manera, su capital dentro de la empresa incrementado.

En España, hubo un intento de OPA hostil cuando, en 2005, Gas Natural intentó hacerse con el control de Endesa. Tejemanejes políticos dejaron la operación en agua de borrajas. En 2008, la multinacional de bebidas espirituosas InVeb (Coronita) lanzó una opa sobre su archirrival, el conglomerado con sede en Bélgica, Anheuser Busch (Budweisser), para crear el mayor gigante cervecero del mundo con más de doscientas veinte marcas bajo gestión. La oferta inicial de 65$ por acción fue rechazada abriendo un amplio cisma en la empresa belga que derivó, incluso, en luchas internas y disputas familiares. Tras varios dimes y diretes, el consejo de administración de Anheuser-Busch aceptó una oferta por 70$ por acción, creando un monopolio de facto en el sector de la bebida espirituosa más consumida del mundo.

5.5. ARBITRAJE CONVERTIBLE

"Si podemos ser activistas en un fondo de inversión cerrado e infravalorado. ¿Porqué no podemos ser activistas en una corporación con activos infravalorados?".

En 1962, justo después de servir en el ejército, Carl Icahn comenzó a trabajar en Dreyfus&Company como corredor de bolsa. Paralelamente, empezaría a hacer sus pinitos como especulador. En 1968, Icahn pidió dinero prestado para comprar un asiento en la bolsa de New York. En el parqué de Wall Street fue donde se especializó en la venta de opciones y en operaciones de arbitraje. "Comprobé que hacer *trading* puede ser peligroso, así que, aprovechando mis habilidades matemáticas, me especialicé en ciertas áreas. Las operaciones de arbitraje son prácticamente libres de riesgo si sabes lo que haces y los bancos me prestaban el 90% del dinero. No tardé en ganar entre uno y medio y dos millones de dólares anuales".[49]

---

[49] Robbins, Anthony. *Money: master the game*. Editorial Simon&Schuster, 2014. ISBN: 978-1476757803 Cap. 6.1, pág. 789.

El arbitraje financiero es una operación financiera que consiste en comprar y vender simultáneamente un activo financiero negociado en dos o más mercados financieros a diferentes precios. El arbitraje financiero es una anomalía de mercado que se da en contadas ocasiones. Su enorme complejidad provoca que sean operaciones únicamente al alcance de avezados especuladores con ilimitados recursos como el propio Carl Icahn o George Soros como ya pudimos comprobar en *Maestros de la Bolsa 1*. Icahn y su socio, Albert Kingsley, se especializaron en un tipo de arbitraje específico llamado **arbitraje convertible, una variante, aún más compleja, consistente en abrir posiciones largas o cortas en acciones y valores convertibles de las mismas empresas, de manera simultánea, intentando sacar partido, como en el caso de las operaciones de arbitraje ordinarias, de las diferencia de precio, que por una razón u otra, pudieran registrarse en los diferentes mercados**. En aquella época, Icahn y Kingsley observaron que la mayoría de inversores rehuían los valores convertibles (bonos susceptibles de convertirse en acciones) y, por consiguiente, presentaban un importante descuento respecto del valor cotizado. Con el tiempo, Kingsley e Icahn ampliaron su juego a los fondos de inversión cerrados, un tipo de fondos que no están disponibles para el inversor minorista. **Un fondo de inversión cerrado se diferencia de un fondo de inversión abierto en que, al contrario de estos últimos, tienen un número fijo de acciones en circulación y no permite ni la emisión de nuevas acciones ni la entrada de nuevos socios**. Icahn y Kingsley aprovechaban los fuertes descuentos de las participaciones convertibles de estos fondos cerrados para, simultáneamente, vender en corto cestas de acciones equivalentes a los propios fondos. Icahn y Kingsley se centraban en aquellos valores convertibles más depreciados respecto al precio de la acción. La liquidez proviniente de las ventas en corto financiaban las posiciones largas. Para cerrar la brecha de valor abierta por la diferencia entre el valor liquidativo del fondo y la cesta de valores, a Icahn y a su socio se les ocurrió la estrategia por la que posteriormente Icahn sería más conocido: el activismo corporativo. Como activistas corporativos, una vez abiertas las posiciones en los fondos, presionaban a los directores para que los liquidaran y poder obtener retornos mucho más rápidos. Como el número de fondos cerrados eran limitados, Icahn y Kingsley ampliaron su campo de acción a las empresas cotizadas a partir de 1975.

5.6. GREENMAIL

"Sonará gracioso, pero siempre me he considerado ético".

El método Icahn está continuamente balanceándose entre el límite de lo legal y lo prohibido. El inversor neoyorquino roza, en muchas ocasiones, el chantaje corporativo conocido en inglés como *greenmailing*. **Se considera chantaje corporativo a la práctica de desatar una guerra de poder y presión mediática por el control de una compañía para negociar la venta de las acciones a la propia compañía a cambio de recibir una generosa prima**. En breves palabras: incordiar hasta el hastío a los directivos para que recompren las acciones del chantajista a un precio alto y les dejen en paz. El anglicismo *greenmail* proviene de la combinación entre los términos *blackmail* (chantaje) y *green ticket* (billete verde o entrada libre).

Para llevar a buen puerto sus OPAS hostiles, Icahn pone esta dudosa práctica moral (legal) del *greenmailing* en juego. Para alcanzar sus objetivos, **Icahn diseña estrategias que implican desde el relevo de la cúpula directiva y administrativa para nombrar a personas de su confianza, a recortes en los gastos, pasando por la escisión de departamentos exitosos en nuevas empresas.** Icahn se ve a sí mismo como alguien que intenta modelar las empresas para que el accionista vea el valor de su posición incrementado. "Veo a las compañías como negocios mientras los analistas sólo ven las ganancias trimestrales. Compro activos potencialmente productivos. Wall Street compra ganancias por lo que se pierden detalles que yo soy capaz de ver en eventuales ocasiones".[50]

Icahn utilizó el *greenmailing* como estrategia con Saxon Industries, un fabricante de papel y máquinas fotocopiadoras, en 1979. El tiburón neoyorquino tenía el pleno convencimiento de que la compañía cotizaba muy por debajo de su valor intrínseco y comenzó a adquirir paquetes de acciones por un precio medio de compra de

---

[50] www.investopedia.com. Artículo 25/6/19.

7$, hasta llegar a acumular un 10% del total de las acciones en circulación. Icahn exigió un puesto en el consejo de administración de Saxon y sugirió vender parte de sus activos. Los directivos cedieron. A medida que Icahn iba saliéndose con la suya, se volvió cada vez más agresivo. Amenazó al equipo directivo con exigirles cuatro asientos más en el consejo sino le recompraban sus acciones. Para quitárselo rápidamente de encima, la cúpula directiva recompró a Icahn su 10% a un precio de 10.50$, embolsándose una plusvalía de dos millones de dólares en unos pocos meses. Irónicamente, el presidente de Saxon, Stanley Lurie, fue procesado por fraude y la empresa fue a la bancarrota un par de años más tarde. Durante el juicio, se comentó que Lurie había querido deshacerse de Icahn para que éste no pudiera acceder a la contabilidad de la empresa y descubrir la estafa. Cuando fue preguntado por el suceso, Icahn contestó que no sabía nada sobre el posible desfalco de Lurie y que de haberlo sabido hubiera pedido que le pagaran más por recomprar sus acciones...

Icahn contempla siempre cuatro escenarios en sus "negociaciones" con los consejos de administración:

1) Presiona para liquidar la compañía o para venderla a un "caballero blanco". **Un caballero blanco es una figura del mundo corporativo que trata de comprar una compañía de forma amistosa cuando la empresa corre el riesgo de ser absorbida por otra empresa de manera hostil.**
2) Provoca una lucha de poder para desgastar a la cúpula directiva.
3) Presenta una oferta de recompra. La compañía cede para evitar cruentas guerras de poder.
4) Revende su parte de la compañía al mejor postor cuando fallan el resto de posibilidades. Al entrar siempre en condiciones muy ventajosas para él, no le cuesta demasiado trabajo encontrar otros inversores para que compren su parte. Icahn no es de los que pierden.

5.7. EL ACTIVISTA (CORPORATIVO)

"No estamos aquí para liquidar compañías. No queremos hacerlas estallar. Quienes la compran deben poder hacer que sus activos sean más productivos. No es tan terrible...".

A Carl Icahn le definen (tanto partidarios como detractores) como *corporate rider* que se podría traducir literalmente como "asaltante corporativo". Una forma elegante de definir el chantaje corporativo o *greenmailing* descrito unas líneas más arriba. El millonario neoyorquino, no obstante, prefiere el menos agresivo eufemismo *corporate activist* o "activista corporativo". Otros grandes inversores simplemente se sientan a observar como sus acciones aumentan o disminuyen de valor. Icahn, en cambio, es juez y parte en sus inversiones. Wilbur Ross, secretario de comercio del gobierno Trump e inversor, le define como "el tipo más competitivo que he conocido".[51] Y el propio Icahn dijo no hace mucho: "No me veo jugando al golf en Florida. Soy un tipo competitivo de Queens".[52] Nada más que añadir.

En la página 783 de *Money: master the game* de Tony Robbins, Icahn explica que: "Nosotros entramos en compañías y arrojamos una luz de esperanza a los inversores que no están recibiendo el valor que merecen".[53] Su obsesión es detener los abusos cometidos contra los accionistas mejorando la gobernancia corporativa y contable de las empresas para hacerlas más fuertes y, de paso, fortalecer también a la economía norteamericana. Los accionistas minoritarios no tienen ni idea de como los exprimen. Creen que no pueden hacer nada al respecto. Se sienten pequeños y creen que no poseen las armas suficientes para combatir a los peces gordos. No piensan como propietarios sino como simples convidados de piedra.

Icahn no se queda de brazos cruzados ante situaciones de abuso. Como muestra un botón: hace unos pocos años Coca-cola®, paradigma de empresa exitosa, anunció que iba a emitir veinticuatro millones de dólares en nuevas acciones para financiar incentivos a

---

[51] Entrevista a Carl Icahn en la cadena de noticias CNBC. 3/3/2017.
[52] Robbins, Anthony. *Money: master the game*. Cap. 6.1. Pág, 788.
[53] Ídem. Cap. 6.1. Pág. 783.

sus altos jerifaltes. La ampliación de capital iba a perjudicar a millones de pequeños accionistas que tienen abiertas posiciones en sus planes de retiro, no en vano compañías como la de Atlanta son las *blue chips* donde los inversores más conservadores tienen dipositada su confianza. Icahn escribió un duro artículo en la revista Barrons en el que incluso criticaba a su principal y mayor accionista, Warren Buffett, por su inacción. El oráculo de Omaha contestó que, pese a que se oponía a la idea, había decidido no entrometerse. En otras palabras, optó por no mojarse. Icahn, en cambio, no duda en sumergirse en el fango si es necesario. Finalmente, un joven gestor de fondos, David Winters, unió fuerzas con Icahn y obligaron a los directores de Coca-cola® a retractarse de sus intenciones. Un estudio llevado a cabo por el profesor de leyes de la Universidad de Harvard, Lucian Bebchuk, concluía que los resultados de las compañías en las que habían intervenido activistas corporativos mejoraban, de largo, los resultados de las empresas que no los tenían. Incluso cinco años después de que los activistas hubieran abandonado el barco, sus resultados seguían siendo mejores. El millonario activista ha sufrido encontronazos con otros grandes inversores como Bill Ackman de quien hablaremos en el capítulo 9.

El periódico New York Times lo describe como alguien que "ha creado una fortuna billonaria inspirando miedo entre los altos ejecutivos y admiración entre los inversores que le han acompañado en el proceso".[54] En 2006, Icahn, quien tenía un puesto en el consejo de administración del conglomerado mediático Time Warner, presionó a su CEO, Richard Parsons, para escindir la compañía en varias divisiones y, posteriormente, venderlas. "Una gran compañía en el negocio de los medios necesita líderes visionarios, no una estructura de conglomerado con sede en Columbus Circle (calle de New York, donde está la sede de Time Warner)".[55] El *Holding* era la tercera corporación más grande de medios de comunicación de todo el mundo detrás de Walt Disney y Comcast. Time Warner englobaba las productoras de cine Warner Bross y New Line Cinema, las cadenas televisivas HBO y Cartoon Network, y las revistas Time y DC Comics. El valor intrínseco de algunas de esas divisiones era incluso mayor que todo el capital que el propio Icahn tenía invertido

---

[54] Artículo del periódico New York Times 18/8/2017.
[55] www.cnn.com. Entrevista a Carl Icahn 8/2/2006.

en la cadenas de medios estadounidense. Parsons no dio su brazo a torcer en un primer momento. Icahn recurrió entonces a su plan B: presionar para una recompra de acciones que impulsaría a la compañía a un alza de un 30% en el valor de sus acciones en tan sólo un año. Parsons declararía más tarde que Icahn había salido perdiendo con esta jugada. Icahn replicó: "Parsons acordó finalmente una recompra de veinte mil millones que nos reportó una plusvalía de doscientos cincuenta millones a Icahn Enterprises. Es una magnífica manera de perder", declaró a la revista Time (producto de la escisión de su matriz Warner, para más inri) en 2007.[56] A lo largo de estos años, los tentáculos de Icahn han alcanzado a compañías del pedigrí de Nabisco, Texaco, Western Union, Viacom, Philips Petroleum y Marvel.

Otros ejemplos de lucrativas operaciones de activismo corporativo: National Airlines, comprada a 15$ y vendida a 50$; Warner Swasey, cuyas acciones las consiguió a 29$ para posteriormente venderlas a 80$; Fairchild Camera, valor conseguido a un precio medio de 29$ y vendido a 66$; o acciones de Flintkote, compradas a 30$ y vendidas a 55$.

5.8. MANIFIESTO ICAHN

> "Tenemos burocracias hinchadas. La raíz del problema es la ausencia de una verdadera democracia corporativa".

"Mi opinión es que, filosóficamente, hago lo correcto intentando deshacerme de directivos incompetentes. El problema en Estados Unidos es que ya no somos lo competitivos que solíamos ser. Esto es por lo que tenemos problemas en nuestras balanzas de pago. Acabaremos como en la caída del Imperio Romano donde la mitad de la población estaba en el paro".[57] En *Money: Master the game*, Icahn incide de nuevo: "Cuando compramos una compañía estamos básicamente comprando sus activos. Así que debemos mirar esos activos y preguntarnos: ¿Porqué los resultados no son tan buenos cómo deberían? En el 90% de las ocasiones la respuesta correcta es

---

[56] www.tentulogo.com. Artículo 13/10/2020.
[57] www.investopedia.com. Artículo 25/06/2019.

el *management*. Así que en cuanto encontramos empresas que no están bien dirigidas y tenemos suficiente capital para invertir en ellas, acudimos a hablar con los directivos y decimos: las cosas no funcionan y tenéis que acometer una serie de cambios si no, vamos a hacer una OPA. Unas veces el CEO dice: Ok. Pero en otras acabamos en el juzgado. Desde este punto de vista puede parecer arriesgado lo que hacemos pero no lo es en absoluto ya que sabemos a ciencia cierta el valor de esos activos".[58]

Cuando entra en el capital de una compañía, Icahn usa todas las armas que tiene diponibles para llevar a cabo sus objetivos de inversión: presión mediática, desatar luchas de poder, desinversiones, escisiones, fusiones, buscar a un potencial caballero blanco al que endosar la compañía...Todo vale en el amor y en la guerra. Busca el máximo beneficio para el accionista ya que él, no lo olvidemos, acostumbra a ser el máximo accionista.

Icahn está plenamente convencido de que la regulación americana permite a las empresas concentrar demasiado poder en las cúpulas directivas mientras dejan a los accionistas minoritarios (que muchas veces son la mayoría del accionariado) desnudos en cuanto baja la marea. Icahn cree, además, que las altas cargas impositivas son perjudiciales tanto para las corporaciones como para los accionistas. Para tratar de solventar el problema, apoyó la candidatura de Donald Trump en los comicios de 2016 insuflando ciento cincuenta millones de dólares en la campaña electoral del magnate neoyorquino que contemplaba, entre otras iniciativas, una reforma del impuesto de sociedades que permitiera a empresas estadounidenses que habían establecido sus domicilios fiscales en territorios *offshore*, volver a la madre patria. Tras la victoria contra pronóstico del candidato conservador, Icahn fue nombrado asesor adjunto para la reforma reguladora pero dado que Trump no le otorgó el poder suficiente como para cambiar las cosas suficientemente, renunció al cargo tan sólo ocho meses después de aceptarlo.

---

[58] Robbins, Anthony. *Money: master the game*. Cap. 6.1. Pág. 790.

5.9. LA TWA EN HOLLYWOOD

"Tengo que cuidar los intereses de los accionistas. Yo soy el mayor accionista".

Icahn no duda en desmantelar empresas enteras si considera que esa es la forma en que va a obtener mayores retornos de capital. Como hemos comentado con anterioridad, el film *Wall Street* está basado en la OPA hostil que Icahn lanzó sobre la aerolínea Trans World Airlines (más conocida como TWA), un par de años antes de estrenarse la película, en 1985. La aerolínea era una de las compañías más grandes del sector aéreo norteamericano pero arrastraba una deuda astronómica. Durante años, Icahn estuvo vendiendo divisiones enteras de la corporación para conseguir los fondos necesarios para reducir deuda, sanear la empresa y enriquecerse personalmente (dicho sea de paso).

La Trans World Airlines, mundialmente conocida como TWA, había sido fundada en 1930. La industria aeronáutica supuso una revolución aún mayor que la aparición del ferrocarril ochenta años antes. La TWA comenzó operando vuelos comerciales en el interior de Estados Unidos, ofreciendo vuelos de costa a costa (New York-Los Angeles) con escalas en St.Louis y Kansas City, ciudades donde establecerían oficinas. Más tarde, añadirían otros puntos de la geografía norteamericana como Denver, Miami y Atlanta. En 1939, la TWA fue adquirida por el magnate Howard Hughes quien expandió la empresa por Europa, Asia y Oriente Medio. Pronto se convertiría en una de las cuatro grandes aerolíneas del país junto a United Airlines, American Airlines y Eastern Airlines quienes conformaban el "BIG 4". La empresa continuó su expansión durante cuatro décadas más hasta que el Acta de Desregulación de 1978 lastraría a las compañías más grandes del sector. Hasta ese momento, el Gobierno Federal poseía la potestad de poder influir en los precios de las tarifas y tenía la última palabra respecto a la concesión de rutas comerciales. El gobierno presidido por Jimmy Carter permitió, a partir de entonces, la liberalización de rutas y de tasas, posibilitando la entrada de nuevas aerolíneas para competir con las "BIG 5" (a las compañías anteriormente citadas se añadiría más tarde la Pan-am), ofreciendo vuelos de bajo coste que romperían el oligopolio de precios que las grandes aerolíneas habían establecido de facto.

En el verano de 1985, Icahn entra en escena y se hace con el control de la TWA tras una OPA hostil. Se nombra a si mismo presidente y compra Ozark airlines en 1986. Ozark operaba con novedosos *jets* de tres motores proporcionados por los principales proveedores, Lockheed Martin y Boeing. Con esta adquisición, la aerolínea consigue acaparar el 50% del tráfico aéreo estadounidense. Icahn logra que la compañía tenga unos beneficios anuales de más de cien millones tanto en 1986 como en 1987. Pese a todo, la TWA arrastraba una cantidad ingente de deuda. En 1988, Icahn manifiesta su intención de privatizar la compañía y excluirla de la bolsa. El tiburón de Queens realizó una compra de acciones apalancada que añadir a los más de quinientos cincuenta millones de deuda en el balance del negocio. Para reducir déficit, el avispado financiero comienza a vender las rutas comerciales de la compañía al mejor postor. La venta de la ruta de Londres por más de cuatro cientos cincuenta millones de dólares en 1992 fue provechosa para él personalmente pero privó a la aerolínea de la ruta que le proporcionaba sus mayores ingresos. A finales de año, declara la bancarrota de la empresa obligando a los acreedores a negociar una condonación de deuda por valor superior a mil millones para tratar de mantenerla a flote. Mientras tanto, Icahn logra un acuerdo con Karabu, compañía intermediaria que se dedicaba a vender los vuelos al cliente final, para la adquisición de tickets de la ruta de Sant Louis durante los siguientes diez años, con un descuento del 55%. Por último, Icahn vendió la ruta de Sant Louis a través de la web Lowestfare.com (internet era aún un negocio en ciernes), compañía subsidiaria creada por Icahn Enterprises como condición previa a abandonar la compañía, recurriendo, una vez más, al chantaje corporativo. Diferentes analistas consultados asienten que dicha operación terminó por hundir aún más el negocio y en 1995 se declara una nueva bancarrota. La explosión por atentado terrorista de un vuelo en plena ruta en 1996 fue ya el toque de gracia que terminó con su venta a American Airlines en 2001. Hasta 2003, la TWA siguió operando bajo su nombre de marca para terminar siendo absorbida totalmente por American Airlines. En este caso no se cumplió la regla de que las empresas con activistas corporativos obtienen resultados mejores...

5.10. TIBURÓN SOLIDARIO

"En la vida y en los negocios, hay dos pecados capitales. El primero es actuar precipitadamente. El segundo es no actuar en absoluto".

Icahn es una leyenda en Wall Street. En la portada de Forbes Magazine de diciembre de 2013 le nombraban "Master of the Universe". Algunos medios se refieren a él como "el tipo más temido de Wall Street". Pero, como todo el mundo, tiene su corazoncito y dona regularmente gran parte de sus ganancias a obras de caridad. En realidad no deja de ser un hombre de clase media criado en un barrio obrero que tenía que vender hielo a turistas para costearse sus estudios. Un buscavidas hecho a si mismo.

El Icahn Scholar Program es una iniciativa benéfica que ofrece matrícula, alojamiento, dietas y material escolar durante cuatro años a diez estudiantes de gran excelencia académica con problemas de índole social y económica. Las dotaciones tienen un valor de cuatrocientos mil dólares anuales. Su fundación, Chidren's Rescue Fund, construyó en el barrio del Bronx, en New York, un complejo inmobiliario que abarca casi setenta viviendas para mujeres solteras embarazadas y madres solteras llamado Icahn House. También construyó la Icahn House West y la Icahn House East destinadas ambas a los sintecho de la ciudad de los rascacielos. También dona regularmente al hospital Monte Sinaí y a su *alma mater*, la Universidad de Princeton. Desde 2010 es miembro de The Giving Pledge, la fundación filantrópica promovida por Bill Gates y Warren Buffett. Debido a todas las contribuciones que Icahn ha realizado en la Gran Manzana, el antiguo Downing Stadium de la isla Randall de New York fue rebautizado, en 2005, como Icahn Stadium en su honor. Icahn sorprende por su doble rasero: por un lado, posee la fama de inversor sin escrúpulos y por otro, resulta chocante la gran cantidad de obras caritativas en las que participa.

La palabra filantropía proviene del griego y significa "amor al género humano". No obstante, hay personas detractoras de los actos filantrópicos puesto que argumentan que la principal razón de las donaciones son las exenciones fiscales. Si bien es cierto que éstas existen, diversos estudios demuestran que las cantidades medias donadas por las mayores fortunas del planeta excede en mucho a los impuestos que deberían pagar en su lugar. Otra razón que esgrimen los críticos de la filantropía es que tales actos, supuestamente, debilitan las estructuras democráticas ya que las aportaciones de los donantes privados van dirigidos a asuntos que interesan personalmente al donante y dichos intereses pueden diferir de las necesidades prioritarias establecidas por los gobiernos elegidos democráticamente. Los partidarios, sin embargo, objetan que los estados tengan la capacidad de saber distribuir adecuadamente los ingresos recibidos a través de los impuestos. Lo cierto es que la sensación de la ciudadanía es que cada vez se pagan más impuestos y los estados cada vez tienen menos dinero. Este debate, como vemos, daría para una interesante tesis...

CAPÍTULO 6: JIM SIMONS

"Todas esas veces, cuando todo el mundo corre de un lado para otro, como pollos sin cabeza, es bueno para nosotros".

> James Harris Simons nació en Newton, Massachussets (EEUU), en 1938. Matemático de formación, estudió matemáticas en el MIT obteniendo el grado de *Bachelor of Science*. En la actualidad es inversor y filántropo. En 1982, funda Renaissance Technologies Corporation, fondo de inversión privado que cuenta con quince mil millones de dólares bajo gestión en la actualidad. En 2006, el periódico Financial Times lo designó "el multimillonario más inteligente del mundo". Se retiró en 2010 aunque ocupa un puesto en su propia firma como mentor y continúa invirtiendo. Forbes estima que su fortuna personal alcanza los veinte mil millones de dólares, ocupando el número treinta y seis en la lista de personas más ricas del mundo. El fondo de cobertura Medallion, creado por él en 1988, es el más rentable de la historia. Dedica sus obras de filantropía a la investigación sobre el autismo, tras el fallecimiento de su hijo Paul quien padecía el trastorno.

6.1. EL MATEMÁTICO MILLONARIO

"Se puede predecir más fácil el vuelo de un cometa que el movimiento de una acción. Lo atractivo, por supuesto es, que se puede ganar mucho más dinero prediciendo la direccción de un valor que la de un cometa".

Jim Simons es un genio. Este término se utiliza con mucha ligereza hoy en día: cualquiera que destaca un mes en cualquier cosa se le adjetiviza así. Pero Simons merece tal calificativo y cuando el lector termine de leer el capítulo, tendrá claro que en el olimpo de la bolsa existen, principalmente, magníficos inversores y, como en el caso que nos incumbe, genios.

Simons tuvo una infancia típica de la clase media norteamericana de los años cincuenta. Su abuelo era propietario de una fábrica de zapatos pero el nieto no tenía intención de seguir la tradición familiar. Destacó muy pronto en el campo de las matemáticas y compatibilizó sus estudios en el Massachussets Institute Technology con un trabajo de mozo de almacén del que fue despedido por tener problemas para recordar donde se guardaban las mercancías. Ya sabemos que los sabios son un pelín despistados. Lo suyo eran los números. Alcanzó el grado de doctor en ciencias y pronto se convertiría en un matemático reputado. Es co-autor de la teoría cuántica Chern-Simons, de gran aplicación en diversos ámbitos como las matemáticas, la geometría y en el mundo de la física, dentro de las denominadas teorías de Gauge. Recibió, además, el premio Oswald Veblen, concedido por la Sociedad Estadounidense de Matemáticas, por su contribución contrastando las teorías geométricas denominadas "Conjeturas de Bernstein" (nada que ver con William Bernstein, protagonista de nuestro capítulo 4).

Entre 1964 y 1968, Simons trabajó para diversos departamentos de defensa del gobierno estadounidense descifrando códigos secretos. Eran los años de la Guerra Fría. Posteriormente, sería profesor de matemáticas en su *alma mater*, el MIT, y en la Universidad de Harvard después. Pero Simons anhelaba ser rico y la ciencia no iba a ayudarle en este sentido. En 1978, a la edad de cuarenta años, recién divorciado y con sus cuatro hijos ya crecidos (fue padre muy joven), reflexionó sobre como sacar partido a todos sus conocimientos. Decidió entonces dedicarse al *trading*. Empezó probando fortuna en el mercado de futuros y pronto consiguió doblar su capital inicial de cinco mil dólares. Posteriormente fundó Monemetrics, junto a Leonard Baum, un especialista del mercado de divisas. En un principio, trataron de operar según las bases del análisis fundamental y de la ley de la oferta y la demanda, patrones que se asemejaban a los sistemas de inversión de Benjamin Graham, Jim Rogers y André Kostolany. El fondo funcionó de manera regular, ni bien ni mal pero Simons buscaba algo diferente. Intentando cambiar su enfoque, en 1982, se separa de Baum, cierra Monemetrics y funda Renaissance Technologies, toda una declaración de principios. Fue el comienzo de una carrera legendaria que le llevó de gestionar cuatro millones de dólares al principio de su aventura a los setenta mil millones de dólares de capital con los que cuenta actualmente Renaissance. El 1 de Enero de 2010, deja de dirigir el fondo, pasando a ocupar un segundo plano como mentor de nuevos talentos en la firma.

6.2. TRADING CUANTITATIVO

"Los patrones en los movimientos de precio no son aleatorios. Sin embargo, están bastante cerca de serlo".

El trading cuantitativo (*Quant Trading* o *Quant* a secas, en inglés) es un tipo de estrategia de mercado que se basa en modelos matemáticos y estadísticos para identificar oportunidades, y si procede, ejecutarlas. De ahí procede el nombre del conocido *Hedge Fund*, Quantum (ver capítulo 8). Este tipo de operativa, tal y como indica su nombre, se apoya en modelos de análisis cuantitativos, utilizando la investigación y la medición para identificar patrones de comportamiento complejos en valores numéricos. El *trading* cuantitativo ha sido durante años terreno vedado para los inversores minoristas debido a que la inversión tecnológica que se necesita para desarrollarlos es enorme. Hasta hace relativamente poco, sólo los grandes fondos han podido tener acceso a este tipo de información. Actualmente algunas firmas ponen al abasto del pequeño inversor, estudios con los que llevar a cabo *trading* cuantitativo. El *Quant Trading* se asocia a menudo con el *High Frequency trading* o *trading* de alta frecuencia (HTF) aunque sus operativas difieren. **Uno de sus objetivos primordiales es eliminar el componente humano mitigando sesgos emocionales a la hora de invertir.**

Jim Simons llevó el *Quant Trading* a cotas difíciles de alcanzar para el resto de fondos de cobertura, introduciendo a Renaissance en terrenos inexplorados por entonces como la minería de datos. **La recopilación de metadatos sirve como referencia para determinar la probabilidad de que se produzca un determinado resultado, derivando en métodos estadísticos y de programación.** Si queremos invertir en Tesla Motors, por poner un ejemplo, los programadores cogerán todos los datos históricos de Tesla y buscarán patrones en el precio y el volumen, que son las dos variantes más utilizadas en el *Quant Trading*. Si por ejemplo dichos programadores detectan que Tesla, en sus picos de volumen les acompañan movimientos rápidos de precio alcista en el 95% de los casos, el programa determinará que hay un 95% de probabilidades que se produzca el mismo patrón, y entonces "la maquinita" nos dirá: ¡Compra! Algunos *traders* e inversores confunden el *trading* cuantitativo con el *trading* algorítmico. Si bien se asemejan en algunos aspectos, este último se apoya más en el análisis de gráficos. El modelo *Quant* es mucho más complejo.

Imaginemos que Renaissance decide invertir en el IBEX-35. Los programadores examinarán una gran cantidad de datos sobre el índice desde su creación (1992) y desglosarán los movimientos de cada una de sus acciones al milisegundo. A continuación, crearán un modelo estadístico basado en toda la información recopilada buscando patrones conductuales que hagan aprovechable cualquier movimiento por imperceptible que sea. "Investigamos a través de *historical data* buscando patrones anómalos que no esperamos que ocurran de manera aleatoria" explica Simons.[59] El modelo identificará si, por ejemplo, el índice va al alza el 70% de las ocasiones las tardes del lunes, o si va a la baja el 60% de las ocasiones el viernes al mediodía. Detectarán, pongamos el caso, que en las aperturas de las jornadas bursátiles de agosto, debido al bajo volumen de precios, el mercado abre con agujeros de cotización a la baja el 80% de las ocasiones y crearán un modelo específico para

---

[59] www.clusterfamilyoffice.com. 22/3/2019.

abrir posiciones largas para cubrir el *gap*. Esto es válido para cualquier tipo de mercado, país o materia prima. Peter Brown, presidente adjunto de Renaissance, explicó en una conferencia en 2013: "Los mercados locales tienen una sutil tendencia a subir más en los días soleados que en los nublados (...) No es un gran generador de dinero ya que sólo ocurre en un porcentaje un poco superior al 50%. La cuestión es que ya no es una señal evidente y potente, por lo que buscamos cantidades ingentes de señales, y para ello tenemos a noventa doctores en matemáticas y física, que sólo hacen que sentarse allí todos los días para distinguirlas del ruido del mercado".[60]

Los fondos que operan con estrategias cuantitativas necesitan profesionales con gran capacidad matemática, ingeniera e informática para crear sistemas de *trading* automatizados. Utilizan conceptos matemáticos avanzados como VaR, curtosis, probabilidad condicional y lenguaje de codificación como Java, Phyton, C++ y API (fuentes de de datos e *interfaces* de programación de aplicaciones).

Harry Markowitz, premio nobel de economía en 1990, es uno de los pioneros en el análisis cuantitativo amén de ser el padre de la teoría del *Modern Portfolio* (ver capítulo 4). Posteriormente, los gestores Ed thorp y Michael Goodkin, discípulos de Markowitz, usaron por primera vez ordenadores para realizar operaciones de arbitraje. A finales de los años setenta y principios de los ochenta del siglo pasado, el *trading* cuantitativo dio un salto cualitativo en el momento en que el New York Stock Exchange desarrolló sistemas para aceptar órdenes electrónicas y Bloomberg diseñó los primeros terminales capaces de proporcionar datos de mercado en tiempo real. A finales de la primera década del siglo XX, más de la mitad de las transacciones financieras eran ejecutadas por máquinas de *trading* de alta frecuencia y la cifra ha ido creciendo a pasos agigantados durante el nuevo siglo.

Los principales componentes de un sistema de *trading* cuantitativo son los siguientes:

1) Estrategia: el fondo desarrollará una estrategia para convertir

---

[60] Ídem.

los datos recopilados en un modelo matemático. Dichas estrategias se implementan en todos los mercados, en todo tipo de activos y el espacio temporal puede abarcar desde pocos segundos hasta varios años.

2) *Backtesting*: modelada la estrategia, se prueba para optimizarla.

3) Ejecución: implementación de acciones para cada sistema automatizado para resultar más eficaz. Se utilizan algoritmos sofisticados para reducir los costes de transacción en las operaciones ya que, al realizar miles de operaciones al minuto, los gastos en comisiones, *spreads* e impuestos son altos.

4) Gestión del riesgo: los algoritmos decidirán el *asset allocation*, el tamaño de las operaciones, los mercados en los que se especulará, el momento de abrir y cerrar las operaciones, el apalancamiento y las probabilidades de éxito de cada sistema de ejecución.

Simons argumentó en una entrevista a la revista Institutional Investor en el año 2000: "Un sistema cuantitativo ganador debe estar muy estratificado (dividido por capas). Con cada nueva idea hay que determinar: ¿Es realmente nueva o está de algún modo implícita en algo que ya hemos hecho? Una vez determinado, el equipo debe averiguar cuánto debe pesar en el conjunto".[61] Los gestores cuantitativos saben que no existe ningún sistema infalible. Tampoco uno que sea definitivo. Las variables tienden al infinito y los mercados cambian y evolucionan constantemente. En Renaissance van un paso por delante en cuanto a la excelencia y a la evolución del *trading* cuantitativo.

---

[61] www.institutionalinvestor.com. 1/11/2000.

6.3. RENAISSANCE TECHNOLOGIES

"Un buen ambiente de trabajo y gente inteligente pueden lograr mucho".

Renaissance Technologies gestiona en la actualidad setenta y tres mil millones de dólares y mueve el 5% del volumen negociado del *trading* mundial. El fondo tiene su base de operaciones en Long Island (a un par de horas del distrito de Manhattan) y es uno de los destinos preferidos de los millonarios neoyorquinos para tener su segunda residencia. En la parte norte de la isla, concretamente en la localidad de East Setauket, encontramos el complejo Renaissance Riviera, sede de la gestora. El complejo, al que llaman cariñosamente "el búnker", es digno de un villano de película del agente 007. En Manhattan disponen, adicionalmente, de unas oficinas que dan cobijo a unos cuarenta empleados. El tamaño, no obstante, es lo suficiente grande para dar cabida a más de trescientas personas. Se cubren las espaldas ante un eventual problema en el búnker y poder operar normalmente ante un caso de excepcionalidad. Acceder a Renaissance Riviera no es tarea baladí. Controles de carretera, un bosque frondoso que camufla las instalaciones, además de multitud de accesos restringidos con complejos códigos de acceso y reconocimientos dactilares, hace extremadamente complicado llegar allí. El edificio tiene forma pentagonal y consta de dos pisos de altura y dos plantas subterráneas. En una de estas últimas, una maraña de más de diez mil sofisticados procesadores se alinean en media docena de columnas de dos metros de altura y cincuenta metros de ancho formando largos pasillos entre unas y otras. Las salas de refrigeración están en una sala aparte para que nadie ajeno al equipo de computación tenga que entrar para nada. En las plantas superiores encontramos los despachos, abiertos y comunicados para facilitar las relaciones interpersonales y los *brainstorming* semanales.

Entre su personal se encuentran algunas de las mentes más brillantes del mundo. Algunos de sus directivos son ex-ingenieros de IBM y hay decenas de doctores en matemáticas y física como el propio Simons. Los actuales co-CEO, Peter Brown y Robert Mercer, realizaron, a principios de los noventa, un reclutamiento de personal de gran talento proviniente de IBM: los gemelos Della Pietra (desarrolladores de la teoría de cuerdas), Lailt Baht (creador de los algoritmos reconocedores de voz humana tan de moda ahora por Alexa), Mukund Padmanabhan (especialista en procesamientos de señales digitales) o Ruben Patterson ex-desencriptador de códigos de los servicios secretos británicos. Todos ellos se enfocan en mejorar la eficiencia de los modelos del sistema de inversión de Renaissance, tratando de reducir los costes transaccionales y aumentar los rendimientos a largo plazo dejando de lado la visión cortoplacista. Como compensación por el robo de talentos, Renaissance pasó a gestionar los veintiocho mil millones de dólares de valor del fondo de pensiones de IBM. Tantas mentes prodigiosas trabajando conjuntamente hace estimulante el trabajo. Semanalmente se llevan a cabo tormentas de ideas que son puestas a prueba profundamente. Las ideas se analizan desde todos los puntos de vista posibles. Cada propuesta es destripada al detalle y, aquellas que consiguen superar la criba, son testadas con pequeñas operaciones durante un período de tiempo que puede extenderse desde pocos meses a varios años, justo hasta demostrar que la propuesta es válida y no presenta fisuras.

El fondo Renaissance se divide, a su vez, en cuatro fondos más: RIEF, RIDA, RIDGE y MEDALLION. A este último le dedicaremos un capítulo entero. Los tres primeros son los fondos a los que pueden aspirar los afortunados inversores particulares e institucionales que dispongan de cinco millones de dólares, requisito mínimo para trabajar con tan elitista gestora. El RIEF (Renaissance Institutional Equity Fund es el más antiguo de los tres y el más parecido, por su *modus operandi*, a Medallion aunque a los directivos no les importa reconocer que se guardan lo mejor para su buque insignia. El rendimiento del RIEF ha superado los resultados del índice S&P500 en once de los últimos quince años.

Sobre los secretos de Renaissance para el tremendo éxito cosechado durante todo este tiempo, Simons no suelta prenda: "Sería como si Warren Buffett le dijera al mundo qué acciones comprar antes de que lo hiciera él".[62] La competencia también se desata en elogios hacia Simons y su equipo: Andrew Lo, CEO de AlphaSimplex, otro *Hedge Fund* cuantitativo, afirma que "ellos son

---

[62] www.clusterfamilyoffice.com. 22/3/2019.

el pináculo de la inversión cuantitativa. Nadie está ni siquiera cerca de su nivel. Renaissance es la versión financiera y comercial del proyecto Manhattan[63]".[64] Los beneficios obtenidos tanto por Renaissance en total como por Medallion en particular, superan ampliamente los resultados de gigantes como Ray Dalio y George Soros, ahí es nada. Un 80% anual antes de comisiones (un 66% neto) durante treinta años únicamente está al alcance de Renaissance Technologies.

6.4. MEDALLION

> "Los valores los elegimos en base a señales generadas por un sistema de modelos predictivos".

Medallion es el *flagship* o buque insignia de Renaissance Technologies. Fundado en 1988, está cerrado al público desde 1993. Sólo pueden invertir en él los poco más de trescientos empleados y gestores del fondo. De los casi setenta y tres mil millones de dólares gestionados por Renaissance, un 15 % aproximadamente está invertido en Medallion, alrededor de once mil millones. Una cuarta parte del sueldo de los empleados es retenido e invertido directamente en el fondo y pagan una comisión del 5% sobre el capital aportado y un 44% sobre los beneficios. Parece una barbaridad pero teniendo en cuenta que, después de impuestos el fondo ha arrojado una rentabilidad anualizada de más de un 60 %, ya no lo parece tanto. Adicionalmente, cada empleado puede invertir en función a su posición y contribución a la empresa. Los beneficios se suelen repartir semestralmente. No deben estar demasiado descontentos. Salvo algún caso puntual como Patterson que abandonó Renaissance en 2001, la gran mayoría se queda ante el reto intelectual que significa pertenecer a una compañía como ésta, repleta de genios. "El dinero, llegado cierto punto, deja de ser importante. Lo importante es el juego", escribió en sus memorias el

---

[63] El Proyecto Manhattan fue un programa de desarrollo de armamento nuclear liderado por Estados Unidos, Canadá y Gran Bretaña durante la II Guerra Mundial (N. del A.).

[64] www.clusterfamilyoffice.com. 22/3/2019.

armador griego Aristóteles Onassis.[65]

Desde su inauguración, en 1988 (+8,8%), Medallion sólo ha tenido un año de rentabilidad negativa (el segundo año, 1989, con un -5%). Los rendimientos se auparon hasta un increíble 56% en 1990. Medallion comenzaba su despegue: 39,4% en 1991, 34,00% en 1992, y 39,1% en 1993. Una gran parte de las ganancias (un tercio para ser más precisos) provenían de operaciones en el mercado de futuros. Uno de los científicos observó que había una diferencia de quince minutos entre el cierre del mercado de opciones y el cierre del mercado de futuros y creó un sistema específico para explotar esta anomalía con éxito. Sin embargo, en los mercados de acciones encontraban mayores dificultades aunque finalmente las tormentas de ideas que contrastaban Mercer y Brown terminarían dando sus frutos. Patterson explica: "Cuando Mercer y Brown llegaron a Renaissance, empezaron a trabajar por separado, pero pronto se dieron cuenta de que eran más potentes trabajando juntos. Eran el ying y el yang y se retroalimentaban el uno al otro: Brown era el optimista y Mercer el escéptico. Peter (Brown) es muy creativo con un montón de ideas, y Bob (Mercer) decidía en qué idea profundizar".[66] Mercer y Brown pasaron a encargarse de revitalizar la operativa en el mercado de acciones que estaba presentando pérdidas. Diseñaron una estrategia que tardó cuatro años en dar resultados pero, en la actualidad, la mayoría de los beneficios de Medallion provienen del *trading* en el mercado de acciones a través de derivados financieros.

6.5. INNOVACIÓN

"No hay nada como hallar la gallina de los huevos de oro que pone los huevos eternamente".

Una de las claves del éxito cosechado por Renaissance Technologies es su apuesta por la innovación. "El sistema siempre presenta fisuras y nosotros seguimos añadiendo agua para seguir adelante en el

---

[65] López Ballester, David. *Frases, kamino y destino*. Editorial Punto Rojo. ISBN: 978-84-16658-31-2. Pág. 85.
[66] www.clusterfamilyoffice.com. 22/3/2019.

juego"[67] resalta Simons sobre la idea de desarrollar continuamente nuevos métodos de *trading*. En los primeros años de la andadura de Medallion, la tecnología no estaba tan evolucionada como lo está en la actualidad. A medida que los avances tecnológicos se sofistican, las anomalías se resuelven y hay que encontrar nuevas ineficiencias que explotar. Es por eso que Simons y su equipo no reparan en gastos. Hoy día nos parece muy normal que un aparato tecnológico nos hable o que nos haga traducción simultánea pero, a principios de los noventa, cuando esta tecnología estaba en pañales, Renaissance ya tenía científicos cualificados trabajando en ello. Mercer se dedicó durante meses a teclear conjugaciones de verbos en francés en un ordenador mientras los expertos matemáticos creaban algoritmos que resolvieran uno de los grandes problemas que aún hoy en día presentan los traductores automatizados: las traducciones literales. Si en un ordenador tecleamos "come hell or high water" el traductor en español lo traducirá de la siguiente manera: "llega el infierno o agua caliente", una frase sin sentido en la lengua de Cervantes. "Come hell or high water" es una frase hecha que en inglés significa que una persona luchará contra cualquier dificultad que se le presente. En España lo traduciríamos como "contra viento y marea" pero un traductor convencional no consigue traducirlo de manera correcta. El lector se preguntará si no hubiera resultado más eficaz usar lingüistas en lugar de matemáticos para afinar los algoritmos. Pues sí, lo intentaron, pero no funcionó. El problema consiguieron resolverlo mejor con algoritmos matemáticos. El objetivo final era conseguir que los ordenadores reconocieran, emitieran y tradujeran voz humana. Y desde luego que lo consiguieron. Esta pasión por la innovación es una de las razones principales de que Renaissance esté dos pasos por delante del resto de fondos cuantitativos.

Los hermanos Della Pietra son otras estrellas que brillan con luz propia en la galaxia Medallion. Gemelos idénticos (jamás se han separado) son el orgullo de cualquier padre y madre. Cursaron un programa honorífico avanzado en Columbia, se graduaron en física en Princeton y obtuvieron un doctorado en Harvard. Patterson afirma que en sus años de estudiantes estaban constantemente corrigiendo a sus profesores. Su misión principal es el filtrado de

---

[67] www.institutionalinvestor.com. 1/11/2000.

datos. Los gemelos representan el brazo ejecutor que permitió a Mercer y Brown conseguir, al fín, sistemas que les llevaran al éxito que se les negaba en el mercado de acciones. El personal de Renaissance los califica de muy creativos, competitivos, apasionados y con conexión casi telepática.

Simons declaraba, en una de las escasas entrevistas que ha concedido a los medios, cuatro claves que le han llevado al éxito:

1) "Haz siempre algo nuevo": lo acabamos de leer con las pruebas de reconocimiento de voz. Renaissance estaba anticipándose veinte años al futuro.

2) "Contrata a los mejores": Renaissance se distingue entre los demás fondos por la excelencia del personal que trabaja para él. Simons no duda en contratar a los mejores en cada área y ensamblar todas las piezas en el engranaje de esta máquina de hacer dinero que es el fondo norteamericano.

3) "Céntrate en hacerlo bien": en lugar de enfocarse en el dinero que van a ganar, Simons y su equipo se centran en hacer un trabajo sobresaliente y, como consecuencia de ello, se generan resultados positivos. Un jugador de póker de primer nivel no cuenta el dinero mientras está en la mesa. El escritor David J. Schwartz escribió en su libro *La magia de pensar en grande*: "Hay competencia en los niveles de mediocridad pero no la hay en los niveles de excelencia".[68] Por su parte el poeta francés Charles Baudelaire dejó escrito en su poema *Mi corazón al desnudo*: "Hay que ser sublime sin interrupción".[69]

4) "Jamás abandones": Simons sabe bien de lo que habla. Ha sufrido terribles desgracias personales pero las ha superado todas. También le costó conseguir el éxito económico. Desde

---

[68] Alcaide Hernández, Francisco. Aprendiendo de los mejores. Pág. 5.

[69] Feria Jaldón, Ernesto. *Baudelaire, su corazón al desnudo: seguido de Comentarios a los pequeños poemas en prosa*. Huerga y Fierro Ed. 2005. ISBN 9788483745472. Pág. 80.

el momento que decidió dejar de lado su carrera académica y perseguir el éxito financiero, ha debido de recorrer un largo trecho superando mil y una vicisitudes durante su recorrido. Y a buena fe que lo ha logrado.

Como curiosidad, destacar que Simons no contrata a economistas. "Wall Street tiene mentalidad de rebaño", reconoce sin tapujos el gestor de Massachussets.[70] Los economistas se basan en teorías que raramente ponen en práctica. A Simons no le sirven. Renaissance tiene matemáticos que empezaron su singladura sin saber programar y ahora lo hacen a las mil maravillas. Aunque algunas personas de dentro de la empresa se centran exclusivamente en aquellas tareas que mejor saben hacer, algunas otras son multidisciplinares lo que añade valor a la gestora. La presión es alta en Renaissance. Las exigencias son muy elevadas. Si los algoritmos creados para explotar las ineficiencias del mercado no son lo suficientemente acuradas, el fondo puede perder mucho dinero. A tenor de los resultados, son un equipo muy bien preparado para afrontar la presión psicológica de ser siempre los mejores. Los economistas pueden fallar en sus predicciones porque sus errores no derivan en cosecuencias salvo que ellos mismos inviertan pero por lo general opinan y no invierten. Simons no cree ni en el P.I.B, ni en los datos del paro, ni en la balanza de pagos de la Conchinchina. Cree en las reacciones psicológicas que se derivan de dichas variables y su equipo actúa en base a esas reacciones creando sistemas que les reporte beneficios económicos.

6.6. LA GRAN PRUEBA

"La verdadera inteligencia consiste en descubrir la inteligencia ajena". René Descartes.

En 2007, el estallido de la burbuja inmobiliaria conocida como "crisis ninja" o "crisis *subprime*", derivó en un colapso financiero sin precedentes en la era moderna. La quiebra de Lehman Brothers el 15 de Septiembre de 2008, parecía la punta del iceberg pero era

---

[70] www.clusterfamilyoffice.com. 22/3/2019.

tan sólo su base: crisis crediticia, desahucios, problemas en la zona euro con los PIGS, recortes del gasto público, etc. Los grandes fondos también sufrieron temporalmente pero los mejor preparados pudieron salvarse de la quema. Renaissance no solamente se salvó sino que salió reforzado.

En las jornadas del 9 y 10 de Agosto de 2007, los príncipales índices mundiales se desplomaron un 10% de media. Desde el mes de abril, el sector inmobiliario comenzaba a dar síntomas de agotamiento y como consecuencia, New Century Financial, entidad de crédito especializada en hipotecas *subprime*, quebró. El 9 de Agosto el banco francés BNP Paribas decide suspender la comercialización de tres fondos enfocados en la inversión inmobiliaria de Estados Unidos por falta de liquidez. En septiembre, las oficinas de Northern Rock en el Reino Unido se ven desbordadas de clientes sacando los ahorros del banco. Tras unos meses de relativa calma, en la tercera semana de enero de 2008, las bolsas viven jornadas de intensa volatilidad: el índice VIX se encontraba en máximos desde la burbuja puntocom, habiendo escalado de diez puntos en verano de 2007 a treinta a principios de 2008. En España, país muy expuesto al sector inmobiliario, los vaivenes fueron extremos: el lunes 21 de Enero, el IBEX35 se desploma un 7,5%. Tras repuntar ligeramente un 1,69% al día siguiente, el miércoles 23 cae un adicional 4,5%. El jueves 24, jornada para la esperanza: recuperación del 6,95%. Los mercados se habían transformado en una inmensa montaña rusa. Las bolsas continuarían inestables hasta el fatídico día de septiembre en que se dejó caer a Lehman Brothers. Lo peor estaba todavía por llegar.

La onda expansiva de la crisis alcanzó a Renaissance Riviera, colándose en sus recónditos pasillos. En agosto se evaporaron mil millones de dólares de Medallion. El fondo estrella tenía un patrimonio de cinco mil millones en ese momento. Jamás habían vivido un momento así en toda su trayectoria por lo que Simons se vio en la disyuntiva de realizar cambios o dejar las cosas tal y como estaban. Aunque los sistemas no habían sido capaces de predecir un "cisne negro" tan radical, los científicos razonaron que era mejor no tocar los modelos existentes. Vender posiciones para reducir riesgo no resultaba ser la mejor opción y la venta de posiciones tan enormes podía ahondar aún más en la llaga del sistema financiero. Hicieron lo correcto. Al cierre de 2008, no solamente habían conseguido recuperarse de la caída, sino que además, lograron un apabullante beneficio neto del 85,9%. La crisis *subprime* motivó a los científicos a programar patrones que previeran como podrían afectar quiebras de terceros a Simons y compañía y, por lo que vemos, con apabullante éxito.

Las entidades gestoras, independientemente de su tamaño, localización o *modus operandi*, se ven continuamente puestas a prueba con situaciones no vividas anteriormente. En el turbulento 2020 con el coronavirus azotando el planeta, los modelos computacionales de Renaissance siguieron en plena forma, rozando el 40% de beneficios. Al igual que en la jungla, únicamente los más fuertes sobreviven. Simons salió de la crisis de 2008 con dos mil ochocientos millones más de patrimonio. George Soros ganó una cifra similar. Ray Dalio vio como Bridgewater Associates perdía un 3% en 2008, una minucia comparada con la caída del 40% que sufrieron los principales índices de referencia. Y es que el gestor de origen italoamericano es un auténtico mago de la gestión de riesgos. En todo caso estamos hablando de los tres mejores gestores de fondos de cobertura de la historia. Muchos otros se quedaron por el camino... ¿Cuántos conseguirán salir airosos de la "nueva normalidad" ? A mi, personalmente, no me gustan las apuestas pero si tuviera que hacerlo me decantaría, sin ninguna duda, por Simons, Dalio y Soros.

6.7. OPACIDAD

"Resultados pasados son la mejor predicción del éxito".

Muy a menudo, los fondos de inversión libre han sido acusados de opacidad y Simons no ha resultado la excepción a la regla. Su nombre apareció en los famosos papeles de Panamá en 2017. En ellos se afirmaba que ocultaba quince mil millones de dólares en un *trust* de Bemudas llamado Lord Jim Trust. El término *trust*, en este caso, puede llevar a confusión, puesto que el mismo vocablo se utiliza para hablar de la asociación de varias empresas para formar una sola para abarcar un monopolio en una determinada actividad económica. En Español se traduciría, en este caso, como fideicomiso y **es un contrato en el que una o varias personas transmiten bienes presentes o futuros, de naturaleza mobiliaria y/o inmobiliaria de su propiedad, a otra persona, el** *trustee*, **que puede ser una persona física o jurídica para que administre los activos en su nombre.** Existen diferentes figuras fiduciarias y las principales son el *trustee* y el *nominee*. El primer cargo tiene más poderes, y el segundo, menos. Es habitual que se nombren *nominee*s para instaurar "hombres de paja", meras figuras decorativas que son nombradas simplemente para ocultar la identidad de los verdaderos propietarios de los bienes.

En 2011, los abogados de Simons establecieron un fideicomiso de manera opaca, la Simons Foundational International. Las autoridades aseguran que allí se desvió la mitad de su fortuna de aquel momento. Los beneficios de Renaissance Technologies se administran mediante la creación de *Family Office* (entraremos en detalle más adelante) que se utilizan para una óptima planificación fiscal, después los bienes se transfieren a fideicomisos o *trusts* situados en paraísos fiscales para que queden "protegidos" .

Los papeles de Panamá salpicaron a millonarios deportistas, actores, políticos y empresarios de todo el globo. Figuras del calibre de Leo Messi, Vladimir Putin, Jackie Chan o Silvio Berlusconi, se vieron envueltas en el escándalo, amén de implicar a varias instituciones como la FIFA, además de bancos y fundaciones de casi todo el mundo. El senado de Estados Unidos también reclamó una investigación por supuesta ocultación, a través de complejos entramados contables por valor de 6.8 billones de dólares. Appleby, la firma de Bermudas que provee los servicios financieros a Lord Jim Trust, replicó, sin embargo, que todos los procedimientos se habían realizado bajo la más estricta legalidad.

6.8. FAMILY OFFICE

"Los científicos se esfuerzan en hacer posible lo imposible. Los políticos en hacer imposible, lo posible". Bertrand Russell.

Todo el patrimonio que Jim Simons genera gracias a Renaissance Technologies se canaliza hacia un *Family Office*, Euclidean Capital, creado ex-profeso para gestionar la enorme fortuna atesorada por el genio de Massachussets. El presidente de Euclidean Capital es Ashvin B. Chhabra, ex-CEO de la división de Wealth Management de Merryll Lynch. Aunque proviniente del sector financiero, Chhabra tiene un doctorado en física y está especializado en gestión de riesgos y en *asset allocation*. **Se denominan *Family Office* a las empresas de carácter privado creadas con la intención de asesorar, proteger, aumentar y gestionar patrimonios familiares con el objetivo de asegurar su continuidad a lo largo del tiempo**. A medida que un patrimonio crece, la labor de gestionarlo íntegramente, se complica. Históricamente, muchas grandes fortunas se han destruido a la tercera generación, por lo que puede resultar conveniente para los más ricos ponerse en manos de especialistas en preservar patrimonios para que puedan perdurar y aumentar durante muchas generaciones. Además, sin una planificación adecuada, los impuestos de sucesiones pueden ser muy costosos y dañinos. Como dejó escrito Robert Kiyosaki en su *bestseller*, Padre Rico Padre Pobre: "Si no tienes un plan para tu dinero, Hacienda sí lo tiene".[71]

Podemos distinguir dos tipos de *Family Office*:

1) <u>SFO (Single Family Office)</u>: son empresas creadas para gestionar, en exclusiva, el patrimonio de una sóla familia. Están sólo al alcance de unos pocos privilegiados. Suelen constituirse para fortunas familiares superiores a quinientos millones de euros. Pontegadea, que se fundó para gestionar el patrimonio inmobiliario del dueño de Inditex, Amancio Ortega, sería un buen ejemplo. El empresario gallego posee un vasto imperio de bienes raíces que incluye edificios emblemáticos en la Quinta Avenida de New York, Picadilly Circus en Londres, Plaza Catalunya de Barcelona o la Gran vía de Madrid que son gestionados de manera centralizada desde una legislación *offshore*.

2) <u>MFO (Multiple Family Office)</u>: son empresas destinadas a la gestión de varios patrimonios. Son más económicos al no ser tan exclusivos. Ideal para fortunas de entre veinte millones y

---

[71] Kiyosaki, Robert T y Lechter, Sharon. Padre Rico, Padre Pobre. Editorial Debolsillo, 1997. ISBN: 978-8466632125. Pág. 79.

quinientos millones de euros. Para patrimonios familiares inferiores, destacar la existencia de EAFIs (Empresas de Asesoramiento Financiero).

Tanto los SFO como los MFO, se encargan de todo lo relativo a la gestoría, planificación y asesoramiento fiscal de las inversiones. Cuentan con profesionales especializados en activos mobiliarios e inmobiliarios, abogados, administradores y especialistas en fiscalidad. Otros inversores legendarios que canalizan sus inversiones a través de *Family Office* son Michael Bloomberg, George Soros, Carl Icahn y Stanley Druckenmiller.

Más detalladamente, los *Family Office* suelen ofrecer los siguientes servicios:

1) Gestión de bienes raíces. Como en el caso de Pontegadea descrito antes.
2) Gestión de bienes mobiliarios. Inversiones en bonos, acciones, fondos de inversión, fondos indexados o ETF´s.
3) Gestión de inversiones alternativas. Inversión mediante *Hedge Funds*, oro, criptomonedas, coleccionismo de arte y filatelia, *Private Equity* o *Venture Capital*.
4) Asesoramiento en fusiones, adquisiciones, escisiones o ampliaciones de capital.
5) Asesoramiento fiscal. Buscando una adecuada optimización del dinero.
6) Planificación de sucesiones para garantizar el correcto relevo generacional.

Otros vehículos que usan los millonarios para minimizar al máximo el pago de impuestos son:

1) Fundaciones. **Una fundación es una entidad jurídica sin ánimo de lucro creada para fines sociales, culturales y humanitarios**. La identidad de los donantes es opaca. Tienen también la ventaja de poderse constituir en paraísos fiscales donde no es necesario declarar la actividad a la que se dedican.
2) SICAV´S (Sociedades de Inversión de Capital Variable). En

inglés se conocen como *Open-ended Investment Company* (OEIC). En España se necesita un capital mínimo de 2,4 millones de euros y cien partícipes para poder constituir una. Su principal ventaja es que los beneficios recibidos por los inversores sólo tributan al 1%, mientras el fondo está exento. En una OEIC, por su parte, el fondo paga alrededor del 20% sobre beneficio pero el inversor, en cambio, está exento.

3) <u>Paraísos fiscales</u>. Domiciliando sus empresas en paraísos fiscales, los millonarios reducen el pago de impuestos a su mínima expresión.

4) <u>Fijar sus residencias en otros países</u>. Notorio fue el caso del actor Gerard Depardieu que renunció a la ciudadanía francesa para recalar en Bélgica con un pasaporte ruso (¡?).

6.9. TRAGEDIA PERSONAL

"La suerte juega un papel principal en nuestras vidas".

A pesar de todo el éxito económico y profesional obtenido, Simons ha debido afrontar dos devastadores momentos personales. La peor de las pesadillas posibles para un padre: la muerte de dos de sus cinco hijos, Paul y Nicholas, quienes eran, además, los dos de menor edad de los cinco. Paul falleció arrollado por un coche mientras montaba en bicicleta. Sufría de autismo. Nicholas, por su parte, pereció ahogado en una playa de Bali, Indonesia. Simons combate el autismo con donaciones regulares a la investigación para rebatir la enfermedad a través de su propia fundación creada para la causa.

Muchas personas han cosechado el éxito pese a padecer problemas de salud. Al científico Stephen Hawking le diagnosticaron muy joven la enfermedad de ELA y tuvo que pasar el resto de su vida en silla de ruedas pero ello no fue óbice para dedicar toda una vida a la investigación científica y crearse una enorme reputación. Los músicos Ray Charles y Stevie Wonder son ciegos de nacimiento. Los inversores Michel Burry y Bill Gross sufren el síndrome de Asperger. Por último, Nick Vujicic se ha convertido en un uno de los oradores de mayor prestigio del mundo a pesar de la ausencia de sus cuatro extremidades.

Unos pocos han sido capaz de rehacer fortunas después de perderlas como el inversor Benjamin Graham, el especulador Jesse Livermore o el empresario James Altucher.

Otros han logrado el éxito pero han perdido a seres queridos como peaje, al igual que Simons. La peor de las fatalidades, sin duda. Aristóteles Onassis, llegó a ser el hombre más acaudalado del planeta pero todo el dinero del mundo no pudo evitar que se estrellara la avioneta que pilotaba su hijo Alexander. Finalmente, el magnate y diplomático Joseph Kennedy vivió el asesinato de dos de sus hijos, el presidente norteamericano John y el senador Robert. Por lo que vemos, los ricos también lloran.

6.10. APOYO A LA CIENCIA

"La ciencia es la progresiva aproximación del hombre al mundo real". Max Planck.

Mediante su *Family Office*, Euclidean Capital, Simons invierte en el desarrollo de su otra gran pasión: la ciencia. En 2020, ha reinvertido gran parte de sus ganancias en dos *start-ups*: Peltarion y Codagenix. La primera es un proyecto de unos emprendedores suecos que proveen tecnología de inteligencia artificial a las empresas. La segunda, ha creado una tecnología propia para el desarrollo de vacunas.

Simons creó en 1994, la fundación Simons, dedicada a apoyar financieramente investigaciones en el campo de las matemáticas y otorga subvenciones para financiar, también, la divulgación científica, las ciencias de la vida, la física y la educación en general. Reparte, además, un premio anual en las siguientes áreas: matemáticas, física, astrofísica, teorética de ciencias de la computación y modelo matemático de sistemas vivos. Los ganadores provienen de prestigiosas universidades como Berkeley, Princeton, Cambridge o Stanford y reciben dotaciones de cien mil dólares anuales durante cinco años. Se calcula que la fundación ha aportado más de dos mil millones desde su creación.

El organismo sin ánimo de lucro, también financia la edición de la revista científica Quanta Magazine centrada en la publicación de artículos sobre desarrollo en diversos campos de la ciencia. Por otra parte, financia Spectra, otra publicación enfocada en la investigación sobre el autismo, causa que interesa a Simons por los motivos explicados más arriba. Uno de los últimos proyectos del genio del *Quant trading* es el Flatiron Institute, entidad especializada en las ciencias de la computación.

La UNESCO dice en su web oficial que invertir en ciencia, tecnología e innovación es fundamental para el desarrollo económico y social. La biomedicina o la aplicación de inteligencia artificial en las ciencias de la salud se encuentran entre los sectores con mejores perspectivas de futuro. Los diez países que más invierten en I+D son, por orden inverso, Francia, Japón, USA, Suecia, Singapur, Israel, Suiza, Finlandia, Alemania y Corea del Sur, que dedica el 4,3% de su P.I.B a investigación y desarrollo según datos del Índice Global en Innovación creado por Bloomberg. Aparte del porcentaje de producto interior bruto destinado por cada nación, el índice puntúa seis parámetros más: registro de patentes (dominado por Estados Unidos), inversión en educación superior (Singapur a la cabeza), valor añadido a la industria, productividad, densidad de empresas públicas de alta tecnología y concentración de investigadores por número de habitantes. España ocupa una honrosa trigésima posición y México el puesto número cincuenta y seis. El matemático francés Henry Poincaré afirmó que: "El papel de la ciencia es producir economía de pensamiento, como la máquina ahorra economía de fuerza".[72]

Simons es donante, además, del partido demócrata. En 2016, contribuyó con veintiséis millones de dólares la candidatura de Hillary Clinton con escaso éxito. En 2020 se resarció parcialmente apoyando financieramente a Joe Biden quién sí fue capaz de derrotar a Donald Trump. Robert Mercer, por su parte, es todo lo contrario: ferviente defensor de Trump, ha hecho campaña a favor del Brexit, y apoya causas de supremacía blanca, por lo que Simons se ha visto indirectamente rodeado de polémica pese a desmarcarse claramente de Mercer en sus tendencias políticas. En Estados Unidos, las donaciones a partidos políticos son motivo de controversia por su opacidad. Un poco de transparencia a la hora de realizar donaciones no estaría de más. Si los donantes realizan prácticas dudosas, obviamente, los políticos no moverán un dedo. Hecha la ley, hecha

---

[72] Señor, Luis. Diccionario de citas. Editorial Espasa Calpe, 1997. Pág. 83.

la trampa...

CAPÍTULO 7: PAUL TUDOR JONES

"Los precios se mueven primero. Los fundamentales van después".

Paul Tudor Jones II es originario de Memphis, Tenessee (EEUU) donde nació en 1954. Es gestor y CEO de Tudor Investment Corporation, fundada en 1980. Estudió económicas en la Universidad de Virginia, graduándose en 1976. Logró ser campeón escolar de boxeo en categoría *superwelter*. Se curtió como *trade*r en el mercado de futuros del algodón, trabajando para la empresa E.F.Hutton&Co. En 1987, ganó notoriedad al predecir el Black Monday, consiguiendo triplicar las ganancias de su fondo que, en la actualidad, gestiona alrededor de ocho mil millones de dólares. Jones está considerado uno de los mejores *traders* de todos los tiempos. En 1988, fundó la Robin Hood Foundation, creada con el objetivo de luchar contra la pobreza.

7.1. LOS MUNDOS DE YUPPIE

"No me preocupo por los fallos que hice tres segundos antes, sino en lo que voy a hacer justo un instante después".

Paul Tudor Jones es producto de una época. Su época de esplendor, la década de 1980, está asociada con el boom del fitness, la música de Michael Jackson y Madonna, las proezas deportivas de Maradona, Mike Tyson, Magic Johnson y Carl Lewis y, muy especialmente, a una era de excesos donde la cocaína fluía a raudales y una nueva generación de jóvenes llamaba a las puertas del éxito con sonoridad. Los "yuppies" entraban en escena pisando fuerte y firmemente. El acrónimo *yuppie* corresponde a las siglas en inglés de *Young Urban Profesional* (Joven Urbano Profesional). Los *yuppies* eran jóvenes urbanitas con una brillante preparación académica y altos salarios que pusieron patas arriba Wall Street. Jones era el prototipo ideal de *yuppie*.

Impulsados por el programa económico del presidente Reagan (el liberal ideario Reaganomics), estos descarados imberbes se comieron el mundo a mitad de los ochenta, Jones entre ellos, naturalmente. Al contrario que la mayoría de inversores que hemos analizado en los dos volúmenes de *Maestros de la Bolsa*, Jones no destacaba por su austeridad precisamente. Al contrario. Su estilo de vida era suntuoso y, según una leyenda, se quedó dormido una vez en la mesa de negociación, resacoso tras una loca noche de juerga. No obstante, y a juzgar por sus resultados, su extravagante modo de vida no era impedimento para que, durante muchos años, fuera el mejor *trader* del mundo.

Entre 1980 y 1988, obtuvo un 43% de beneficio anualizado pasando de gestionar un millón y medio de dólares el primer año a tener un capital total de trescientos treinta millones en 1988. Y eso a pesar de cerrar el fondo al público el año anterior... Entre 1985 y 1987 fue capaz de lograr rentabilidades de casi el 100% anualizado. En Octubre de 1987, mientras las bolsas internacionales se despeñaban por el precipicio, Jones obtuvo un incontestable 62% de rentabilidad mensual y un 200% anualizado aquel aciago año. En aquel entonces, el operador de Memphis era imbatible. Posee un record increíble, muy difícil de igualar: veintiocho años consecutivos sin rentabilidad negativa. Su estilo, diferente y descorrelacionado de otros operadores, explica gran parte de su éxito. En la actualidad, ocupa el séptimo lugar en el ránking de gestores de *Hedge Fund* mejor pagados y forma parte de la lista Forbes 500 que abarca las quinientas mayores fortunas del mundo. Con los años, ha desarrollado un *trading* más conservador y no consigue los *track record* de antaño pero todavía conserva adinerados clientes que confían plenamente en él. Deben hacerlo ciegamente porque sus comisiones no son nada baratas: un 4% de gestión y un 23% sobre las ganancias, cuando la media del mercado ronda un 2-3% y un 20% respectivamente. No son tan exageradas como las de Simons pero casi (ver capítulo anterior). Ya en su segundo año al frente de Tudor Investment Corporation ganó un millón de dólares (unos seis millones actuales) sólo en comisiones.

7.2. ENTRE ALGODONES

"No te centres en hacer dinero. Céntrate en proteger lo que tienes".

Parece ser que su afición al *trading* la llevaba en los genes. Su tío, William Dunavant, era *trader* y éste, a su vez, le presentó a otro exitoso operador, Eli Tullis, quien sería su mentor. De Tullis aprendería varios trucos, pero muy especialmente, le enseñó a tener autocontrol en la operativa, el mayor hándicap que muchos *traders* tienen a la hora de operar en los mercados. En sus inicios, un *drawdown* del 60% en su cuenta de *trading* supuso un punto de inflexión en su modo de operar: demasiados contratos respecto al volumen de dinero manejado le hacía incurrir en abultadas pérdidas que mermaban su capital disponible. No obstante, y con la ayuda de Tullis, corregiría sus errores de tal manera que terminaría alcanzando el status de leyenda.

Jones se especializó en el mercado de futuros del algodón. En *Money: master the game* comenta a Tony Robbins lo siguiente: "El trading de *commodities* que yo operaba es muy dependiente del factor climático. En cuestión de tres o cuatro años pasábamos de grandes mercados alcistas a grandes mercados bajistas. Rápidamente aprendí la psicología que impera en los *bullish market* y los *bearish market* y cómo de rápido cambiaba todo. Lo que hacen las emociones en periodos bajistas. He visto ganar y perder inmensas fortunas. Vi a Bunker Hunt tomar una posición de cuatrocientos millones de dólares en el futuro de la plata y venderla a diez mil millones, convirtiéndolo en el hombre más rico del mundo. Luego vi como esos diez mil millones se transformaban en sólo cuatrocientos en apenas cinco semanas (...) Llegué a la conclusión de que la defensa es diez veces más importante que el ataque. Debemos centrarnos en la conservación del capital".[73]

Guardiola y Mourinho no se pondrían de acuerdo en este aspecto pero en el *trading*, para ganar, primero hay que mantener la portería a cero (conservar el capital), después, tener el dominio del balón para crear ocasiones de gol (gestación de la operación) y, por último, definir dichas oportunidades de gol (ejecutar el *trade*).

En 1976, el joven Jones estaba impaciente por operar. Hacía simulaciones y le iban bien. Le imploraba sin cesar a su mentor Tullis que le dejara operar:

- "No es momento, no estás todavía preparado. Pero si sigues así, en seis meses podrás operar", objetó Tullis.
- "Es un momento de mercado ideal para operar", respondió Jones.
- A lo que Tullis replicó: "Los mercados van a estar aquí durante los treinta años próximos ¿Vas a estar tú?".[74]

Operar en los mercados de futuros sin estar preparados nos pueden dejar compuestos y sin capital. Los mercados siempre ofrecen oportunidades pero sólo a aquellos operadores que están correctamente preparados. **Los mercados de futuros son un juego de suma cero: la ganancia de un *trader* es la pérdida de otro operador y siempre fracasan los menos preparados**. Las prisas nunca son buenas consejeras y menos aún en el *trading* de futuros. "El control emocional es lo más importante en el *trading*. Si usted tiene una posición perdedora que le resulta incómoda, la solución es muy simple: ¡fuera! Siempre puede volver a entrar en otro momento". Resalta Jones. El gurú del *trading* Ed Seykota también lo tiene muy claro: "Debes seguir estas tres reglas: 1. Corta las

---

[73] Robbins, Anthony. *Money: master the game*. Cap. 6.6, pág. 835.
[74] Ídem. Pág 836-837.

pérdidas, 2. Corta las pérdidas, 3. Corta las pérdidas".[75]

Otro elemento que debe controlar el *trader* es la gestión del ego. El ego nos impide reconocer cuando hemos fallado. Asumir los errores resulta doloroso pero mucho más dañino es perder dinero. Hoy en día, casi la totalidad de intermediarios financieros tienen plataformas de simulación (*paper trading* en inglés) para que los operadores novatos pongan en práctica los conocimientos adquiridos pero según explica Jones a Tony Robbins: "No hay ninguna clase, ni preparación, ni simulación que te prepare para el *trading*". Y añade: "Las pérdidas han sido mis compañeras de viaje durante mi vida de *trader*".[76] Las pérdidas son inevitables. Para sobrevivir en este mundo debemos aprender a convivir con ellas y tratar de minimizarlas al máximo.

7.3. PRECIO Y TENDENCIA

"El mercado irá donde tenga que ir en última instancia".

Jones es un *trader* que sigue la tendencia en el 90% de los casos cuando compra acciones a largo plazo (no solo del corto plazo vive el *trader*). **Para alinearse con la tendencia, Jones usa la media móvil del precio de cierre de sesión de los últimos doscientos días.** Este es un indicador bastante fiable para *trading* a largo plazo. "A mis alumnos de la Universidad de Virginia les enseño gráficos con valores alcistas en máximos y les pregunto: ¿Quién vendería este valor? Sobre un 40% alza la mano y yo les digo; ninguno de vosotros debería invertir jamás un céntimo en el mercado de valores. Siempre compraríais valores que van a cero y venderíais los que suben al infinito. ¡Esta es la forma más rápida de arruinarse! (...) ¿Cómo hizo su fortuna Bill Gates? ¿Acaso vendió sus participaciones mientras Microsoft volaba en bolsa? ¡No señor!¡Sería hoy ochocientas veces más pobre si lo hubiera hecho! ".[77] Si la tendencia va a su favor, Jones piramida posiciones (ver capítulo 3). Si la tendencia va en su contra, simplemente sale,

---

[75] López Ballester, David. *Frases, kamino y destino.* Pág. 106.

[76] Robbins, Anthony. *Money: master the game.* Cap. 6.6, pág. 845.

[77] Ídem. Pág. 839-840.

jamás promedia a la baja. Las perdedoras promedian pérdidas asevera tajantemente José Antonio Madrigal fundador de Eurekers y gestor de Globalia quien además asegura: "Newton nos enseñó que algo que está en movimiento tiende a seguir en movimimiento por lo tanto, una tendencia al alza tiene muchas más posibilidades de que siga al alza que no que baje".[78] Para finalizar, el *trader* y gestor de Signal Trading Group, David Stendahl, afirma: "Operar en los mercados con tendencia es aburrido. Pero ahí es donde está el dinero".[79]

A la hora de operar en los mercados de futuros la situación es radicalmente opuesta: Jones opera contra la tendencia; está especializado en ganar dinero en los giros de mercado. No obstante, su operativa difiere bastante de lo habitual ya que apoya el análisis técnico con datos fundamentales. Primero analiza los mercados desde una perspectiva *top-down* (ver capítulo 3 de *Maestros de la Bolsa 1*). Este estudio le permite detectar en qué mercados se presentan las mejores condiciones para operar. Si por ejemplo, en el mercado de trigo hay un exceso de oferta y los precios van a la baja pero debido a condiciones climatológicas se estropean las cosechas y se restinge la oferta, Jones operará en largo, anticipándose al mercado y aprovechará el aumento de precios derivado de la falta de trigo, sacando partido del giro de la situación. Con un conocimiento detallado como el que tenía sobre el mercado del algodón, Jones siempre obtenía una importante ventaja operativa porque podía calcular con bastante exactitud los picos de oferta y demanda, posicionarse justo en el momento de producirse los giros y tomar beneficios más amplios de ellos al capturar prácticamente todo el movimiento completo. Por otro lado, **no operará ningún mercado en rango lateral del que no pueda conseguir altos beneficios**.

El 99% de los *traders* suelen apoyarse únicamente en el análisis técnico y operan en el mercado todos los días, caiga lluvia, nieve o brille el sol. **El 70% del tiempo los mercados se mueven en rangos laterales**. Jesse Livermore, protagonista de nuestro capítulo 3, afirmaba que todos los días los mercados no ofrecen buenas oportunidades de inversión por lo que hay que aprender a ser

---

[78] www.tortugashispanicas.com. 28/1/2013.
[79] Ídem. Pág. 91.

paciente. Con la ayuda del análisis fundamental podemos anticiparnos a las grandes tendencias que son las que ponen dinero en nuestro bolsillo. La mayoría de operadores, no obstante, se limitan al chartismo y permanecen fieles al postulado precio/volumen, que es correcto pero incompleto según el experimentado punto de vista de Jones.

7.4. CONCEPTO DE RENTABILIDAD/RIESGO ASIMÉTRICO

> "Diseñar las entradas de un sistema de *trading* es difícil, pero diseñar las salidas es incluso más difícil e importante". Fred G. Schutzman.

La relación rentabilidad/riesgo asimétrico es uno de los fundamentos clave que debe buscar un operador: por cada euro arriesgado (o la divisa que corresponda en cada caso) debemos obtener cinco de rentabilidad. De esta manera, aún errando en el 80% de los *trades*, no perderíamos dinero. Si operamos en el mercado de futuros del mini-S&P500, por ejemplo, deberíamos arriesgar cien dólares para tratar de obtener quinientos según la "fórmula Jones" o fórmula de rentabilidad asimétrica. Como el movimiento de un punto en el mini-S&P500 equivale a cincuenta dólares, deberíamos poner un *stop-loss* a una distancia de dos puntos (el equivalente a ocho *TICKS*, el movimiento mínimo que equivale, a su vez, a doce dólares y medio cada uno) y un stop de beneficio a diez puntos de distancia (quinientos dólares, equivalente a cuarenta *TICKS*). Esto puede resultar válido si hacemos *day-trading* pero no si realizamos una operativa *swing trading*.

El *swing trading* es la estrategia ideal para sacar provecho de las tendencias de mercado. Si hay una tendencia clara ¿Para qué entrar y salir del mercado constantemente para recoger sólo migajas? Alineándonos con la tendencia, conseguiremos una porción más grande del pastel. Sin embargo, necesitaremos márgenes de cobertura mayores puesto que el movimiento diario del índice norteamericano es de una media de entre treinta y cuarenta puntos, con un volumen medio de negociación diario de cien mil millones, con un millón y medio de contratos diarios negociados aproximadamente. Un índice en el que se manejan cifras de compraventa diarias tan colosales es casi imposible de manipular pero los operadores minoristas deben permanecer atentos porque los *traders* más expertos siempre tendrán ventaja tanto tecnológica, como en conocimientos y experiencia. **Para una estrategia *swing trading* ampliaremos el análisis técnico, usando gráficos de días, semanas y meses a diferencia del *daytrading* en que utilizamos, por lo general, gráficos de hasta cuatro horas máximo.** La ventaja de este índice es que no se producen *gaps* o agujeros de cotización por lo que resulta el futuro ideal para operar. Podemos ir a la cama tranquilamente con posiciones abiertas ya que no nos vamos a ver expulsados del mercado bajo ningún concepto.

Para la operativa intradía, los *daytraders* expertos buscan entradas a mercado contra tendencia al final de un impulso que es una tendencia terciaria o de corto plazo (ver capítulo 3.9). Entran con un volumen de contratos altos buscando una barrida de *stop-loss* que se lleve por delante los volúmenes de contrato más pequeños introducidos por los operadores más inexpertos. Operan durante las primeras horas de apertura de mercado al contado, las 9:30 A.M. (15:30 GMT) que es el horario de mayor negociación de estos instrumentos. En muchos casos no operan si no ven claro el "disparo" (la entrada a mercado en su argot técnico) en un lapso de 15-20 minutos y raramente realizan operaciones después de las 11.00 A.M. A corto plazo es la estrategia más provechosa ya que es el momento del día donde se producen los movimientos más amplios en los rangos de precio. Huelga decir que, una vez dentro de la operación, la tendencia es su amiga y pueden "recargar" (abrir más posiciones) y "descargar" paulatinamente (cerrar las posiciones anteriores que ya han cumplido su objetivo de beneficios). **Los operadores inexpertos suelen caer en las trampas más habituales: colocar *stop-loss* demasiado ajustados; operar con demasiados contratos; dejarse llevar por las emociones; no respetar una metodología contrastada y/o "disparar" a diestro y siniestro a todo lo que se mueve como si de protagonizar una película del oeste se tratara.**

En el *swing trading* la operativa es harina de otro costal. No se entra a operar ni en impulsos ni en retrocesos, simplemente se

opera siguiendo la tendencia. Una táctica habitual es utilizar las medias móviles de doscientos días y cincuenta días (indicadores), abriendo posiciones largas si el precio se sitúa por encima de ambas medias o abriendo posiciones cortas si el precio se sitúa por debajo. Para el inversor minorista es complicada esta estrategia por los *margin call* exigidos por los brókers. Con un movimiento promedio de cuarenta puntos diarios, si colocamos un *stop-loss* a cincuenta puntos del precio de entrada, estaríamos asumiendo una posible pérdida máxima de dos mil quinientos dólares (50 ptos x 50$ = 2.500$) pero colocando un *stop-loss* más ajustado nos arriesgamos a que, en días de volatilidad excesiva, amplias fluctuaciones en el precio nos expulse del mercado. Para un riesgo por operación de 2.500$ en una cuenta de *trading* de 25.000$, estaríamos asumiendo un riesgo del 10% de cartera. Diez operaciones consecutivas negativas nos dejaría sin dinero para operar. Profundizaremos en la prevención de riesgos en próximos capítulos.

Siguiendo la fórmula de rentabilidad/riesgo asimétrico formulada por Jones (recordemos 1 x 5), si arriesgamos 2.500$ en cada operación, debemos compensarlo con una ganancia de 12.500$ (2.500 x 5 = 12.500$) 12.500$ de beneficio equivalen a doscientos cincuenta puntos (12.500$/50$ = 250 ptos). Si en un año realizaramos doce operaciones esperando siempre que sea el mercado quien nos expulse (es decir respetando tanto el *stop-loss* como el *stop-profit*) y el stop de pérdidas se rebasa en seis ocasiones (6 x – 2.500$ = - 15.000$) y en las otras seis, el stop de beneficios es el que se ve superado (6 x 12.500$ = 75.000$), obtendríamos unas ganancias de sesenta mil dólares (75.000$ - 15.000$ = 60.000$). Este es, sin duda, un escenario idílico. Sin embargo, debemos asumir siempre el peor de los escenarios posibles para no llevarnos sorpresas desagradables. Con un riesgo operativo del 5% por *trade*, deberíamos perder veinte veces consecutivas para "pulirnos" todo el capital, algo ya más improbable. Lo ideal, no obstante, sería asumir un riesgo por operación de entre un 1-3%. El hándicap principal, sin duda, es disponer de una suma importante para operar: nada más y nada menos que una cantidad de doscientos cincuenta mil dólares, cifra no al abasto de todo el mundo obviamente. En Maestros de la Bolsa nos posicionamos con Paul Tudor Jones (siempre del lado de los mejores) y calculamos siempre el riesgo asimétrico, por lo que consideramos que ni el *daytrading* ni el *swing trading son* la mejor alternativa para el operador minorista, aunque es importante que conozca bien su funcionamiento y decida por su cuenta si quiere operar o no.

7.5. EL DOCUMENTAL

> "No arriesgues jamás grandes cantidades de dinero antes de la publicación de noticias importantes".

A finales de 1986 se estrenó un documental llamado *Trader: the documentary,* con Paul Tudor Jones de protagonista principal. En él, se narra el dia a día de un *trader* y vemos a Jones especulando en sus oficinas de Connecticutt y de "vacaciones" en los Alpes mientras hace *trading* a distancia con una especie de teletipo (que me disculpe el lector: soy demasiado joven como para saber de qué tipo de aparato arcaico estoy hablando). A Jones, el resultado final le disgustó tanto que, a principios de los 90, trató de retirarlo de la circulación por todos los medios posibles. Lo consiguió pero a medias. De vez en cuando, alguien lo cuelga en la red de redes y durante un tiempo el documental está visible al público. Jones llegó a la conclusión de que explicaba demasiados "trucos "sobre su profesión por lo que intentó, por lo civil y por lo criminal, que quedara descatalogado. El documental se estrenó casi a la par que sucedía el *crash* de Octubre de 1987 y se estrenaba el film de Oliver Stone, Wall Street, por lo que no pudo aparecer en un momento más oportuno.

En una escena se muestra como Jones y su segundo de a bordo, Peter Borish, predecían el desastre que se avecinaba. Borish superpuso un gráfico de la década de 1920 con otro del momento actual (un año antes, 1986, que fue cuando se rodó el documental) y el resultado era un calco del *chart* de la debacle bursátil de 1929 por lo que Borish y Jones se prepararon durante meses para cuando llegara el momento apocalíptico que se avecinaría más pronto que tarde. Se quedarían cortos en sus pronósticos.

En 1982, la llegada de Paul Volcker a la presidencia de la Reserva Federal se hizo notar. Tras tres lustros de política monetaria contractiva, Volcker decide bajar tipos de manera agresiva y, gracias en buena medida a la liquidez inyectada, las bolsas vivirían cinco años consecutivos de rally bursátil, algo que no se veía desde hacía casi dos décadas. Tanto el índice Dow Jones como el S&P500 consiguieron duplicar su valor en ese lustro mientras el apetito de los inversores por los activos de riesgo comenzaba a aumentar poco a poco. Fuera de Estados Unidos, Japón era el foco de atención: el NIKKEI y el mercado inmobiliario subían como la espuma. El rendimiento de los bonos basura (tanto gubernamentales como empresariales) se elevó hasta niveles récord. Una vez más, la locura de Mr. Market acaparó las bolsas. Los mercados financieros pronto despertarían de su sueño de forma abrupta.

7.6. BLACK MONDAY

"Las mayores ganancias se obtienen en los giros de mercado".

El *Black Monday* o Lunes Negro de octubre de 1987 pasará a los anales de la historia como la jornada más frenética de todos los tiempos en los mercados financieros. Tudor Investment era la gestora más preparada para una jornada así como hemos aprendido en el capítulo anterior puesto que ya anticipaban que algo así ocurriría en algún momento. El resto de inversores, sin embargo, no esperaban un cataclismo de semejante magnitud.

Pongamos la situación en perspectiva. Las bolsas mundiales experimentaban un contínuo rally alcista desde finales de 1982. El 25 de agosto de 1987, el índice Dow alcanzó máximos históricos al llegar a los 2.750 puntos. La fiesta estaba en su punto álgido. A partir de entonces comenzó una ligera corrección (lógica por otra parte) que llevó al índice a moverse en un rango lateral de entre 2.250 y 2.500 puntos durante las siguientes semanas. Durante la última jornada bursátil hábil anterior a la debacle, la del viernes 16 de octubre, hubo un serio aviso: una caída de 108 puntos (un 4,6%) la más pronunciada de los últimos años. Visitando las hemerotecas, leemos que una de las mayores preocupaciones de los inversores era la devaluación del dólar puesta en marcha por la FED pero ya sabemos que a toro pasado todo el mundo es muy listo. Cinco años de subidas bursátiles, que habían doblado el valor de los índices, atrajo cada vez a más incautos, el apetito por el riesgo aumentó y los niveles de apalancamiento se elevaron en una proporción aún mayor. Debido a una nueva regulación que debía entrar en vigor y que significaría el aumento de las tasas de los productos apalancados como los derivados, muchos operadores deshicieron posiciones de manera masiva en opciones y futuros creando un desajuste monumental entre la oferta y la demanda. Además, ese día 16, era tercer viernes de mes, día en que vencen muchos contratos de futuros. Los hundimientos bursátiles se dan simplemente porque, de repente, el mercado se ve inundado de órdenes de venta que no encuentran contrapartida compradora. En la mayoría de casos, son las manos fuertes del mercado deshaciendo grandes posiciones, en otros (como se especuló unos días después), un fallo informático que propicia la venta masiva de acciones (no se pudo demostrar) puede ser la causa. Durante el fín de semana, días 17 y 18 de octubre, mientras las bolsas, como es habitual, estaban cerradas, se produjeron varios hechos que podrían haber desatado el pánico del lunes siguiente. La guerra Irán-Irak suponía un tremendo gasto militar para el ejército americano y comenzaba a hacer mella en el precio del petróleo desatando, paralelamente, un aumento del precio de las materias primas. Por consiguiente, se produjo una escalada de la inflación que, unido a un mal dato del déficit comercial y a la depreciación del dólar, cambió el humor de los siempre susceptibles inversores. La marcha de la economía norteamericana era buena pese a todo lo anteriormente comentado: el paro no llegaba al 5% y se habían creado doce millones de puestos de trabajo en la década de los ochenta. La inflación del 10% era moderada (por increíble que pueda parecer hoy día, una tasa de interés de alrededor de dos dígitos se consideraba moderada). No obstante, el crecimiento real de la economía no iba en consonancia con las fuertes alzas de las bolsas: un 2,5% de crecimiento económico contrasta con subidas del 20% anualizado de los índices durante el quinquenio 1982-1987. La situación cada vez se asemejaba más al crack de 1929...

La bolsa de Hong Kong encendió la mecha que alimentó el reguero de pólvora. En Asia son los primeros en ver amanecer el día y las bolsas debido a los husos horarios. El mercado se desplomó un 31% pasando de cotizar desde los 3.500 puntos a menos de 2500 apenas ocho horas después. Para poner la guinda al pastel, durante el mediodía, bases norteamericanas atacaron dos petroleros iraníes en el Golfo Pérsico (¿Quién dijo que la primera Guerra del Golfo comenzó en 1990?). Un poco más al Este, el mercado japonés que, tras años de *bullish market* empezaba a dar síntomas de agotamiento, caía por sexta jornada consecutiva, aunque un moderado 2,5%. Tras conocer los resultados de los mercados asiáticos, la incertidumbre se extendió a Europa. Londres se desplomó un 12%. La Bolsa de París se hundió casi un 11%. El ministro de finanzas y hacienda francés, Edouard Balladour, acusó al Banco de Alemania de la situación al haber subido los tipos de interés de corto plazo en los días previos, provocando la devaluación del dólar y la consiguiente inestabilidad financiera. El secretario del tesoro norteamericano, James Baker, se reunió de urgencia con el ministro de finanzas alemán, Gerhard Stoltenberg, para estabilizar los tipos de cambio. La propia Bolsa de Frankfurt cayó alrededor del 10%. En España, los índices de Barcelona y Madrid bajaron un 5,9% y un 5,1% respectivamente (el IBEX-35 no se crearía hasta 1992). En Oceanía se conoce a este día como el *Black Tuesday* ya que para ellos ya era martes cuando ocurrió la debacle. Por la tarde, horario de mañana en Norteamérica, el Dow Jones se desplomó 508 puntos, un 22,6%, la caída más alta de la historia del índice norteamericano en términos porcentuales, una jornada fatídica para (casi) todos. Los que vendieron acciones sumaron unas pérdidas totales de quinientos mil millones de dólares. Durante unas horas se barajó la posibilidad de suspender las cotizaciones pero finalmente la idea se descartó ante el temor de desatar una histeria aún mayor en días posteriores. John Phelan presidente del NYSE comentó jornadas más tarde: "Las bolsas estaban ya a niveles muy altos y buscando cualquier excusa para bajar".[80] Estados Unidos no recuperaría los niveles de agosto de 1987 hasta la primavera de 1990. Para paliar la situación, la FED inyectó liquidez al sistema e intermedió para que los bancos no cerraran el grifo del crédito y prestaran a las empresas. Todas estas medidas sirvieron para que los mercados volvieran a los níveles previos al *crash* en tan sólo once meses, mucho antes de lo inicialmente previsto. Esto en cuanto a Estados Unidos. Otras economías no corrieron la misma suerte. Japón, inmerso en plena burbuja inmobiliaria, siguió *in crescendo*, hasta explotar en 1989. El principal índice nipón, el Nikkei 25, jamás ha recuperado los niveles de 1989 y el colapso de su mercado inmobiliario aún se hace sentir

---

[80] www.hemerotecalavanguardia.com. 23/10/1987.

tres décadas más tarde.

Tudor Investments estaba preparado para sacar tajada de la situación. Desde finales de 1986, Jones comenzó a acumular posiciones bajistas en el mercado de índices de futuros norteamericanos. Paralelamente, desde septiembre de 1987, había estado acumulando posiciones alcistas en bonos gubernamentales: "Habíamos estudiado el crash de los años veinte con mucho detalle. Al comparar el mercado de 1986-1987 veíamos que presentaba una fuerte correlación con el mercado de antes del crash de 1929. Después, el anuncio del Secretario de Estado diciendo que Estados Unidos no apoyaría por más tiempo el dólar debido a los desacuerdos con Alemania, fue el beso de la muerte para el mercado".[81] Durante toda la jornada, Borish, Jones y su equipo de *traders* fueron vendiendo todas las posiciones cortas acumuladas en los futuros de los índices norteamericanos e incluso, al final de la jornada, comenzaron a abrir algunas posiciones largas con los beneficios de las operaciones cortas. Esas compras aliviaron levemente la debacle bursátil. Al mismo tiempo, el valor de los bonos comenzó a aumentar en cuanto los inversores buscaron protección en el mercado de deuda: "Pensé que la FED tendría que apoyar los mercados y eso era muy alcista para los bonos. Y así fue".[82] Jones consiguió que su fondo se revalorizara significativamente y cerrara octubre con un 62%. Por contra, la caída acumulada del Dow Jones fue del 28%. Jones se había convertido en leyenda.

7.7. PSICOTRADING

"Nunca pido disculpas porque yo no cobro dinero si no gano para mis clientes".

La psicología en el trading es primordial. Larry Williams, leyenda del *trading* de futuros, explica en una entrevista a la web hispatrading: "La confianza es un rasgo muy destructivo cuando

---

[81] www.inbestia.com. 6/11/2011.
[82] Ídem.

intentamos dedicarnos al *trading*, porque el exceso de confianza implica hacer locuras, no seguir los principios de gestión monetaria y otros errores. Eso es lo que hace que las personas terminen con operaciones desastrosas y sin dinero". Larry Williams ganó el prestigioso concurso World Cup Trading Championship en dos ocasiones: 1973 y 1987, años de grandes turbulencias financieras por lo que sus triunfos tienen un mérito doble. Como curiosidad reseñar que su hija, la conocida actriz Michelle Williams, ganó este mismo concurso a la edad de dieciséis años (de tal palo...). Otro de sus hijos, Jason, un reputado psiquiatra, escribió un libro, *The Mental Edge in Trading*, analizando los factores psicológicos de varios *traders* exitosos, llegando a la conclusión de que la gran mayoría de los operadores son inseguros. Es por ello que el famoso emprendedor Tim Ferris escribe en su famoso libro *La semana laboral de cuatro horas*: "Si eres inseguro ¿qué mas dá? ¡El resto del mundo también lo es!".[83] La gente exitosa se distingue por saber afrontar los miedos. El éxito proviene de saber gestionar el miedo en lugar de tratar de evitarlo.

En la entrevista antes mencionada, Williams deja claro: "En realidad creo que nunca se opera el mercado, se opera nuestra propia personalidad. Así, un *trader* tiene que comprender su propia personalidad".[84] Antes de operar debemos poder contestar a una serie de preguntas: ¿Soy rápido tomando decisiones?¿Necesito disponer de muchos datos antes de la operativa o necesito sólamente pocos indicadores para pasar a la acción?¿Soy emocional o irracional ante situaciones de estrés de mercado?¿Qué sensaciones tengo cuando opero?¿Soy capaz de seguir mi disciplina de *trading* a rajatabla?

La mente intenta jugarnos malas pasadas y estos son algunos de los errores más frecuentes que cometen los operadores:

1) Entrar al mercado pese a que nuestro "manual de *trading*" indique que no es el momento adecuado.
2) Cerrar una posición ganadora antes de tiempo por miedo a que gire el mercado y se convierta en una posición

---

[83] Alcaide Hernández, Francisco. *Aprendiendo de los mejores 2*. Pág. 292.
[84] www.hispatrading.com. 1/04/2014.

perdedora.
3) No cerrar una posición perdedora con la esperanza que el mercado cambie y se convierta en una posición ganadora.
4) Mover el *stop-loss*.
5) Promediar a la baja.
6) Sobreoperar. En *trading*, a menudo, menos es más.
7) Un apalancamiento excesivo.

El ego es traicionero. Si ganamos cien euros sacamos pecho. Si perdemos cien euros escondemos la cabeza como un avestruz ¡Es la misma cantidad! Ni nos vamos a arruinar por una operación fallida ni nos volveremos millonarios por un *trade* exitoso de cien euros. La avaricia es otro rasgo común del operador. Si entramos en una operación, queremos que el activo vaya bien.... mientras nosotros permanezcamos dentro de la posición. Cuando salimos de ella ¡queremos que baje porque ya estamos fuera! Así podremos pavonearnos de lo buenos que somos...pero como el valor siga la tendencia positiva después de habernos salido... ¡Maldita sea, eso sí que duele! También sucede a veces que deshacemos una posición perdedora y entonces el activo corrige y se da la vuelta ¡Eso es aún peor! Nos sentimos el más tonto de la clase. Lo último ya es cogerle manía al mercado y pensar que conspira contra nosotros ¡Venga ya! ¿Tan importantes nos creemos para considerar que el mercado nos tiene manía persecutoria?¡Espabilemos! La humildad es fundamental para conseguir buenos resultados.

Por último, considerar que un *trader* únicamente depende de cinco variantes o factores que son los intrínsecos al propio operador:

1) Lado del mercado: tras el pertinente análisis el *trader* decide si adopta una posición alcista o una posición bajista.
2) Tamaño de la posición: viene determinado por las garantías exigidas por el bróker, el capital disponible para operar, el apalancamiento permitido y la gestión apropiada del dinero.
3) Entrada al mercado: el operador debe saber de antemano el punto de entrada a mercado óptimo
4) Salida del mercado: tan importante es saber el momento de salir como el momento de entrar. Es mucho mejor conseguir un beneficio menor que esperar a que la avaricia torne una operación ganadora en una perdedora.

5) <u>Fijación de stops</u>: el *trader* inteligente es aquel que no sale del mercado sino que espera a que sea éste quien lo expulse a él.

La posible dirección que tomen los mercados, las ventas masivas ante eventos inesperados y/o los momentos de locura general son factores externos ante los que el *trader* no puede hacer nada. Por tanto, debe ceñirse a las metas previamente establecidas por el mismo si quiere ser un triunfador en el mundo del *trading*.

7.8. MONEY MANAGEMENT

"Que el pasado no sea tirano del futuro". Miguel de Unamuno.

La hablidad para gestionar el capital es primordial a la hora de hacer *trading*. El *trader* y escritor Alexander Elder explica en su libro *Vivir del trading* que: "Un buen *trader* observa el nivel de su capital como un submarinista observa sus reservas de aire comprimido".[85] Si nuestras reservas se agotan, el oxígeno no llegará a nuestros pulmones y se acabará la aventura. Bill Gross, rey de la inversión en renta fija, dice que un inversor debe, ante todo, invertir para preservar su capital como primer paso. Buscar las ganancias siempre es el segundo paso y jamás el primero.

Antes de comenzar a operar en los mercados de acciones al contado como si no hubiera un mañana, el aspirante a buen *trader* debe considerar lo siguiente:

– Tras una caída de precio del 10%, el valor debe recuperar un 11% para volver a la posición de *break-even* o punto muerto.
– Después de una bajada del 20%, un activo debe recuperar un 25% para estar en posición neutra de nuevo.
– Tras una caída del 25%, se necesita una subida del 33%.
– Si un valor se hunde un 50 %, necesitaremos que recupere un 100% para no perder dinero.

---

[85] Madrigal, José Antonio. *Un monje en Wall Street*. Editorial Plataforma, 2013. ISBN: 978-84-15750-36-9. Cap. 2, pág. 33.

- Si la caída es del 90%, necesitamos, nada menos, que el valor suba un ¡¡¡1.000%!!!

Que no cunda el pánico: lo "bueno" es que nuestra pérdida máxima siempre está limitada al 100% de la inversión en el mercado de valores al contado. Pero mucho ojo porque en los mercados de derivados las pérdidas podrían ser superiores al capital invertido. Una caída del 10%, si operamos apalancados a un nivel 1: 10, supondría la pérdida de todo nuestro capital. Por eso es tan importante una correcta gestión del dinero cuando se opera con *leverage*. Y para lograrlo, necesitamos tener tranquilidad y no ceder ante las emociones. Para operar bien en los mercados de derivados debemos considerar lo que nos aconseja el *trader* Alexander Elder en su ya mencionado libro *Vivir del trading*: "Puede que tenga un sistema de *trading* brillante, pero si al aplicarlo se muestra asustado, arrogante o molesto, su cuenta de resultados sufrirá"...[86] Otra leyenda del *trading*, Ed Seykota, añade: "Perder dinero en una operación es angustioso, pero perder los nervios es devastador".[87]

Un operador debe afrontar el riesgo desde las siguientes perspectivas:

1) Riesgo por operación. **Porcentaje máximo de pérdida admitido por operación**. El porcentaje correspondiente debe fijarlo el propio operador pero cuanto más bajo sea, más tiempo sobrevivirá su cuenta de *trading*. Si un operador realiza una operación por valor de dos mil euros y sólo está dispuesto a perder un 5%, la pérdida máxima a asumir será de 100 euros (2.000€ x 5% = 100€). Si es una acción que cotiza a diez euros podremos comprar doscientas acciones (200 x 10€ = 2000€) y situaremos el *stop-loss* en 9,50€ ya que la pérdida máxima estipulada es del 5% ó 0,50€ (0,50€ x 200 =100€). **Es necesario también ajustar los niveles de volatilidad. Cuanta mayor volatilidad tenga una acción,**

---

[86] Ídem. Cap. 6, pág. 59.
[87] Madrigal, José Antonio. *Gánate y ganarás en bolsa*. Editorial Plataforma, 2010. ISBN: 978-84-15115-20-5. Cap. 4, pág. 29.

menor inversión de capital y cuanta menos volatilidad, mayor cantidad de capital. Si por ejemplo invertimos en un valor que semanalmente se mueve con una volatilidad del 5%, es de cajón que el stop de pérdida estaría demasiado ajustado. Lo ideal sería alejarlo hasta un 10% e invertir sólo mil euros.

2) <u>Riesgo global de cartera</u>. **Porcentaje máximo de pérdida admitido por cartera.** En un *portfolio* de veinte mil euros, si admitimos un 3% de riesgo global de cartera, la cantidad máxima a ajustar sería una pérdida de seiscientos euros (20.000€ x 3% = 600€). Siguiendo el ejemplo del punto número uno, deberíamos ajustar el tamaño y la volatilidad de cada operación para que la cantidad máxima a perder fuera ese porcentaje del 3%.

3) <u>Riesgo a la peor serie</u>. **Es cuando un operador sufre una serie de pérdidas que supera al riesgo global de cartera**. Tomando como referencia el punto 2, si los mercados caen inesperadamente y nuestros *stop-loss* fueran rebasados nuestra cartera pasaría a tener un valor de 19.400 euros (20.000€ - 600€ = 19.400€). El operador debería rebajar tanto su riesgo global de cartera como su riesgo por operación.

En operaciones con derivados la precaución debe ser mayor todavía. Una pérdida del 1% en una sóla operación en el mercado de futuros equivale a un 10%, por lo que una mala racha nos podría expulsar del mercado en un abrir y cerrar de ojos. No es de extrañar que el 80% de los "pichones" (apodo con el que los brókers y *traders* experimentados denominan a los operadores novatos) se queden sin blanca a los seis meses de empezar a operar en estos mercados.

7.9. CRYPTODIVISAS

"Si me veo obligado a pronosticar, mi apuesta será Bitcoin".

Jones se ha sumado al auge de las criptomonedas de los últimos tiempos. **Una criptomoneda o criptodivisa es una moneda digital que utiliza la criptografía para proporcionar métodos de pago seguros. Se utilizan como moneda de intercambio y permiten transacciones instantáneas transfronterizas a través de internet. No están reguladas por ningún banco central ni organismo oficial. La tecnología *Blockchain* es la más utilizada. El *Blockchain* es un modelo criptográfico basado en cadenas de bloques (conocidos como *Tokens*) y sirve para regular la generación de unidades monetarias y verificar la transferencia de los fondos.**

El creador de la primera criptodivisa, el archiconocido *Bitcoin*, fue Satoshi Nakamoto quien también creó el software que lo sustenta, el ya mencionado *Blockchain*, en 2009. **A este proceso de creación de cadenas de bloque se le conoce como minería *Bitcoin*.** Su función principal es garantizar que nadie falsifique o use las monedas dos veces. **Los mineros crean bloques personalizados para cada transacción, son recompensados por ello, revisan las operaciones y las juntan en *ledgers* (libros de contabilidad) donde se registran las operaciones y aparecen las transacciones y saldos de los usuarios.** La minería, sin embargo, consume bastantes recursos energéticos y necesitan de un potente hardware.

Bitcoin se ha convertido en la criptodivisa por excelencia y ha visto multiplicar su valor desde los trescientos dólares de cotización iniciales a los cuarenta mil de la actualidad (principios de 2021). En 2018, tras tocar máximos históricos en dieciséis mil dólares durante el mes de enero, se desplomó hasta los cuatro mil dólares a finales del mismo año. En 2019, recuperó parte de su caída y en 2020 alcanzó sus máximos históricos: en el último trimestre obtuvo una revalorización del 200%. En 2021 sigue con su senda alcista. **Uno de los fenómenos más habituales que impulsan al alza el *Bitcoin* se produce cada cuatro años debido al *halving*: se trata de un diseño especial creado por el propio Nakamoto para disminuir a la mitad la producción de *Bitcoin* cada cierto tiempo. Mediante**

este proceso, la oferta de *Bitcoin* se reduce a la mitad y cada unidad pasa a valer el doble. Este es un principio básico de la ley de la oferta y la demanda. Cuando un banco central reduce la oferta de dinero, éste aumenta de valor y, cuando expande la oferta (tal y como vienen haciendo regularmente en los últimos tiempos), el valor del papel moneda se reduce. Cada vez que ocurre un *halving*, el *Bitcoin* se dispara (similar a cuando se produce un *split* de las acciones de una empresa en bolsa pero a lo bestia) y se produce lo que se conoce como fenómeno FOMO (*Fear Of Missing Out* o fenómeno "de miedo a quedarse fuera"). Las hordas se lanzan entonces como posesos para adquirir la popular criptomoneda impulsando al alza su precio. Ha ocurrido las tres veces que el *halving* se ha llevado a cabo: en 2012, 2016 y 2020.

Además del *Bitcoin*, miles de monedas virtuales han sido creadas desde entonces. Algunas de las más conocidas son: Ripple, Litecoin, Dogecoin y Ethereum. Suelen tener una volatilidad muy elevada y la primera de ellas en particular, fue acusada de fraude por la SEC.

Las principales ventajas de las criptomonedas son las siguientes:

1) Descentralización: la transacción se lleva a cabo *peer to peer*, sin un banco, ni institución financiera de por medio.
2) Seguridad: los sistemas criptográficos protegen a los usuarios de cualquier posibilidad de duplicación o falsificación.
3) Liquidez: se intercambian con facilidad por otras monedas de curso legal a través de plataformas.
4) Privacidad: protegen y aseguran el anonimato.
5) Bajos costes: la ausencia de intermediarios abarata los costes.
6) Almacenamiento: cabe en memorias USB lo que le da ventaja sobre otros activos más difíciles de almacenar como el oro.

Por contra, también presenta algunas desventajas:

1) Transparencia: o mas bien, la falta de ella. El anonimato de las transacciones provoca que puedan servir para financiar

actos delictivos.
2) <u>Irreversibilidad</u>: una vez efectuado el pago no se puede anular ni cancelar.
3) <u>Alta volatilidad</u>: al no estar respaldadas por ningún tipo de institución financiera, las criptodivisas dependen de la ley de la oferta y la demanda provocando desmedida especulación que deriva en amplias fluctuaciones en sus cotizaciones.
4) <u>Implantación</u>: aún está verde su utlización en tiendas *offline* y pocos comercios permiten su uso (lamentablemente no podemos usarlas aún en el super de toda la vida...).
5) <u>Contaminación</u>: Están surgiendo algunas voces que crítican duramente la minería debido a su impacto ambiental negativo. Una manera de evitarlo es mediante el *staking*.

El *staking* de criptomonedas es un sistema que se asemeja bastante al de un depósito bancario. **El *staking* permite al usuario mantener bloqueadas una determinada cantidad de monedas en un monedero virtual (*wallet*) con el objetivo de respaldar las operaciones con criptodivisas realizadas en la red a cambio de recibir "intereses".** Entrecomillo intereses porque no se trata exactamente de lo mismo, sino mas bien de un programa de recompensas o comisiones para los usuarios de *staking* por permitir la liquidez de las criptodivisas. Las plataformas, adicionalmente, también aprovechan dichos "depósitos" para prestar otro tipo de servicios financieros por lo que esto se asemeja cada vez más a un sistema bancario tradicional (no sé definir si eso es bueno o malo). Por último, el *staking* permite a las plataformas ahorro energético porque resulta más barato y ecológico que minar criptomonedas.

En Mayo de 2020, Jones anunció en un programa de televisión que tenía una inversión de un sólo dígito en *Bitcoin*. "Me gusta incluso más que antes. Me parece una de las mejores protecciones contra la inflación que va a venir por la explosión cuantitativa y expansiva que van a provocar los bancos centrales".[88] Jones ha sido de los primeros personajes del mundo financiero que se ha posicionado a favor de la criptodivisa. Algunos grandes nombres de la industria todavía ven este tipo de inversión con recelo. "*Bitcoin* tiene esta contingencia de gente muy, muy inteligente y sofisticada

---

[88] www.cointelegraph.com. 22/10/2020.

que cree en él. Es como invertir temprano con Steve Jobs y Apple o en Google", afirma el afamado gestor neoyorquino.[89] Pese a que no sabemos a ciencia cierta que futuro les espera a las criptomonedas, el hecho de que alguien como Jones las respalde, puede ser el empujón definitivo. De hecho, según un informe realizado por Fidelity Investments, el 36% de los principales inversores institucionales de Estados Unidos tenían algún tipo de inversión en alguna criptomoneda. El porcentaje en Europa crece hasta el 45%. Con la incertidumbre provocada por el coronavirus, muchos creen que las criptodivisas pueden ser una alternativa válida como valor refugio. Habrá que ver qué tipo de planes tienen preparados las autoridades gubernamentales. El BCE, viendo las orejas al lobo, está estudiando la posibilidad de lanzar su propio euro virtual en 2021 pero el proyecto todavía está demasiado verde. Más preguntas que asoman por el ambiente: ¿Desaparecerá el dinero físico en el futuro? ¿Qué papel tendrán los bancos en un hipotético mundo sin divisas centralizadas? Son cuestiones que por el momento quedan en el aire pero que algún día deberán responderse.

7.10. ROBIN DE LA JUNGLA

"No busques ser un héroe. Controla tu ego. Cuestiónate tus habilidades. No te creas demasiado bueno. En el momento que lo hagas, estás muerto".

Tudor Investments gestiona una cartera con un valor aproximado de dos mil trescientos millones de dólares y cuenta con mil doscientos treinta y nueve valores (¡eso es diversificar y lo demás son tonterías!). Entre los valores más destacados encontramos valores poco conocidos por el gran público como la compañía de servicios de pagos Alliance Data, la empresa de telecomunicaciones GCI Liberty, la proveedora de comida a domicilio Grubhub, Immunomedics (filial de la biotecnológica Gilead) y la compañía tecnológica china, Kingsoft Cloud Holdings, que ocupan por el orden citado, las cinco principales posiciones del *portfolio*.

En 1988, Jones inauguró una fundación que fue bautizada como

---

[89] Ídem.

Robin Hood Charities y que se dedica, principalmente, a programas para erradicar la pobreza en las zonas más depauperadas de New York. Es, además, un ferviente animalista. Hace algunos años, adquirió una reserva natural en Tanzania y prohibió la caza en ella. La reserva se llama Grumeti Reserves y se localiza en una zona llamada Western Serengeti. El hotel Sasaskwa, ubicado en el complejo, fue elegido por la revista Travel&Leisure como el mejor hotel del mundo en 2011 y 2012. El parlamento del país africano concedió una condecoración a Jones por promover la arquitectura sostenible y ayudar a crear planes para la conservación de la flora y la fauna de la región.

Jones trata de suavizar de esta forma su imagen pública. En 1996, fue sancionado por la SEC por violar la *Uptick Rule*, una regla que prohibe la operación en corto cuando se dan unas circunstancias concretas. En otra ocasión fue criticado duramente por sus comentarios machistas. Vino a decir que las mujeres no podían hacer *trading* por ser demasiado emotivas. Jones, presionado por los medios de comunicación y por colegas de profesión, rectificó. Pero el mal ya estaba hecho y ello perjudicó gravemente su imagen. Por otro lado, es habitual que aparezca en los medios presumiendo de yates, mansiones y coches de alta gama, lo que provoca rechazo en varios sectores de la sociedad. No obstante, a él, parece no importarle en exceso. Parece que toda su arrogancia la muestra de cara a la galería. En su trabajo, Jones es de los mejores porque controla su ego, cuestiona continuamente sus habilidades y no piensa en que es el mejor hasta que no cierra sus operaciones. Su sagaz operativa unido a su correcta gestión del capital, convierten a Paul Tudor Jones en el mejor *trader* de nuestro tiempo.

CAPÍTULO 8: JIM ROGERS

"Si eras inteligente en 1807 te trasladabas a Londres, si eras inteligente en 1907, te trasladabas a New York, si eres inteligente en 2007, te trasladas a Asia".

James Beeland Rogers Jr. nació en Baltimore, Maryland (EEUU), en 1942, y es un inversor norteamericano afincado en Singapur. Presidente de Rogers Holdings & Beeland Interests Inc., es además, escritor, aventurero, periodista financiero y profesor de economía en la Universidad de Columbia. Obtuvo un diploma en historia en la Universidad de Yale y se graduó en Oxford en economía, filosofía y política. Comenzó su carrera en Wall Street trabajando en Dominick&Dominick antes de alistarse en el ejército para combatir en Vietnam. En 1970, regresa al mundo financiero para trabajar en Arnhold&S.Bleichroeder donde conoce a George Soros y ambos deciden fundar, en 1973, Quantum Fund. En 1980, Rogers deja la firma para recorrer China en moto. Gran *trader* de *commodities,* creó su propio índice el RICI (Rogers International Commodity Index). Entre la decena de libros que ha escrito destacan: *Investment Biker, El Capitalista Aventurero, Hot Commodities y A bull in China.*

8.1. INDIANA JIM

"Me muero de ganas de encontrar una manera de invertir tanto en Corea del Norte como en Myanmar. Los cambios que están experimentando estos dos países se encuentran entre las cosas más emocionantes que veo de cara al futuro".

Jim Rogers es el Indiana Jones de las finanzas mundiales. Ha recorrido dos veces el globo terráqueo (una vez en moto y la otra en un todoterreno) y ha tenido tiempo, además, de enriquecerse antes de los cuarenta, tener su nombre escrito en el libro Guiness de los records, crear su propio índice de materias primas, estudiar tres carreras, impartir clases en la universidad, aparecer en multitud de programas de televisión y escribir una decena de libros. Casi nada. Sin lugar a dudas, Rogers se sale del arquetipo de *trader* (comprobaremos que no le gusta que le llamen *trader*) ya que opera desde un punto de vista fundamental, macroeconómico y a largo plazo. No le interesa entrar al mercado para recoger las migajas del pastel. Siempre que puede sale del mercado con la tarta entera. Sus operaciones pueden tardar varios meses o varios años, dependiendo de las circunstancias, en llegar a buen puerto. Aplica en los mercados de futuros la estrategia *contrarian*, apostando contra las masas, comprando en los momentos de pánico y vendiendo cuando la euforia está en su punto máximo de ebullición. Es un hombre de mundo por lo que tiene un amplio conocimiento sociológico y de la psicología de masas. "Así es como me hago rico: compro cosas (en su caso particular, acciones y materias primas) que a nadie más interesan, y al contrario, vendo cosas que están fuertemente sobrevaloradas".[90] En el fondo, el estilo de inversión de Rogers no se aleja mucho de la forma de operar de un inversor en valor...

Rogers procede de una familia de clase media que se estableció en un pequeño pueblo de Alabama tras mudarse de su Baltimore natal. Su padre gestionaba una pequeña empresa química pero sus ingresos no daban lo suficiente para que la familia del pequeño Jim viviera de manera desahogada. Rogers buscó, desde que tenía cinco años, alternativas como vender cacahuetes o recolectar botellas vacías de los estadios de baseball para vender el vidrio a los

---

[90] www.businessinsider.com. 15/05/2018.

chatarreros. El chico, además, resultó ser un aplicadísimo estudiante y fue becado para estudiar historia en la Universidad de Yale. Su sed de conocimiento lo impulsó a trasladarse a Londres y completar estudios en economía, filosofía y ciencias políticas. Podemos considerar al inversor de Baltimore como un hombre del renacimiento: talentoso y multidisciplinar. Su vasto conocimiento en diversos campos le proporciona una enorme ventaja ya que, a la hora de invertir, conoce a la perfección los factores sociológicos, psicológicos, políticos y económicos que motivan a su contrapartida a realizar unas determinadas operaciones y poder así posicionarse de manera adecuada en una operación.

Tras completar sus estudios, Rogers se establece en New York para trabajar como operador en Dominick&Dominick (firma en la que también trabajaría, unos años más tarde, Ray Dalio). En 1966 le sugirió a su jefe que quizás abandonaría la empresa para estudiar un MBA y éste, ni corto ni perezoso, le espetó que operando en corto aprendería más que estudiando un máster. Rogers siguió el consejo... y aprendió. Vaya si aprendió, que se arruinó. Pero, como de los errores se extraen las mejores enseñanzas, pronto llegó a la conclusión de que, primero, se deben conocer bien todos los detalles de la inversión que se quiera hacer y que después es de suma importancia una buena gestión monetaria para evitar que el capital se esfume rápidamente. Por último, si debes arruinarte alguna vez que sea al principio: tendrás toda la vida para recuperarte.

8.2. QUANTUM FUND

"Es bueno ir a la quiebra al menos una vez, y preferiblemente, dos veces. Pero si tienes que hacerlo, hazlo al principio de tu carrera, y no será el fin del mundo. Te enseñará cuánto no sabes".

En 1970, tras volver de Vietnam, Rogers consiguió trabajo en la firma Arnhold&S.Bleichroeder donde conoció a George Soros. Su destino estaba sellado. Pocas veces se juntan dos talentos como Soros y Rogers en la misma habitación trabajando codo con codo. Ambos se complementaban a la perfección y decidieron fundar Quantum Fund en 1973. En los inicios de la aventura, tanto Soros como Rogers, aceptaron pagarse un sueldo un 75% inferior a su último salario y no tomaron vacaciones durante prácticamente una década. Sus sacrificios fueron recompensados con creces. Rogers realizaba los análisis de mercado y Soros era el brazo ejecutor. El tándem ideal. En menos de una década, obtuvieron un 3.400% de revalorización total, un escandaloso 40% de rentabilidad anualizada. La revalorización del índice S&P500 fue de tan sólo un 47% en ese par de lustros. Las comparaciones siempre son odiosas....

Una de las inversiones más exitosas del Quantum Fund fue la empresa de armamento Lockheed Martin. En 1974, aprovechando un mal momento para la compañía, Soros y Rogers compraron grandes paquetes de acciones a una media de dos dólares por acción. Rogers, centrado en su trabajo de analista, concluyó que la guerra de Vietnam había consumido tantos recursos militares y económicos que los equipamientos del ejército norteamericano habían quedado desfasados. La URSS estaba tomando la delantera y eso no se lo podían permitir los Estados Unidos de América. Como Lockheed era el principal proveedor de equipamiento militar de la US army, el gobierno de Gerald Ford debería, más pronto que tarde, modernizar los equipamientos para no quedarse rezagados respecto al gobierno bolchevique en su todavía candente guerra fría. En pocos años, las acciones de Lockheed Martin se dispararían hasta los ciento veinte dólares.

Para tener éxito en las bolsas de valores es necesario invertir pronto, cuando las acciones están baratas, cuando hay pánico, cuando todo el mundo está desmoralizado. A mitad de la década de los setenta, Estados Unidos atravesaba una grave crisis estanflacionaria. La moral de las empresas se encontraba por los suelos. Los precios de las materias primas estaban por las nubes, debido en parte a los recortes en la oferta del petróleo pero es en momentos así cuando surgen las grandes oportunidades de inversión como Lockheed Martin.

Otra operación importante que proporcionó inmensas ganancias a Quantum fue la venta en corto de acciones de la empresa de maquillaje Avon. En la década de los setenta, una tendencia en moda femenina motivó que las mujeres quisieran mostrar una apariencia más natural y la venta de cosméticos y maquillaje se resintieron significativamente. Rogers presintió que el PER de setenta y cinco veces beneficio al que los títulos de Avon cotizaban estaba totalmente fuera de lugar por lo que vendió grandes paquetes de acciones a ciento trenta y cinco dólares y el valor se desplomó un 80% en cuestión de un año, proporcionando pingües ganancias al fondo.

8.3. EL MOTERO INVERSOR

> "Únicamente debemos especular cuando se ofrece una buena oportunidad, y si para ello hay que estar meses sin hacer nada, pues lo mejor será sentarse y esperar".

Con tan sólo trenta y siete años de edad, Rogers era millonario. Abandonó Quantum, se dedicó a gestionar su propio dinero y dio rienda suelta a su gran pasión: viajar. En su primera vuelta al mundo, encima de su motocicleta, Rogers recorrió los cinco continentes de cabo a rabo. Mezclaba trabajo y placer. Viajando se puede aprender muchísimo: idiomas, culturas, costumbres... y, como no, de inversiones. Rogers estudiaba los entornos macroeconómicos de los países que visitaba y analizaba empresas y materias primas que pudieran resultar interesantes.

En 1984, la bolsa de Portugal se abrió al capital extranjero por primera vez en mucho tiempo. Rogers vio un gran potencial en el mercado de valores de Lisboa y decidió invertir en trenta y cinco empresas lusas. Los países que se abren a la inversión extranjera después de largos periodos de control estatal y autarquía son interesantes porque hay mucho trabajo que hacer en ellos: dotarlos de infraestructuras adecuadas; modernizar equipamientos; revitalizar sectores de negocios moribundos... Portugal comenzaba a despertar del letargo en el que se encontraba sumido tras la larga dictadura de Antonio de Oliveira Salazar. Rogers no dejó escapar la oportunidad. Asimismo, ha invertido en mercados tan "exóticos" como Botswana y Zimbabwe tras la salida del poder de Mugabe de este último. "Los países con una economía desastrosa como Venezuela ahora, pueden convertirse en países exitosos en el futuro, quien sabe... Los desastres de ahora pueden convertirse en un éxito mañana. Aunque reconoce que en Latinoamérica, en general, no se han hecho bien las cosas. Ningún país ha encontrado una estabilidad que haya durado décadas".[91] Este un claro aviso para navegantes:

---

[91] www.youtube.com/entrevistaconmarcelloarrambide. 12/08/2020.

las buenas inversiones deben considerarse en plazos de diez años aproximadamente. De otra manera debemos de encontrar el *timing* preciso. Si entramos justo antes de un colapso bursátil, es posible que la recuperación pueda llevarnos unos cinco o siete años por lo que resultaría difícil ganar mucho dinero si no poseemos la habilidad suficiente para entrar al mercado en el momento exacto. Entrar justo después de que el mercado remonta tras una debacle resulta también bastante complicado de predecir, prácticamente imposible. También avisa que si no conocemos gran cosa de esos lugares remotos no pongamos nuestro dinero allí: "Por favor, si no sabéis situar Etiopía en el mapa, ni deletrearla correctamente, no invirtáis en Etiopía".[92]

Volviendo a Latinoamérica, una nación que Rogers cree que puede resultar atractiva para invertir en los próximos años es Colombia. El país tiene ahora mayor estabilidad una vez desarticulada las FARC. Colombia posee tremendos recursos naturales, un sector agrícola en auge y belleza para atraer turismo. Cambiando de tercio y, siguiendo con nuestra vuelta al mundo particular, Rogers hace la siguiente previsión respecto a Rusia: "Su agricultura está deprimida. Rusia está deprimida, su moneda está deprimida. Con un poco de suerte voy a ganar algo de dinero".[93] El aventurero tiene participaciones en Far East Shipping (empresa líder rusa en logística y transporte público) y en Phos Agro (agricultura). La madre Rusia tiene fama de cerrarse al exterior pero desde la desintegración de la URSS parece claro que ha abrazado los postulados del capitalismo. Diferente es que sean opacos. Rogers parece ver en la opacidad rusa un cierto valor oculto: sus empresas suelen ser oligopolios. Cada sector tiene una empresa puntera que se queda con la tarta entera pues eliminan por completo toda competencia posible. Así han hecho sus fortunas Roman Abramovich (propietario del Chelsea F.C.), quien posee el monopolio de la metalurgia rusa tras haber hecho fortuna vendiendo la petrolera Sibfnet a Gazprom en 2005, Alexei Miller, acaparador del gas ruso o Alexander Bortnikov, quien, además de dirigir los servicios secretos rusos, es el oligarca que dirige los destinos de Sovkomflot, empresa de transporte marítimo.

---

[92] Ídem.
[93] www.cnbc.com. 9/01/2017.

8.4. UN TORO EN CHINA

" Si yo estoy alcista o bajista, siempre intento tener posiciones largas y cortas en el mercado, por si estoy equivocado".

Hace cuarenta años nadie podía prever que la economía china estaría donde se encuentra ahora. Con un gobierno comunista, la economía cerrada y la mitad de la población viviendo en la pobreza, nada hacía presagiar que se convertiría en la segunda economía del mundo, acercándose con celeridad al primer lugar de tan distinguido ránking. A finales de la década de 1970, la nación asiática empezó un proceso de aperturismo tras la muerte de Mao Zedong. Sin renunciar del todo a los postulados socialistas, el sucesor de Mao, Den Xiaoping, impulsó una serie de valientes reformas para transformar una economía centralizada y planificada en una economía socialista de mercado. Los primeros cambios importantes se llevaron a a cabo en el sector agrícola. Den Xiaoping descolectivizó la agricultura y los campesinos pudieron quedarse las tierras en propiedad, estimulando la producción para sacar de la pobreza a millones de granjeros chinos. Hoy día la agricultura representa el 8% del P.I.B. chino y emplea al 15% de la población activa. El gigante asiático se ha convertido en líder mundial en producción de arroz, patatas, cereales, algodón y té. Posteriormente, el gobierno chino propulsó una reforma industrial en la que la producción pasaría paulatinamente de manos públicas a privadas (exceptuando el sector petrolero, eléctrico, y bancario que siguen bajo gestión estatal), permitiendo, además, la entrada de capital extranjero por primera vez en cuarenta años con la creación de las llamadas "zonas económicas especiales": Shenzen, Zhuhai, Shantou y Xiamen. En 2001, China ingresó en la Organización Mundial del Comercio y redujo aranceles, eliminando así barreras comerciales y regulaciones. Su P.I.B ha crecido a una tasa cercana al 10% anual desde 1978 a pesar de que en los últimos años se ha reducido algo el crecimiento. Los salarios de la población se han incrementado a un ritmo de casi el 7% y, pese a que a los coeficientes Gini demuestran que el país asiático es de los más desiguales del mundo, justo es decir que la pobreza ha quedado prácticamente erradicada en las zonas urbanas y se ha reducido drásticamente en las zonas rurales.

Rogers visitó China por primera vez en 1982. Bajo su punto de vista, el gigante asiático superará a Estados Unidos como primera potencia mundial en un plazo de entre diez y quince años. "El siglo XX fue el siglo de Estados Unidos. El siglo XXI será el siglo de China" manifiesta sin tapujos en su libro *A bull in China*, donde asegura que se está produciendo "el mayor boom económico desde la revolución industrial inglesa".[94] El profesor de Columbia, aporta datos más que interesantes: China recibe casi cien mil millones anuales de inversión extranjera, tiene una tasa de ahorro del 35%, exporta productos por valor de más de dos billones de dólares, y es el principal tenedor de deuda gubernamental extranjera siendo sus reservas en divisas extranjeras superior al billón de dólares. Asimismo, ve potencial en el yuan (moneda china) para convertirse en una divisa de referencia mundial. Y añade que, pese al desarrollo brutal experimentado en las décadas anteriores, aún quedan inversiones interesantes por llevar a cabo en materia de agricultura, infraestructuras, energía y/o turismo. Por último, nos aconseja que aprendamos chino, por complicado que sea, porque vaticina que será el idioma del futuro.

El número de empresas chinas que se consolidan entre las más importantes del mundo crece de manera espectacular. En 2019, en el ránking que Forbes publica de manera anual, China tomaba la delantera a Estados Unidos por primera vez: ciento veintinueve compañías chinas (el 25% del total de la lista) por ciento veintiuna el país de las barras y estrellas. De hecho, el segundo, tercer y cuarto lugar corresponden a empresas chinas (Sinopec Group, State Grid y China National Petroleum, respectivamente) que únicamente se ven superadas por la cadena de distribución norteamericana Walmart. Entre los sectores más representados están las compañías mineras (el país es el líder mundial en la producción de minerales como el hierro, el zinc, el estaño o el oro), energía (petroleras tanto estatales y privadas, carbón y gas natural) y servicios financieros. Por otra parte, empresas de relativa nueva creación avanzan con paso firme: Huawei ya es el principal fabricante de teléfonos móviles del mundo y ocupa el decimoprimer lugar en la lista; la tecnológica Tencent

---

[94] Rogers, Jim. *A bull in China*. Editorial Random House, 2008. ISBN: 978-0812977486.

está en la posición número cincuenta, mientras que Ali Baba (cuyo fundador Jak Ma es el más acaudalado del país con una fortuna de treinta y ocho mill millones de dólares), gana terreno en el sector de venta minorista por internet y es la segunda empresa *retail* del mundo, por detrás de Amazon, ocupando el puesto número ciento treinta y dos del ránking.

El número de billonarios chinos no deja de crecer. En 2020, trescientas setenta y tres personas nacidas en la nación asiática tenían una fortuna superior a un billón de dólares. Por otra parte, cada semana dos personas se vuelven millonarios allí según un informe del banco suizo UBS. El estudio concluye también que la República Popular de China es el país actual donde las condiciones para volverse rico son más favorables. El inversor español Francisco García Paramés, señala las principales razones para confiar en China: "Las ganas del pueblo chino por mejorar sus condiciones de vida; su capacidad de trabajo y ahorro; y un entorno razonable de defensa de la propiedad, con menor burocracia y corrupción que en otros países con un grado de desarrollo parecido".[95]

8.5. ESCUELA AUSTRÍACA

"La economía de mercado es un sistema social de división del trabajo basado en la propiedad privada de los medios de producción". Ludwig Von Mises.

Se conoce como escuela austríaca a la corriente de pensamiento liberal-económico nacida en Viena en 1871, y que basa sus principios en el individualismo metodológico, en el que todos los fenómenos sociales son explicables por las acciones de los individuos. El libro publicado por el profesor Carl Menger, *Principios de economía*, es el pilar fundamental de esta corriente defensora de la libertad individual y enemiga del intervencionismo. Los números no lo explican todo. Detrás de cada decisión económica hay un individuo que se comporta en base a diferentes motivaciones. Tras cada decisión económica individual (microeconomía) se deriva una respuesta económica global

---

[95] García Paramés, Francisco. *Invertir a largo plazo*. Editorial Deusto, 2016. ISBN: 978-8423425679. Cap.5, pág. 170.

(macroeconomía). Según explicaba Menger, **el valor de un bien dependerá del valor que le asigne cada agente. Dicha utilidad es subjetiva y dependerá de las necesidades que desee satisfacer cada individuo.** El movimiento, además, cuestiona el pensamiento marxista. Según la escuela austríaca, la falta de beneficios y de precios de mercado no permite a los gobiernos socialistas disponer de referencias para asignar eficientemente los recursos. Por último, el movimiento es muy crítico también con los ciclos expansivos generados por un exceso de deuda ya que éstos derivan en burbujas que pinchan cuando se cierra el grifo del crédito barato. Las consecuencias de todo ello son recesiones económicas. Para Menger, Hayek (premio nobel de economía en 1970) o Von Mises, referentes de esta escuela de pensamiento, los ciclos expansivos deben surgir del excedente en ahorros como ocurrió en China a principios de la década de 1990 y no del exceso de deuda como ocurre en la actualidad en la mayor parte de las economías que conforman la OCDE.

Rogers es un gran defensor de la doctrina austríaca. Aun con sus fallos, la considera una doctrina bastante sensata por su defensa del *laissez-faire*. El problema de los economistas es que se pierden entre datos y no tienen en cuenta el factor más importante que es la psicología del mercado. Tampoco tienen una perspectiva del mundo lo bastante amplia. No son como los artistas del renacimiento que dominaban varias especialidades. El político utilitarista John Stuart Mill dijo una vez que un economista en realidad no lo era si no sabía nada más que de economía. Un inversor no debe dejarse guiar por una escuela económica determinada ya que sus doctrinas acostumbran a ser rígidas y es imperativo que seamos flexibles en nuestras opiniones para poder adaptar nuestras estrategias para que éstas sean ganadoras bajo cualquier circunstancia. Como cita Anthony Robbins en sus charlas motivacionales: "Debemos ser firmes en nuestras ideas pero flexibles en nuestras estrategias".[96]

El 99% de la clase política no tiene ni idea de como funciona la macroeconomía. Y mucho menos de los patrones que rigen los mercados financieros. En el capítulo 9 de *Maestros de la Bolsa 1*, pudimos comprobar como los esfuerzos del Banco de Inglaterra para mantener la libra esterlina en 1992 y las estrategias del Banco

---

[96] Alcaide Hernández, Francisco. *Aprendiendo de los mejores*. Prólogo, pág. 5.

Central Mexicano para que no se hundiera el peso mexicano en 1994 resultaron *peccata minuta*. Los gobiernos respectivos tampoco fueron capaces de lidiar con la situación. Ambas operaciones tuvieron un denominador común: su viejo colega George Soros. Rogers, quien ya hacía años que había dejado Quantum pero siempre ha sacado provecho de estas situaciones, aconseja: "Debería estar escrito como un axioma que siempre inviertas contra los bancos centrales. Cuando los bancos centrales intentan mantener a una divisa, siempre haz lo contrario".[97] Cuando en Europa no existía la moneda común, España e Italia tenían problemas frecuentemente con sus respectivas divisas. Los bancos centrales de cada país respondían devaluando la moneda para atraer inversión extranjera pero provocaban caídas del consumo interno al aumentar la inflación provocando, a su vez, recesiones económicas. Los bancos centrales de Argentina o Venezuela lo hacen constantemente en la actualidad y ya conocemos todos la situación de ambos países. Un *trader* debe conocer todos estos datos macroeconómicos para poder posicionarse del lado correcto.

8.6. MARKET MAKER

"En mercados bajistas me dedico a emitir *puts* que terminarán expirando sin valor y yo ganaré dinero".

Rogers es tajante: "(a principios de los 80) estaba corto en acciones y vendía *calls*. No compro opciones. Comprar opciones es otra manera rápida de irse a la pobreza. Alguien hizo un estudio para la SEC, y descubrió que el 90% de las opciones expiran sin valor. Así que en mercados bajistas me dedico a emitir opciones *puts* para que otros las compren. Sé que la mayoría terminarán valiendo cero".[98] El inversor norteamericano es un creador de mercado o *market maker*. **A un inversor o *trader* le interesa informarse bien con que tipo de intermediario financiero está operando ya que, dependiendo del tipo de intermediario que utilice, obtendrá mejores o peores rentabilidades, servicios, costes y**

---

[97] www.youtube.com/entrevistaconmarcelloarrambide. 12/08/2020.
[98] Schwagger, Jack D. *Market Wizards*. Editorial Jon Wiley&Sons, 2012. ISBN: 978-11182730050.

transparencia financiera.

Existen tres categorías de bróker: los *Broker Dealing Desk*, los *Broker Non Dealing Desk* y los híbridos.

Los *Broker Market Maker* se encuadran dentro de la tipología *Broker Dealing Desk*. Son, como su propio nombre indica, intermediarios financieros creadores de mercado que ejecutan las órdenes en su propia mesa de operaciones. Crean un mercado interno en el que proveen la liquidez y la contrapartida necesaria (que son ellos mismos). Conforman el grupo más numeroso de intermediarios disponibles en el mercado.

Las mayores ventajas de operar con este tipo de bróker son:

1) No tenemos que esperar a que haya contrapartida en un mercado para las órdenes que lancemos ya que el propio intermediario proveerá la liquidez necesaria.

2) Ofrecen barreras de entradas pequeñas ofreciendo microlotes y permiten apalancamientos bastante elevados.

3) Algunos de ellos ofrecen la posibilidad de operar con *spreads* fijos **(recordar que el *spread* es la diferencia entre el precio real de mercado y el precio ofrecido por el bróker, conocido en castellano como "horquilla de precios")**. Dicha diferencia es la ganancia que obtiene el intermediario financiero.

Las principales desventajas de operar con este tipo de bróker son:

1) **Algunos no están regulados**. Es imperativo averiguar si el intermediario con el que operamos o pensamos operar, está regulado o no por las comisiones reguladoras financieras pertinentes como la CNMV en España, la SEC en Estados Unidos o la CNBV en México, por ejemplo.

2) **Pueden surgir conflictos de intereses entre cliente e intermediario**. Este tipo de bróker puede conseguir ganar dinero operando en contra de la posición del cliente. Esta es

una práctica muy poco ética por lo que debemos elegir un intermediario con una larga trayectoria ya que los que realizan estos actos (que rozan la ilegalidad) no suelen durar mucho y, tarde o temprano, son pillados con las manos en la masa.

3) Muchos de ellos no permiten hacer *Scalping, hedging* o *trading* automático.

Dentro de la categoría ***Broker Non Dealing Desk* (que significa que no tienen su propia mesa de negociación sino que simplemente sirven de entermediarios entre el cliente y el mercado)** distinguimos dos tipologías diferentes:

1) <u>Brókers STP (*Straight Through Processing*)</u>: **procesan electrónicamente nuestras órdenes lanzadas a mercado hacia sus proveedores de liquidez (bancos e instituciones financieras)**. No existe la posibilidad de conflicto de intereses ya que el bróker es un simple intermediario y no ofrece contrapartida alguna: es el propio mercado el que la provee. Los *spreads* son siempre variables en este caso y se ofrecen al mejor precio disponible en ese momento.

2) <u>Brókers ECN (*Electronic Communication Network*)</u>: **son parecidos a los anteriores pero disponen de una mayor profundidad de mercado ya que hacen de intermediarios con un número mayor de agentes financiero**s. Los *spreads* también son variables, se ofrecen al mejor precio disponible en el momento y sin posibilidad de conflictos de intereses entre las partes implicadas. En ambos casos se permite la operativa de *scalping, hedging* o *trading* automático y que no permiten los *market makers* pero, a diferencia de éstos, no suelen ofrecer microlotes y los depósitos iniciales exigidos suelen ser más elevados. También es posible que cobren comisiones por volumen negociado.

Por otra parte los brókers híbridos ofrecen los dos tipos servicios: como norma general ofrecen servicios de *Market Maker* a los principiantes y servicios de *Non Dealing Desk* a los operadores de mayor experiencia.

Como hemos podido comprobar, cada categoría de bróker ofrece su propio tipo de servicios. El *trader* debe analizar qué tipo de intermediario se adapta mejor a su perfil de riesgo, experiencia, solvencia y rentabilidad esperada para decidir si trabaja con un tipo de intermediario u otro.

8.7. LA REGLA DE ORO

> "La regla de oro: quien tiene el oro pone las reglas". Dicho popular.

El oro ha sido siempre el valor refugio por antonomasia. Pero no es oro todo lo que reluce (nunca mejor dicho). Si bien es cierto que en tiempos de incertidumbre su valor aumenta, también cae de precio cuando el apetito por los activos de riesgo se incrementa. Como el preciado metal es usado tanto como bien de consumo (especialmente en joyería y complementos) como para la fabricación de productos tecnológicos, el aumento y la disminución de la demanda de éstos influye en su precio. Al igual que hacemos al analizar un valor, debemos conocer bien como funciona el mercado de materias primas y, si no se poseen los conocimientos adecuados, lo mejor es acudir a un profesional para que nos asesore.

Estas son las principales ventajas de la inversión en oro:

1) Liquidez: es un producto que se puede comprar y vender con facilidad en cualquier lugar del mundo.

2) Su precio no depende de factores políticos, ni de los bancos centrales.

3) En caso de colapso monetario puede servir como moneda de pago.

4) Gracias a la tecnología, no es necesario ya poseerlo físicamente.

5) En caso de posesión física, por ejemplo en joyas, no hace falta demasiado espacio para su almacenamiento.

6) La compra de oro físico en forma de lingotes no está sujeta a IVA.

Estas son las desventajas de la inversión en oro:

1) En caso de adquirirse en forma de lingotes se necesita espacio para su almacenamiento en un lugar seguro e incurrir en gastos adicionales como seguros de protección o mediante la adquisición de una caja fuerte.

2) El precio fluctúa y, aunque no suele ser muy volátil a corto plazo, a largo plazo el movimiento suele ser amplio.

3) Suele ser sensible al movimiento del dólar. Cuando la divisa tiende a subir, el oro cae y viceversa.

Existen dos maneras de invertir en oro: comprando oro físico y adquiriendo oro mediante productos financieros.

Compra de oro físico:

1) Lingotes de oro: la opción más habitual. No obstante, son complicados de almacenar y pesan mucho. Los lingotes más pequeños rondan los seis mil euros de precio. Para resolver el problema han aparecido plataformas que se encargan de comprarlos, almacenarlos y, llegado el caso, venderlos. La compra de lingotes está exenta de IVA.

2) Joyas y relojes: el valor de estos artículos cambiará en función de la cantidad de oro, medida en este caso, en kilates.

3) Monedas: aquí podemos aprovecharnos tanto de la potencial revalorización del metal como de su valor numismático. Tanto en el caso de las joyas como en el de las monedas, la compra está sujeta a IVA y, en ambos casos, al impuesto de

transmisiones patrimoniales en la compraventa de segunda mano.

4) <u>Monedas Bullion</u>: la diferencia con la moneda de oro normal radica en que funciona como un lingote y no tiene valor numismático. Es mucho más fácil de almacenar, menos pesado y resulta más fácil de liquidar ya que al contener menos metal, no son tan caras.

Oro en productos financieros:

1) <u>ETC's</u>: son las siglas de *Exchange Trade Commodities* y funcionan exactamente como los ETF's pero en este caso tratan de replicar el movimiento de una materia prima, en este caso el oro y, a diferencia de un ETF, estamos invirtiendo en un producto subyacente del oro aunque respaldado por el valor de éste. También existen ETC's sintéticos, unos productos mucho más especulativos puesto que su subyacente es un derivado financiero como una opción o un *swap*.

2) <u>Invertir en acciones de empresas mineras</u>: aquí nos descorrelacionamos del precio del oro. Sin embargo, no es la inversión más recomendable ya que las empresas mineras son cíclicas y dependen de muchas variables. En general, no son la mejor opción por su alta correlación con los activos bursátiles y por ser bastante volátiles. Mark Twain citaba: "Una mina de oro es un agujero en el suelo con un mentiroso de pie en la parte superior".[99] Sin embargo, podemos minimizar riesgos invirtiendo mediante compañías de *royalties* como alternativa. **Las empresas de *royalties* se dedican a prestar financiación a las compañías mineras a cambio de una participación por lo que se convierten en socias y deudoras de éstas**. Por lo tanto si invertimos a través de empresas de *royalties*, recibiremos, como prestamistas, parte de los beneficios que la compañía minera

---

[99] Frase atribuida al escritor Mark Twain, su autoría nunca ha podido quedar demostrada.

obtenga de la extracción de la mina durante la vida útil de la misma.

3) <u>Fondos de inversión especializados en oro</u>: el gestor invertirá en activos relacionados con el oro: empresas mineras, ETF´s, mercados de derivados, etc.

El oro comenzó a brillar al utilizarse como sustituto del trueque, hace más de dos mil años, en Roma. El trueque, no obstante, presentaba múltiples problemas ¿Cómo determinar si tiene más valor un cordero que un cerdo? Y si cosecho arroz y lo intercambio por manzanas...¿Quién me garantiza que el cultivador de las manzanas va a tener la cosecha a punto y quién le garantiza a él que yo podré tener listos los granos de arroz en el momento de realizar el intercambio? Por otra parte, en ciertos momentos, la demanda de un bien podía estancarse y cuando eso ocurría, el productor podía encontrarse con dificultades para intercambiar su producto. En una segunda fase, se utilizaron otras materias primas como moneda. Es el caso de la sal. El término "salario" procede del pago con sal a los trabajadores y funcionarios del Imperio Romano. Esta *commodity* era muy codiciada en su día ya que servía, entre otras cosas para condimentación y conservación de alimentos, evitar la deshidratación y, como evidentemente la medicina aún no estaba tan desarrollada como hoy día, se usaba como antiséptico y para la detención de hemorragias. Otras "monedas corrientes" fueron, en diferentes épocas y países, las plumas y otros metales de menor valor como el bronce, el cobre y el níquel. En África, por otra parte, era común pagar con conchas. Poco a poco el oro y la plata, metales mucho más preciados, fueron imponiéndose como moneda de intercambio aunque al principio, el oro y la plata se tasaban en función de las cabezas de ganado disponible y no al revés. Por otro lado, estos metales eran cómodos de transportar, no se deterioraban con facilidad como otros metales menos valiosos y los gobernantes decidieron acuñar monedas utilizando oro y plata como base mezcladas con bronce y cobre, principalmente. La palabra "moneda" procede del latín "moneta" al acuñarse en un templo de Roma dedicado a la deesa Juno Moneta. Para la fabricación de las monedas se estandarizó un modelo que mezclaba el oro o la plata con otros metales menos valiosos con el objetivo de evitar falsificaciones. Su valor variaba en función del porcentaje de oro o plata que contuviera la moneda. Por otro lado, los billetes no fueron posibles emitirlos hasta la invención de la imprenta en el siglo XV aunque su uso no se extendió significativamente hasta el siglo XVIII. Por último, a medida que las naciones se iban desarrollando, se fueron creando bancos centrales que emitían dinero respaldado por las reservas de oro de las que pudieran disponer.

En 1933, el recién elegido presidente de los Estados Unidos de América, Franklin Delano Roosevelt, aprovechando una ley vigente desde 1917 (Ley de Comercio con el Enemigo, para más señas) que permitía restringir la exportación y el comercio del oro en tiempos de dificultades económicas, expolió a la clase media norteamericana. Después del *crash* bursátil de 1929, EEUU entraba en la Gran Depresión con tasas de paro cercanas al 20% y una inflación galopante del 20% anual. Roosevelt decidió confiscar el oro de los ciudadanos por decreto. La ley ejecutiva 6102 del 5 de Abril de 1933, obligaba a todos los ciudadanos estadounidenses a entregar a la Reserva Federal cuanto pudieran poseer en oro en todas sus variantes posibles: monedas, joyas, certificados en oro, etc, a cambio de dinero (concretamente 20,67 de dólares la onza, equivalente a 31,1 gramos). Esta medida incurría en un grave prejuicio a los poseedores del preciado metal ya que el dinero obtenido a cambio del oro se devaluaba un 20% anual debido a la erosión inflacionista. Incluso aquellos profesionales como dentistas, joyeros o artistas que utilizaban oro para sus obras o trabajos se vieron obligados a entregarlos, viéndose privados de desarrollar su profesión de manera libre. Cada ciudadano podía poseer el equivalente a cien dólares en oro como máximo. Todo lo que excediera de esa cantidad debía de ser entregada a las autoridades antes del 1 de mayo sopena de multas de hasta diez mil dólares y condenas de hasta diez años de prisión. Al año siguiente, el precio del oro había escalado hasta los treinta y cinco dólares, estabilizando la divisa y dando impulso a la recuperación económica. Todos los esfuerzos en los sucesivos años, se encauzaron en mantener a la divisa en torno a esos 35$ respecto a la onza de oro.

El patrón oro regiría la política monetaria durante décadas justo hasta el 15 de agosto de 1971, el día en que el mundo cambió para siempre. Ese día no se desmoronó ningún imperio, ni tampoco se produjo nigún magnicidio. No es una fecha especialmente destacada por los historiadores a no ser que estén especializados en economía. Aquel sofocante día de verano, el presidente Richard Nixon, aconsejado por el economista liberal Milton Friedman, decide que Estados Unidos abandonará el patrón oro rompiendo los acuerdos de Breton Woods que habían regido las reglas de la economía durante el último cuarto de siglo. No era la primera vez que un país abandonaba el patrón oro, otras naciones lo habían hecho temporalmente por determinadas circunstancias. Inglaterra, por ejemplo, aconsejada por el economista John Maynard Keynes, lo había abandonado en 1931, tras una dura recesión. Pero en el caso de Estados Unidos en particular, los efectos de esa decisión tuvo repercusión global de manera inmediata y sigue teniéndola hoy día, ya que **al no estar el dinero fiduciario respaldado por el oro, los gobiernos pueden imprimir todo el dinero que quieran causando la devaluación de éste**. Además, hay que recordar que el dólar estadounidense es la divisa de reserva oficial mundial y, al no estar sujeta ya al patrón oro, se devalúa cada vez más. Oro y dólar fluctuaban a la par hasta 1971. Los acuerdos de Breton Woods obligaban a las naciones a imprimir dinero según las reservas de oro disponibles. En los billetes antiguos de la peseta española, por ejemplo, se podía leer en el reverso la inscripción "garantizado por su equivalente en oro", **ahora, en cambio, el respaldo de la moneda fiduciaria es deuda. Los bancos centrales emiten o restringen la impresión de dinero a conveniencia. Emiten papel moneda para devaluar su precio y atraer capitales, y lo restringen cuando consideran que hay demasiado dinero en circulación y la inflación se sale de madre.**

Los bancos centrales se han aficionado a inventar dinero. Si no actuaran de esta forma, tendríamos una economía deflacionaria. **La deflación es un fenómeno provocado por una situación de exceso de oferta a causa de un descenso de la demanda que hace que los precios de los bienes o servicios caigan**. La deflación es natural en un estado desarrollado donde la tecnología provoca una reducción de los costes a la hora de producir un bien o servicio. **La deflación es una ventaja para el ahorrador puesto que al caer los precios puede adquirir más productos o servicios con el mismo monto pero, por el contrario es una rémora para el deudor ya que aumenta el valor del dinero que debe devolver**. La deflación puede crear, adicionalmente, un círculo vicioso donde el consumidor puede aplazar indefinidamente sus decisiones de compra esperando precios más bajos en el futuro. Por último, es muy posible que un proceso de deflación termine con un recorte generalizado de los salarios o, en caso extremo, despidos masivos. Parece claro que, **pese a ciertas desventajas, es más interesante un entorno económico con una inflación controlada**.

Durante toda la década de 1970 el dólar se fue devaluando mientras el precio del oro escalaba de manera espectacular. La crisis energética y la consecuente subida del coste de las materias primas contribuyeron a la revalorización del preciado metal. A principios de 1973, los bancos centrales de Alemania, Reino Unido y Francia tuvieron que comprar masivamente dólares para evitar su bancarrota tras un ataque especulativo. Soros y Rogers supieron aprovechar la situación y vendieron dólares de manera masiva. A principios de 1980, el oro alcanzaría máximos históricos tras la segunda crisis del petróleo provocada por la revolución islámica en Irán y la invasión soviética de Afganistán. Jim Rogers apostó contra el oro en 1980, año en el que alcanzó un pico de mercado: dos mil doscientos dólares la onza. Rogers sabía que las políticas económicas y políticas iban a cambiar con el relevo presidencial del demócrata Jimmy Carter por el republicano Ronald Reagan y con la llegada de Paul Volcker a la presidencia de la Reserva Federal. Volcker rebajó tipos, las bolsas vivieron una era dorada y los valores refugio como el oro y la plata bajaron muchísimo de precio. Dos años más tarde, cuando las medidas Reaganomics se implantaron, el oro descendió por debajo de ochocientos dólares y Rogers comenzó a cerrar posiciones. "Espero hasta que el mercado empieza a moverse en *gaps*. Es una clara señal de volatilidad, histeria y pánico".[100]

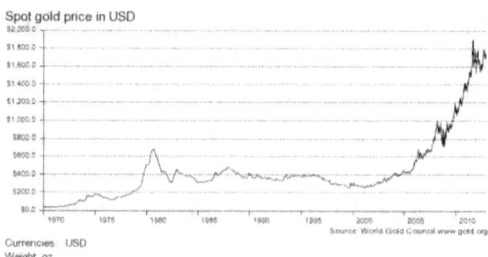

FIGURA 1.13

---

[100] Schwagger, Jack D. *Market Wizards*.

El precio del oro marcó un mínimo por debajo de los cuatrocientos dólares en 2000, justo antes de la explosión de la burbuja puntocom que provocó nuevas alzas en el precio del metal dorado durante los siguientes años. Luego, entre 2008 y 2011, el oro se revalorizó un 166% y la plata un 440%. No obstante, tras alcanzar sus máximos en mayo de 2011, se hundieron un 30% y un 73% respectivamente en los sucesivos meses después de que las medidas tomadas por la reserva federal favorecieran una mayor demanda de liquidez. "Simplemente cada vez que apuestes contra el pánico, estarás en lo correcto si puedes permanecer firme en tu idea", sugiere Rogers en Market Wizards. Rogers estuvo largo en ambos metales durante 2010 y 2011, saliendo posteriormente y volviendo a entrar en el oro en 2019 cuando intuyó que el rally bursátil experimentado en la última década empezaba a mostrar signos de agotamiento y las manos fuertes del mercado comenzaban a tomar posiciones en el metal dorado.

8.8. EL DÓLAR

"La crisis actual actual hay que explicarla en parte por el desconocimiento de la historia financiera, y no sólo entre la gente corriente". Niall Ferguson.

El Dólar Estadounidense es la divisa de reserva oficial como bien hemos comentado en el capítulo anterior. La palabra dólar deriva del alemán "Thaler" que literalmente significa "del valle". La plata usada para acuñar los thaler procedía de Joachimthal, o Valle de San Joaquín, situado en los bosques de Bohemia, en la actual República Checa. En México se adoptaría el *Daler* mexicano, una derivación latina del término "Thaler", y de allí los norteamericanos bautizarían a su nueva moneda, acuñada tras la Guerra de la Independencia con los británicos, que sustituiría al "continental" la divisa utilizada hasta entonces por el gobierno de la nación recién constituida. Hasta 1900, el Dólar Estadounidense estuvo respaldado por el valor de la plata. A partir del primer año del siglo XX, la divisa norteamericana pasó a cotizar según el patrón oro siendo vigente este sistema hasta 1971. Los bancos centrales de los países extranjeros podían mantener sus reservas tanto en dólares como en oro, pero resultaba más práctico para ellos poseer dólares que además les generaban intereses al prestarlos. Por otra parte, el comercio mundial de oro no crecía al mismo ritmo que la economía mundial (recordemos que el oro es un bien finito, puede haber escasez y extraerlo cuesta dinero) así que, para evitar caer en deflación o estancamiento en la economía, los bancos centrales optaban por mantener sus reservas en dólares en lugar de oro. Si acumulaban un exceso de dólares y, en un momento determinado, decidían convertir todas las reservas en dólares en oro, se corría el riesgo de que Estados Unidos no pudiera mantener el precio de la onza (previamente establecido en 35$) y no poder afrontar sus obligaciones. En 1931, ya había ocurrido un hecho similar en Inglaterra al ser incapaz el Banco de Inglaterra de satisfacer la alta demanda de oro ejercida por los especuladores. Sabedores éstos de la escasez de reservas que el banco tenía, inundaron el mercado de libras, provocando, de este modo, el abandono británico del patrón oro. A partir de 1971, el precio del dólar sería respaldado por crédito, rompiendo los acuerdos de Breton Woods que ligaba el precio del dólar al valor del oro. Estados Unidos, gran acreedor mundial hasta ese momento, pasaría a ser el mayor deudor global, pudiendo aumentar el déficit corriente siempre que quisiera: el único requisito era financiarse a tipos atractivos que atrajeran las inversiones. Era el fin de los años de tipos fijos de cambio. Para economías fuertes y estables como USA, Alemania o Japón no representaba ningún problema (al menos para los gobiernos y los bancos centrales) para el ciudadano de a pie era otro cantar. **Para países con economías más débiles, en cambio, las oscilaciones en los precios de las divisas son mayores o menores dependiendo de la confianza que los acreedores demuestren en la economía del país de turno. Los inversores demandarán tasas de interés más altas en momentos de turbulencias económicas y relajarán las exigencias de crédito cuando esos países muestren una mayor fortaleza.**

Rogers opina sobre el dólar: "En un eventual *crash*, el dólar debería fortalecerse si aumenta la agitación y si eso ocurre, podría sobrevalorarse y espero ser lo suficientemente listo para venderlo".[101] Vender dólares en corto puede ser un buen negocio a largo plazo para los *traders*. Es una apuesta casi segura. En los

---

[101] www.youtube.com/entrevistaconmarcelloarrambide. 12/08/2020.

últimos doscientos años el dólar ha perdido más de un 95% de su poder adquisitivo, acelerándose de manera más acentuada en los últimos cincuenta años. La divisa de reserva mundial ha perdido un 1,4% de media anual desde 1800. Sólo en 2020, se imprimió un 20% del dinero que actualmente hay en circulación en los Estados Unidos de América: casi cien billones de dólares (diez billones desde el punto de vista europeo ya que para los norteamericanos un billón equivale a mil millones. N del A.). Esta cantidad es superior a todas las emisiones de la FED en sus doscientos primeros años. Ya hemos visto que el valor de un bien se deprecia cuando hay exceso de oferta por lo que no parece lo más inteligente estar en posesión de cantidades excesivas del billete verde actualmente.

La proliferación de dinero barato provoca tipos de interés ridículamente bajos. Los gobiernos le han cogido el gustillo a financiarse barato y cada vez les resulta más complicado dar marcha atrás. Cualquier aumento desmesurarado de los tipos de interés causaría estragos a corto y medio plazo. Muchos estados tienen deudas equivalentes a más del 100% de su P.I.B.

Echando un vistazo a la historia, una deuda nacional desbocada ha terminado derivando en altas inflaciones. La historia más conocida, sin duda alguna, es la hiperinflación alemana que provocó el pago de las indemnizaciones impuestas al país teutón como consecuencia del Tratado de Versalles. La República de Weimar, régimen alemán del momento, emitió marcos de manera incesante para hacer frente a los gastos de las sanciones y la cantidad de dinero en circulación provocó un aumento descomunal de precios. Entre 1922 y 1923, los precios aumentaban un 21% cada día, doblando su precio cada cuatro días, el equivalente a un 30.000% mensual. Insostenible. El marco se depreció de tal manera que, cuenta la leyenda, un ciudadano acudió a un comercio con una carretilla cargada de billetes, la dejó en la calle y cuando salió, se habían llevado la carretilla y habían dejado el dinero en el suelo. Para el ladrón, la carretilla tenía mucho más valor que los billetes. Y, es que cuando el dinero deja de tener valor, los bienes tangibles se revalorizan aunque se trate de simples carretillas. Otras personas lo utilizaron como combustible en invierno o para empapelar las paredes de sus casas. El descontento de los alemanes creó un cisma político en el país donde el anarquismo primero, el comunismo después y, finalmente el nazismo, fueron en auge.

Otro caso de hiperinflación tuvo lugar en Hungría tras la II Guerra Mundial, en 1946. Números en mano es la inflación más salvaje de la historia. Basta decir que se llegó a emitir el billete con la denominación más alta jamás conocido: el billete de cien trillones de Pengs (divisa húngara). Rusos y nazis habían saqueado incesantemente el país tras sus sucesivas invasiones y la nación magiar aún debía el equivalente a trescientos millones de dólares a la Unión Soviética en concepto de reparaciones de guerra. Como el país centroeuropeo no tenía oro ni divisas extranjeras suficientes para afrontar los pagos, el gobierno se vio obligado a emitir moneda indiscriminadamente. Los precios alcanzaron su cénit en julio de ese año cuando los precios se cuadruplicaban diariamente. Los sueldos, que aumentaban cada cuatro horas, llegaron a perder un 85% de poder adquisitivo pese a todo. Los agricultores dejaron de aceptar pengs, provocando escasez de oferta y un aumento más brutal todavía de los precios (si es que eso era posible). Los habitantes terminaron por recurrir al trueque de manera obligada, su dinero resultaba inservible. La solución llegó cuando el gobierno emitió una nueva divisa, el florín húngaro, respaldada por reservas de oro, logrando normalizar la situación. Existen fotografías de personas barriendo pengs en las calles de Budapest.

El caso más reciente ocurrido ha sido en Zimbabwe durante los años 2005-2009 y es, por el momento, el único caso de inflación descontrolada de lo que llevamos de siglo (aunque probablemente los habitantes de Venezuela y Argentina tengan algo que objetar al respecto). La corrupción del gobierno de Robert Mugabe, caudillo del país durante treinta años junto a la impresión continua de papel moneda para financiar al ejército y ahogar las contrarevoluciones internas, llevó a la antigua Rhodesia a imprimir un nuevo billete, el "nuevo dólar" que sustituyó al antiguo dólar de Zimbabwe, por razón de 1000 a 1 (los precios se habían multiplicado por mil durante 2006). La emisión de la nueva divisa no sirvió para paliar la situación sino todo lo contrario: en 2007 los precios se multiplicaron por sesenta y seis mil. No obstante, y al contrario que en Alemania o Hungría, no era un problema coyuntural sino estructural. Con el 80% de la población en paro, los salarios denominados en billones de dólares no alcanzaban ni para un billete de autobús ni para una barra de pan siquiera. Durante 2008, los ciudadanos usaban los billetes ¡cómo papel higiénico! El precio de una botella de agua se multiplicaba por dos cada dos horas. Si se acudía a un bar a tomar un café, el precio se doblaba en el lapso de tiempo transcurrido en disolver el azucarillo y terminarse la taza... En julio llegó a emitirse un billete de cien trillones de dólares. La situación no se arregló hasta que el gobierno decidió eliminar el "nuevo dólar" ante el fracaso de su implantación y sustituirlo por monedas fuertes como el rand sudafricano y el dólar estadounidense que pasaron, eventualmente, a ser las divisas oficiales del país africano.

Aunque hoy día la inflación parece controlada, sería buena idea que los gobiernos y bancos centrales no olvidaran repasar los libros de historia. Rogers avisa de los problemas derivados de ingentes emisiones de deuda: "Si fuera gestor de renta fija, me buscaría otro trabajo", asevera de forma tajante.[102] Para la clase política, la expansión monetaria es la mejor decisión a corto plazo aunque nefasta a largo plazo tanto para el ciudadano como para la economía del país. Aumentar el dinero en circulación es más popular que aumentar impuestos y hay que ganar elecciones cada cuatro años... Según Rogers hay pocas esperanzas para el futuro de la clase media. El ex-presidente de Estados Unidos, Herbert Hoover afirmó en un mítin electoral, no sin razón : "Benditos sean los jóvenes porque ellos heredarán la deuda nacional". Rogers también cree que los niveles de deuda a las que las naciones han recurrido son insostenibles y serán inevitables futuras subidas de impuestos a la clase media para hacer frente a las obligaciones de deuda. El Foro Económico Mundial también se muestra partidario de reformas profundas en su informe *El gran reinicio*.[103]

Respecto a la posibilidad del uso de criptomonedas como valor de intercambio o como reserva de valor, Rogers no tiene ninguna duda: "Todas irán a cero".[104] Ya hemos hablado del *Bitcoin* y de sus primas hermanas por lo que no vamos a añadir nada más al respecto. Con la información expuesta en estas páginas que cada cuál extraiga las conclusiones que crea conveniente...

---

[102] www.youtube.com/entrevistaconmarcelloarrambide. 12/08/2020.
[103] https:es.weforum.org/focus/el-gran-reinicio.
[104] www.youtube.com/entrevistaconmarcelloarrambide. 12/08/2020.

8.9. FAANG

"Estoy fuera. Pero si estuviera dentro, saldría lo más rápido posible". Jim Rogers respecto a las FAANG.

El término FAANG se utiliza como acrónimo para referirse a Facebook, Amazon, Apple, Netflix y Google, cinco de los valores de mayor capitalización bursátil del globo y que representan los cinco principales valores tecnológicos del mundo. Su sobreponderación en el índice Nasdaq100, que engloba a los cien principales valores tecnológicos del mundo, es ya del 45%. En el S&P500 el peso es del 27%. La rentabilidad de las FAANG en la última década está cercana al 20% anualizado. Los mercados bailan al son marcado por estas mastodónticas compañías conocidas por todos excepto por aquellos que hayan vivido en una cueva los últimos veinte años. Cualquier movimiento al alza o a la baja de todos o alguno de ellos en particular, provoca terremotos de una magnitud desproporcionada. Michael Burry, gestor de Scion Capital, viene alertando desde hace algún tiempo de las distorsiones que esto provoca en las bolsas. Rogers coincide totalmente con este punto de vista: "Los inversores creen equivocadamente que son empresas demasiado grandes para caer y aunque eventualmente aún pueden continuar subiendo, en algún momento caerán. Yo ya no las estoy vendiendo en corto y no lo haré mientras los inversores sigan sobreponderando estas acciones. Así pues, estoy fuera pero si estuviera dentro, saldría lo antes posible".[105]

Las compañías de mayor capitalización suelen ser las más conocidas por el gran público. Durante las décadas de los años sesenta y setenta del siglo anterior, los inversores minoristas de los Estados Unidos de América confiaban plenamente en las *nifty-fifty*. El término *nifty-fifty* proviene del mundo de la fotografía: las cámaras fotográficas pueden tener lentes focales fijas (*prime lens*) o bien movibles (*zoom lens*). Dichas lentes focales fijas son de 50 milímetros de ahí el origen del término *nifty-fifty*, que podríamos traducir como las "cincuenta ingeniosas". Estas cincuenta ingeniosas las componían compañías tan reconocidas y prestigiosas como IBM, Coca-cola®, General Motors o Chrysler. Eran negocios

---

[105] www.economictimes/indianatimes.com. 4/12/2020.

que presentaban una lucrativa combinación de incrementos de beneficios constantes y ventaja competitiva. Otras empresas como Xerox o Polaroid, que también se incluían entre las *nifty-fifty*, representaban las "tecnológicas" de la época. Vamos a situarnos en el contexto apropiado. Pese a que las fotocopiadoras Xerox o las cámaras Polaroid nos puedan parecer aparatos más propios del pleistoceno, en aquellos días significaban la tecnología más disruptiva por lo que despertaban el máximo interés de la comunidad inversora. En 1972, Polaroid cotizaba a un PER de 100 veces mientras otras corporaciones como Disney alcanzaron una valoración PER de 70 veces beneficio. La valoración media de las *nifty-fifty* era un PER de 42 veces, múltiplos muy exigentes desde luego. En 1973, un explosivo cóctel molotov que combinaba el escándalo Watergate, el abandono del patrón oro por parte de EEUU con la consiguiente devaluación del dólar que hemos explicado anteriormente, más la crisis energética, sumió al mercado a la peor crisis bursátil desde finales de la década de 1930. Las compañías tecnológicas fueron las que mayor impacto notaron, perdiendo un 80% de media de su valor de mercado en los siguientes años. Las empresas con mayor ventaja competitiva también sufrieron pero menos: las caídas fueron de una media del 30% aproximadamente. Evidentemente, las ventas de Gillette no cayeron un 30%, por ejemplo. Los hombres no dejan de afeitarse debido a una crisis: la compañía continuó vendiendo cuchillas y maquinillas de afeitar aunque fuera a un ritmo menor. En 1973, las perspectivas de mercado eran tan exageradas que demandaban que el crecimiento anual de los beneficios empresariales fueran del 20% anualizado para conseguir que el valor intrínseco de las acciones y su precio de mercado se equilibraran. A largo plazo, el crecimiento medio de las ganancias corporativas es del 5% por lo que un ritmo de incremento de beneficios del 20% resulta a todas luces utópico e insostenible a largo plazo.

Las FAANG presentan, en la actualidad el siguiente PER: Facebook 29, Amazon 75, Apple 33, Netflix 91, Google 34. El PER medio en conjunto es de 52 veces beneficio. Recordemos que el PER medio de las *nifty-fifty* era de 42. Podemos concluir, por tanto, que se debe ser cauto a la hora de considerar invertir en las FAANG pues cotizan a múltiplos elevadísimos. Eso no significa, por supuesto, que no puedan seguir subiendo pero la rentabilidad esperada futura cada vez será menor ya que el crecimiento futuro real de los beneficios resultará prácticamente imposible de mantener. Tarde o temprano, Mr.Market puede hacer de las suyas y Rogers estará listo para beneficiarse de su locura.

8.10. GUERRA COMERCIAL

> "Hay periodos en la historia en que los mercados se abren y periodos en los que se cierran. Parece que vamos hacia un periodo donde los mercados se cierran".

Rogers opina sin tapujos sobre Donald Trump en una entrevista a Business Insider: "Él piensa que es más listo que la historia, pero la historia dice que no tiene razón, que nunca nadie ganó una guerra comercial. Las guerras comerciales no son buenas para nadie".[106] Afortunadamente para Estados Unidos y para el mundo, Donald Trump ya es historia aunque el mal ya está hecho. Los conflictos generados por la administración Trump con el gigante asiático ha creado un clima de inestabilidad comercial y política que no favorece a nadie. El mundo está expectante con la posibilidad de que Joe Biden mejore las relaciones con China y eliminar así una de las tres variables que Rogers cree que pueden desencadenar en "el peor *crash* de nuestras vidas".[107] Las otras dos ya las hemos repasado: la alta concentración de capital en un puñado de valores tecnológicos (las FAANG) y la inmensa deuda gubernamental acumulada. El coronavirus es otro elemento que afecta a las relaciones USA-China: ambas naciones se han acusado mutuamente de provocar la pandemia y luchan para tomar la delantera en la fabricación de vacunas mientras se tiran los trastos a la cabeza. Estos conflictos entre ambas potencias tienen reminiscencias con la Guerra Fría del siglo pasado en la que dos bloques antagónicos (USA-URSS) intentaron, por todos los medios, imponerse el uno al otro para lograr la supremacía mundial: intrigas políticas, espionaje, estrategias de dominación geopolítica... todo era válido. La situación actual recuerda bastante a los años del telón de acero aunque, en esta ocasión, el componente principal es más económico que político.

---

[106] www.inbestia.com. 5/11/2019.
[107] Ídem.

Las decisiones gubernamentales que tomen en una dirección u otra China y USA, marcarán el desarrollo de las tendencias macroeconómicas de los años venideros. Una distensión en sus relaciones puede significar grandes beneficios para la economía mundial a largo plazo pero un aumento de las hostilidades pueden derivar en problemas a medio y corto plazo. El papel que juegue otra potencia como Rusia será una de las claves principales que decanten la balanza de un lado u otro.

Jim Rogers ha sido capaz durante medio siglo de sacar tajada en todos los escenarios geopolíticos posibles: la Guerra del Yom Kippur, la caída del Muro de Berlín, la crisis del Euro... Los grandes inversores se mueven como pez en el agua en situaciones complicadas que son los momentos en que surgen las grandes oportunidades. La resiliencia es el denominador común de todos ellos pues saben aguardar pacientemente su momento sin importar el tiempo de espera. Las inversiones exitosas se cuecen a fuego lento. Rogers reúne todas las cualidades necesarias en un magnífico inversor: conocedor profundo del mercado, no se adapta a ellos pues él es un creador de mercado; estudioso de la psicología humana, sabe ser oso cuando todos son toros y toro cuando todos son osos; estratega magistral, ha sido la cabeza pensante de algunas de las operaciones más hábiles de la historia desde una perspectiva *top-down*, partiendo siempre de variables macroeconómicas que son las que adelantan las tendencias venideras. Resumir más de cincuenta años de experiencia bursátil en unas pocas páginas no es tarea baladí. Esperamos haber podido cumplir la misión satisfactoriamente.

CAPÍTULO 9: BILL ACKMAN

"No necesitas ser mayor para estar en lo correcto".

> William Albert Ackman, 1966, es natural de Chappaqua, New York (EEUU). En 1988 se gradúa *magna cum laude* en Estudios Sociales por la Universidad de Harvard y posteriormente obtiene un MBA en el mismo centro universitario. Nada más terminar la carrera, funda el fondo de inversión Gotham Partners pero esta aventura concluye sin éxito en 2002. Ackman, no obstante, se rehizo y creó Pershing Square Capital Management en 2004 con 54 millones de dólares bajo gestión y hoy en día, ese capital ha crecido hasta dieciseis mil millones, convirtiéndolo en uno de los *Hedge Fund* más exitosos en la actualidad. Recientemente ha ganado más de dos mil seiscientos millones de dólares en apuestas en corto tras el estallido de la pandemia covid-19.

9.1. PROFESIÓN ¿BAJISTA?

"Invertir es algo en lo que debes ser estrictamente racional".

Bill Ackman es uno de esos personajes que despiertan controversia pues parece poseer una habilidad innata para adentrase siempre en el ojo del huracán sea de manera voluntaria o no. Su gran especialidad es desenmascarar empresas fraudulentas Pese a que, como la mayoría de grandes inversores, es fundamentalmente un inversor en valor, es, además, mundialmente conocido por realizar con frecuencia exitosas operaciones en corto y por su legendario antagonismo con el protagonista de nuestro capítulo cinco, Carl Icahn. Sus detractores (incluido el propio Icahn) lo tachan de santurrón y de ser un lobo con piel de cordero. Ackman, en cambio, se ve a si mismo, como una persona atlética (ha llegado a jugar a tenis con el mismísimo ganador del Grand Slam, Andre Agassi), persistente y con gran ética moral. En este capítulo trataremos de averiguar quien está en lo cierto.

Ackman, de procedencia judía, se crió dentro de una família acomodada del condado de Westchester, al Oeste de New York. Sus padres se dedicaban al negocio inmobiliario. Bill incluye bastantes activos de bienes raíces en sus carteras de inversión por lo que parece claro que estas preferencias le vienen de cuna. De hecho, durante la crisis *subprime* de 2007-2008, fue uno de los gestores de inversión que más tajada sacó del desmoronamiento del mercado de bienes inmuebles uniéndose a Michael Burry y John Paulson, entre otros habilidosos operadores, en este selecto club de visionarios que supieron anticiparse a la crisis de las hipotecas basura. Su detallado conocimiento del mercado jugó, naturalmente, una poderosa baza a su favor. En 1992, recién salido de la facultad tras graduarse en ciencias sociales, funda Gotham Partners (no confundir con Gotham Capital gestionada por Joel Greenblatt, protagonista de nuestro capítulo diez) junto a su compañero de universidad, David Berkowitz. Pronto demostrarían moverse con desenvoltura en el mundo financiero y su habilidosa gestión motivó que prestigiosos inversores de la talla de Michael Steinhardt, Withney Tilson y Seth Klarman realizaran inversiones a través de Gotham. La aventura duró una década (entraremos más adelante en detalles sobre el cierre del fondo) pero en apenas dos años, Ackman resurgió de sus cenizas, cuál Ave Fénix, tras la apertura de Pershing Square Capital Management. El fondo cuenta en la actualidad con más de cincuenta empleados y dieciseis mil millones de dólares en activos bajo gestión y se está centrando en convertirlo en un *Family Office*. En aras de la reconversión, el fondo está abierto sólo a inversores particulares o institucionales que pueden permitirse el lujo de invertir un mínimo de doscientos mil dólares. Por su parte, el inversor minorista tiene la oportunidad, si así lo desea, de invertir en fondos índexados que replican la cartera de Pershing.

Ackman, como a Buffett, le gusta tener su capital concentrado en pocas empresas e influir en sus decisiones operativas como Icahn si puede ser (casi siempre puede). Cuando logra convertirse en accionista mayoritario de una compañía y consigue un lugar en su consejo de administración, pone su foco en gestionar sus operaciones financieras: vender filiales problemáticas; escindir la compañía para vender distintas divisiones por separado (como hizo en 2006 al decidir la escisión de la cadena de cafeterías Tim Hortons de su matriz, el gigante de la cadena de restauracíon de comida rápida, Wendy Internationals y que supuso seiscientos setenta millones de dólares de ganancias a sus accionistas); o cambiar al CEO para situar en el cargo a alguien de su confianza, y cuando no, (¿porqué no?) colocarse él mismo en el sillón presidencial. En este sentido sí que se asemeja a Icahn aunque intentaremos discernir en las siguientes páginas si sus intenciones finales son muy diferentes a la del tiburón de Queens...

9.2. HOYO 18

"Para ser exitoso debes asegurarte de que ser rechazado no te importa en absoluto".

Ackman y Berkowitz se las supieron ingeniar para pasar de un capital de tres millones de dólares a quinientos millones en apenas una década aunque tuvieron que pasar por el trance de cerrar Gotham Partners tras una desastrosa operación inmobiliaria. El fondo adquirió una participación mayoritaria en una compañía dedicada a la gestión de campos de golf y la reabutizaron, no muy originalmente, como Gotham Golf. La empresa arrastraba una importante deuda. Como buenos *value investors,* la intención de Ackman y Berkowitz era aprovechar el endeudamiento de la empresa para adquirirla por un precio muy por debajo de su valor intrínseco, sentarse en el consejo de administración de la empresa, impulsar los cambios necesarios en la gestión de la compañía y aumentar, de esta manera, su valor intrínseco. Con esta premisa, Ackman intentó fusionar Gotham Golf con la empresa de bienes raíces First Union Real State Equity&Mortgage Investments. Su intención era que el flujo de caja de la compañía inmobiliaria (eran los tiempos previos a la crisis de las *subprime* y por entonces estas andaban sobradas de *cash*) ayudara a pagar la deuda. Desafortunadamente para Ackman y Berkowitz, un juez desestimó la fusión. Al fallar la operación, Gotham Golf, atravesó problemas de liquidez y los inversores de Gotham, especialmente los minoristas, comenzaron a reclamar reembolsos pero el fondo, al no disponer de suficiente efectivo en aquellos momentos, se vio obligada a deshacerse de varios activos para hacer frente a la avalancha de devoluciones. Debido a esta delicada situación en que el fondo de cobertura había incurrido, Ackman decidió liquidar el fondo, pagar a los inversores y hacer borrón y cuenta nueva. Ackman y Berkowitz jamás hubieran imaginado que el hoyo dieciocho de su campo fuera tan profundo como para tragarse, de golpe y porrazo, diez años de aventura profesional. "La experiencia consiste en cometer errores y aprender de ellos" nos enseñó Ray Dalio en *Maestros de la Bolsa 1*. Su trayectoria posterior da fe de que Ackman supo, sin lugar a dudas, aprender de sus errores.

9.3. AVE FÉNIX

> "Soy una persona extremadamente persistente cuando creo que estoy en lo correcto y, lo más importante, dado el caso, persistiré hasta el final".

En el mundo de los negocios no importa cuantas veces fracases ya que lo verdaderamente importante es que ganes aunque sea sólo una vez. Al fundador de la cadena de restaurantes Kentucky Fried

Chicken, Harlam D. Sanders, el éxito le fue esquivo hasta la edad de sesenta años cuando finalmente dio en el clavo al franquiciar su restaurante y expandirse por los Estados Unidos de América primero, y al resto del mundo, después. A Ray Kroc, fundador de la cadena McDonalds, le sucedió algo similar: mientras trabajaba como representante de ventas de una empresa de un mayorista de refrescos, descubrió el restaurante de los hermanos McDonald, le llamó la atención lo novedoso del negocio y se unió como socio. El resto es historia (con tintes turbios si a alguien le interesa saberlo). Como suele decir el cineasta Woody Allen: "El 80% del éxito consiste simplemente en estar ahí"[108]. Si en algún momento se desiste de perseguir el éxito, éste jamás se alcanzará. Como Ackman no es de las personas que abandonan fácilmente, dos años después, ya con la lección aprendida, se decidió por una segunda tentativa. Tras el fiasco de Gotham Partners, el neoyorquino volvió por sus fueros para crear Pershing Square.

Una de sus primeras operaciones, fue posicionarse en corto contra la aseguradora de bonos MBIA, la más grande aseguradora de bonos municipales de Estados Unidos. En un principio parecía una lucha desigual, una batalla entre David y Goliath, en la que si el primero no presentaba una poderosa arma para derrotar al gigante, tendría, sobre el papel, todas las de perder.

En 2002, Ackman preparó un informe negativo sobre la solvencia de la compañía de seguros con un sugerente e impactante titular que rezaba: "¿Es realmente MBIA una compañía AAA?" Ackman destacaba la alta exposición de MBIA a derivados de créditos y obligaciones de deuda colaterales sintéticos, instrumentos altamente especulativos. Recordemos que **los derivados de créditos son contratos financieros bilaterales en los que una de las partes busca protegerse del riesgo de crédito de un determinado activo financiero transfiriendo dicho riesgo a un tercero, que actúa como contrapartida, a cambio del pago de una prima**. Los CDS o *Credit Default Swaps* que Michael Burry utilizó para apostar contra el mercado inmobiliario (ver *Maestros de la Bolsa 1*) forman parte de la familia de derivados de créditos igual que los CDO sintéticos, instrumentos todavía más complejos y especulativos

---

[108] Ortega, Blake Arturo. *El gran libro de las frases célebres*. Penguin Random House Grupo Editorial. México, 2013. ISBN: 9786073116312. Pág. 1652.

donde otros productos de deuda actúan como colateral. Ambos instrumentos resultan armas de destrucción masiva si no caen en las manos adecuadas y, desafortunadamente para el sistema financiero mundial, acaban frecuentemente en las manos equivocadas.

Antes de hacer público el informe, Ackman se reunió con el CEO de la compañía, Jay Brown, quien le espetó lo siguiente: "Eres un joven que está comenzando su carrera. Debes meditar largo y tendido antes de publicar este informe. Somos el mayor garante de bonos del Estado de New York y de la ciudad de New York. De hecho, somos el mayor garante de bonos municipales del país. Digamoslo así: tenemos grandes amigos en las altas esferas".[109] Suena a amenaza sutil ¿verdad? Pensemos en estas declaraciones con detenimiento. Si un pez tan grande debía tomarse tales molestias en persuadir a un pez tan pequeño como era Ackman por aquel entonces para alejarlo del estanque... ¿no sería porque realmente el informe afloraba problemas que la compañía aseguradora trataba de esconder debajo de la alfombra?

Finalmente, Ackman no cedió a la presión y publicó el informe en su propia web. En un principio, su iniciativa fue ignorada y recibió una fuerte reprimenda por parte de los medios financieros que apoyaban a MBIA (la prensa haciendo alarde de su imparcialidad como es habitual...) El joven inversor fue incluso investigado por la SEC a petición expresa de la propia aseguradora y terminó con sus huesos en la cárcel durante seis días. Tras esta dura experiencia, Ackman no sólo no se amilanó sino que puso sobre la mesa, por primera vez en su carrera, los principios del activismo corporativo que tanto éxito le iban a reportar en el futuro. Los reportes de Ackman, además, eran correctos por lo que era tan sólo cuestión de tiempo que toda la verdad saliera a la luz y la trama fuera desenmascarada.

A continuación, Ackman puso su foco sobre Moody´s, la agencia de calificación más grande del país. Contrató a un experto investigador que destapó que MBIA había recibido calificación AAA de manera fraudulenta en diversas ocasiones. Ackman escribió a la dirección de Moody´s: "Las calificaciones de Moody´s son tan poderosas y aparentemente creíbles que los inversores no hacen la

---

[109] Richards, Christine. *Confidence game*. Editorial Jon Wiley&Sons, 2010. ISBN: 978-1118010419. Cap. 1, pág. 6.

apropiada *due diligence* respecto al crédito subyacente de los bonos comercializados por MBIA. Cada vez que Moody´s mantiene la incorrecta calificación de AAA para MBIA, aquellos inversores con mayor aversión al riesgo están inconscientemente comprando bonos que no merecen tal calificación".[110] MBIA estaba, por lo tanto, aumentando su exposición al riesgo de manera irresponsable. La aseguradora suscribía derivados de crédito sobre bonos de máxima calificación respaldados por bonos colaterales sobre deuda hipotecaria de dudosa reputación. Estratagemas como esta fueron el detonante del desastre de la crisis *subprime* que explotaría poco tiempo después. Ackman no dudó en apostar en corto contra MBIA y esperar su momento, una larga travesía de seis años que terminó fructificando en 2008 cuando finalmente ya no fue posible ocultar las malas praxis, no ya de la propia MBIA, sino de todo el mercado hipotecario. Moody´s finalmente rebajó el rating de MBIA, el precio de los bonos subyacentes se dispararon y los impagos empezaron a acumularse. La aseguradora, sin el suficiente efectivo para hacer frente a sus obligaciones de corto plazo, suspendió el pago de los cupones y las nuevas emisiones de CDO´S cesaron de manera inmediata. Los jerifaltes de MBIA echaron balones fuera y culparon a Ackman de buscar deliberadamente el hundimiento de la compañía. Ackman simplemente se limitó a exponer las cartas sobre la mesa, consiguió embolsarse mil cien millones de dólares y se ganó, irónicamente, un puesto en "las altas esferas" de Wall Street.

9.4. EL FOSO

"(A Pershing Square) nos gusta adquirir negocios simples, generadores de *free cash flow* predecibles. Negocios resilientes, sostenibles y con fuertes oportunidades de crecimiento en sus ganancias".

El término "moat" en inglés, hace referencia a los fosos cavados alrededor de los castillos para proteger a estos de posibles invasiones. El término fue acuñado por el profesor de la Universidad de Harvard, Michael Porter, en su libro *Ventaja competitiva: creación y sostenimiento de un desarrollo superior*. Warren Buffett

---

[110] Ídem. Cap. 6, pág. 137.

define la ventaja competitiva de la siguiente manera: "La clave de la inversión no es evaluar hasta qué punto un determinado sector va a influir en la sociedad ni cuánto va a crecer, sino determinar la ventaja competitiva de una compañía específica y, por encima de todo, la perdurabilidad de la misma".[111] Cuanto mayor sea la ventaja competitiva de la compañía, más hondo será el foso que deberá sortear la competencia si se le ocurre tomar el castillo. Dicha ventaja competitiva debe ser sostenible a largo plazo. Para que eso ocurra, las empresas deben tener un modelo de negocio sólido que haga aumentar consistentemente los flujos de caja a lo largo del tiempo. Ello hará que el valor intrínseco de la empresa aumente y, por consiguiente, el valor de la acción crecerá a largo plazo.

Las compañías que disponen de *moat* tienen un valor intrínseco superior al de sus competidores. Ackman analiza acciones desde esta perspectiva. Desea tener valores de los que pueda sacar el máximo partido y los negocios sólidos con fuertes barreras de entrada para los competidores, cumplen plenamente estas premisas.

Podemos identificar "fosos" cuando las empresas presentan varias de las siguientes características:

1) <u>Cuota de mercado estable y alta</u>. Y que además va *in crescendo* con el tiempo. Empresas como Google o Facebook son prácticamente monopolios que se reparten el pastel de internet. Las redes sociales son cosa de Facebook, quién también posee Whatsapp e Instagram. Por su parte, el 90% de las búsquedas en la red se hacen a través de Google, que coloca empresas suyas como Youtube en los primeros puestos de las búsquedas.

2) <u>Fuertes barreras de entrada</u>. Para los competidores es difícil la introducción en el sector debido a diferentes barreras ya sean regulatorias (como la concesión de patentes a las farmacéuticas que impiden a otros negocios competir mientras dure dicha concesión), derechos de propiedad intelectual exclusiva, concesiones administrativas a dedo, limitaciones geográficas (por ejemplo, el tratamiento de

---

[111] Martin, Frederick K. *Benjamin Graham y el poder de las acciones de crecimiento*. Cap. 6, pág. 154.

residuos o las funerarias tienen, por razones obvias, carácter local) y/o barreras de tamaño como es el caso de la distribución de paquetería donde la inmensa logística que se necesita implementar provoca que solo unas pocas empresas dispongan de la capacidad suficiente para llevar a cabo este negocio.

3) <u>Activos intangibles</u>. Las patentes entrarían también en esta categoría. Las compañías que poseen más bienes intangibles (bienes no físicos como patentes, marcas y licencias) tienen una mayor ventaja competitiva que aquellas como las empresas industriales que gastan ingentes cantidades en bienes tangibles (bienes físicos como maquinaria o propiedades como fábricas y tiendas). Un ejemplo claro sería Microsoft que monopoliza prácticamente todo el mercado gracias a sus licencias de software.

4) <u>Poder de fijación de precios</u>. Las empresas con *moat* pueden fijar los precios a su antojo ya que nadie podrá ofrecer un mejor servicio a mejor precio. Si una compañía posee la capacidad de subir precios sin perder su cuota de mercado, el inversor habrá hallado el santo grial. Cada nuevo modelo de teléfono de Apple es más caro que el anterior y sus fieles siguen comprándolos. El cliente de esta marca prefiere pagar cuatro veces más para aparentar una mayor exclusividad.

5) <u>Capacidad de fidelizar al cliente</u>: empresas como Amazon descuentan el precio del envío de sus compras si el consumidor paga una suscripción anual. El cliente preferirá hacer todas sus compras en la propia tienda de Amazon, en lugar de acudir a diferentes portales porque se ahorrará los costes de envío. Otras tiendas ofrecen descuentos si se compra regularmente. Los comercios minoristas, lógicamente, tienen menor capacidad para este tipo de estrategias comerciales.

6) <u>Costes de producción bajos</u>: aquellos negocios con bajos costes de producción obtendrán mejores márgenes y una mayor capacidad para ofrecer mayores descuentos.

7) <u>Costes de sustitución</u>: los costes de sustituir los servicios de determinadas empresas son tan costosos que sale más a cuenta mantenerlos que cambiarlos. Es el caso de la empresa alemana SAP que proporciona software a compañías grandes por ejemplo. Sustituir este tipo de producto es caro y costoso. ¿Os imagináis a Ray Dalio, gestor de Bridgewater, el *Hedge Fund* más grande del mundo, apagando todos los servidores de los ordenadores de su empresa durante un día para cambiar de proveedor de software? El coste de no poder operar unido al de aprender y formar al personal en el nuevo sistema, no le saldría en absoluto rentable. Únicamente lo haría en un caso extremo donde no hubiera otro remedio que hacerlo.

8) <u>Efectos de red</u>: plataformas como Booking o El Tenedor consiguen crecer gracias al efecto "llamada" de sus usuarios y gracias a ello, su crecimiento es exponencial. Los costes operativos de estas compañías son, además, muy bajos. Las empresas que no se relacionan con estas redes sufren una fuerte desventaja. Si tenemos un restaurante y el cliente no tiene reseñas de referencia que muestren las virtudes de nuestro establecimiento, difícilmente acudirá a él. Los efectos de red vienen a sustituir lo que llamamos el boca a boca tradicional.

9.5. CEREBRO DAÑADO

"Invertimos acorde una estrategia que haga irrelevante las predicciones económicas y las condiciones del mercado a corto plazo".

No queridos lectores, no se trata de un manual de cirugía. Este es un concepto popularizado por Ackman que no tiene nada que ver con las mesas de operaciones (ni hospitalarias ni de negociación): se trata del ROIBD *(Return On Invested Brain Damage)* y que podemos traducir como "Rentabilidad sobre el daño cerebral invertido"(¿¡!?). Queridos lectores no os preocupeis si no entendeis nada : yo me he quedado igual que vosotros. Vamos a ver si el inversor neoyorquino nos arroja alguna luz al respecto.

El ROIBD compara la rentabilidad potencial de una inversión con la complejidad que presenta su análisis para así determinar si vale la pena llevar a cabo la investigación. "Antes de realizar una inversión que requiere "daño cerebral" o mucho trabajo y energía, calculo cuanto dinero puedo ganar, y cuanto mayor es el daño cerebral, mayor debe ser el beneficio que lo justifique". En otras palabras, el esfuerzo al realizar una inversión debe ser proporcional a su ganancia: si una inversión significa mucho ruido (*brain damage*) y pocas nueces (escaso resultado) la descartamos. Bajo el punto de vista de Ackman, debemos centrarnos en nuestro círculo de competencia puesto que al conocerlo mejor la investigación supondrá un desgaste pequeño por su menor complejidad. Warren Buffett, Peter Lynch y Benjamin Graham también son fervientes defensores de esta perspectiva como bien pudimos comprobar en *Maestros de la Bolsa 1*.

Si salimos de nuestro campo de especialización estaremos en franca desventaja. Si, por poner un ejemplo, queremos invertir en minería de *Bitcoin* pero nuestra especialidad es la medicina, debemos estudiar bien el terreno no vaya a ser que sea pantanoso y nos veamos embarrados hasta el cuello por no saber con exactitud la orografía del suelo que pisamos. En 2011, el propio Ackman sufrió "daño cerebral" al estudiar la posibilidad de añadir al fabricante de ordenadores Hewlett Packard a su cartera de valores: "Parece barata pero no la voy a comprar" declaró a la cadena de noticias económicas Bloomberg en octubre de 2011. Ackman, siguiendo los postulados de la inversión en valor, no adquiere empresas sobre las que no está seguro de que puedan tener ingresos predecibles. Los fabricantes de ordenadores tienen una competencia alta y sufren altibajos según las preferencias del consumidor. Lo mismo les da por apostar por un Macintosh, como después se "pirran" por HP... Ésta es una industria bastante impredecible y el tiempo terminó dando la razón al inversor estadounidense: HP cotizaba a veintitrés dólares cuando hizo las declaraciones. Casi diez años después cotiza alrededor de veinte dólares habiendo llegado a caer a niveles de seis dólares por acción en algunos momentos.

9.6. ESQUEMA PONZI

"Rezan los ladrones para que haya confiados y dormilones".
Refranero español.

Se conoce como estafa piramidal, o esquema Ponzi, al sistema fraudulento en el cual, los nuevos inversores que entran en un negocio, pagan intereses a los inversores antiguos en lugar de recibir dichos intereses mediante una inversión realizada de manera legítima. Este tipo de esquema necesita que continuamente entren nuevos inversores. Cuando deja de entrar savia nueva en la base de la pirámide, la punta se desmorona irremisiblemente. El gancho es ofrecer elevados rendimientos en un corto plazo de tiempo para atraer incautos hasta que el sistema se vuelve insostenible y colapsa. Para entonces, en muchos casos, los estafadores ya han tomado las de villadiego.

El nombre toma referencia de Carlo Ponzi, un estafador italiano que emigró a Estados Unidos e ideó un esquema en el que ofrecía unas ganancias del 50% del capital invertido en apenas cuarenta y cinco días. Ponzi, que había trabajado en el servicio postal de una cárcel en Canadá donde cumplía condena por falsificar un cheque, realizaba (al menos aparentemente) una especie de operación de arbitraje con sellos: cambiaba los dólares de los inversores por divisas depreciadas como la lira italiana y adquiría cupones para comprar las estampillas de mejor precio. Posteriormente, enviaba los sellos a países con divisas fuertes, intercambiaba las estampillas (cuyo valor de uso era superior al precio del cupón original) y las reconvertía a efectivo. Todo un portento de ingeniería financiera. Sin embargo, esas supuestas operaciones no se llevaban a cabo: Ponzi se limitaba a pagar los supuestos intereses con el dinero fresco que recibía de los nuevos inversores. El timador italiano fue encarcelado y murió en la más absoluta miseria.

Normalmente, las principales víctimas de esquemas Ponzi son la población con menor nivel educativo y con menos ingresos. La ignorancia financiera les convierte en presa fácil de buitres de la peor calaña. Por eso en *Maestros de la Bolsa* nos empeñamos en inculcar conocimientos: "La sabiduría es el único bien que no pueden llevarse los ladrones" dijo Benjamin Franklin.[112] El gran guitarrista B.B.King añade: "Lo más maravilloso de aprender algo es que nadie nos lo puede arrebatar".[113] Esta clase de desalmados ofrecen rentabilidades muy superiores a lo normal en un corto periodo de tiempo, suelen tener don de gentes y actúan fuera de los márgenes de la ley por lo que hay que verificar muy bien si pueden justificar las inversiones. Debemos comprobar si una empresa está convenientemente regulada. Si no es así, y no pueden demostrar lo que están prometiendo con documentación válida, podríamos estar delante de una estafa. "Rentabilidad asegurada", "Gane un 5% mensual sin esfuerzo" ¡Naturalmente que es así! ¡Pero se olvidan de decir que se están refiriendo a ellos mismos y no a nosotros!

En España, la estafa piramidal más conocida fue la de la empresa de sellos Forum Filatélico. A nivel internacional, el caso Madoff es, quizás, el más relevante. Bernie Madoff, recientemente fallecido, era un financiero de prestigio en Wall Street y muchas fortunas depositaban su confianza en él debido a sus magníficos resultados a lo largo de casi cinco décadas. Pero la crisis global de 2008, le puso en su sitio: la cárcel. No existía más que humo y se descubrió que los inversores estaban ante una estafa piramidal. Debido al crash bursátil, muchos partícipes decidieron retirar sus inversiones y Madoff no pudo hacer frente a los pagos. Se calcula que el fraude ascendió a sesenta y cinco mil millones de dólares. Cumplía una condena de ciento cincuenta años por todos los cargos que le imputaron cuando le sobrevino la muerte al duodécimo año de ingresar en prisión.

Algunas personas insinúan que el sistema de pensiones y la Seguridad Social son esquemas piramidales: el dinero recaudado mediante impuestos nunca se invierte y los jubilados reciben el dinero de las cotizaciones de los trabajadores actuales. Los asalariados de hoy recibirán sus pensiones de las contribuciones de los trabajadores del futuro. Los gobiernos necesitan continuamente que la base de contribuyentes aumente más rápido que la punta de la pirámide, si no sucede así, el sistema sufre y se viene abajo. Desde este punto de vista se podría concluir que un modelo de reparto como el que actualmente tienen España, Italia y Francia cumple las

---

[112] Ortega Blake, Arturo. *El gran libro de las frases célebres*. Pág. 1618.
[113] López Ballester, David. *Frases, kamino y destino*. Pág. 80.

premisas de un sistema piramidal. En cambio, en los países con sistema de cuentas nocionales como Holanda, Noruega y Dinamarca en los que el modelo de contribución es de capitalización, las pensiones son más altas y el reparto no depende de que se incremente el número de participantes en el sistema, contrariamente a lo que ocurre en el modelo de reparto.

Bill Ackman, quien se considera una persona de ética intachable, siempre se ha mostrado partidario de acabar con estas reprochables prácticas que tanto daño causan a la honorabilidad de las finanzas internacionales. En 2014, detectó que una empresa podría tener todos los números para ser una nueva estafa del tipo Ponzi. Su nombre: Herbalife.

9.7. APOSTANDO AL CERO

"Siempre estoy prepararado para hacer lo correcto sin importar la opinión de los demás".

Herbalife es el arquetipo de lo que los expertos denominan como empresa multinivel. **Una empresa multinivel o *Network Marketing* en inglés, es un negocio conformado por una red de vendedores independientes que generan dinero a través, tanto de sus ventas de los productos proporcionados directamente por su empresa, como de las obtenidas a partir de las ventas generadas por sus redes de afiliados**. En ocasiones puede parecer que las empresas que realizan *Network Marketing* tienen una estructura piramidal y, en parte, es cierto. Sin embargo, a diferencia de un esquema ponzi, es un tipo de negocio lícito. "Los participantes en el esquema de Herbalife, los distribuidores, obtienen sus beneficios monetarios principalmente del reclutamiento en lugar de la venta de bienes y servicios al consumidor" declaró Ackman en una conferencia en 2012, muy poco después de hacer pública su posición bajista en la empresa de servicios de nutrición. Durante los siguientes cuatro años, el inversor neoyorquino fue incrementando sus posiciones contra Herbalife: tenía muy claro que, si se descubría el fraude empresarial, sus acciones bajarían irremediablemente a cero y eso ocurriría en el momento en que las últimas incorporaciones a la red de afiliados fueran incapaces de captar nuevos adeptos a la causa.

Herbalife se dedica a la venta de productos relacionados con la nutrición: alimentos dietéticos, vitaminas y suplementos nutricionales, principalmente. La compañía fue fundada por Mark R. Hughes en Los Ángeles allá por 1980, opera internacionalmente con presencia en noventa y cinco países y emplea a casi ocho mil personas con una red de tres millones de distribuidores a lo largo y ancho del planeta. En 2018 obtuvo un margen sobre beneficios de seiscientos ochenta millones de dólares.

En 2016, una conocida plataforma en *streaming* estrenó un documental, *Betting on zero,* que narra las peripecias de Ackman en su lucha por hundir a la empresa multinivel. Durante el film, las cotizaciones suben y bajan al ritmo de los acontecimientos: El *Enfant Terrible* de Wall Street estaba convencido que, aparte de cometer fraude corporativo estructural, Herbalife engañaba al consumidor, por lo que apostó en corto posiciones por valor de un millón de dólares. Tras hacer pública la noticia, las acciones cayeron un 3%. Ackman remitía a las pruebas. En 2006, Colombia vetó la venta de varios de sus productos por sus efectos farmacológicos. El Gobierno de Bogotá consideraba que la compañía, al autodenominarse "empresa dietética", burlaba los controles mucho más exhaustivos que deben superar los productos farmacológicos. En España, se investigó la posible implicación de nueve casos de intoxicación hepática entre 2003 y 2007. Pese a que la investigación no fue del todo concluyente, el ministerio de sanidad español desaconsejó la compra de sus productos. Asimismo, se sospecha de una treintena más de casos acaecidos en la Unión Europea entre 1992 y 2006. Este tipo de compañías atrae oportunidades fabulosas a ambos lados del mercado así que un nuevo actor pronto iba a hacer acto de presencia en esta historia...

9.8. EL GRAN COMBATE

"La mejor victoria es vencer sin combatir". Sun-Tzu.

La historia nos ha brindado múltiples rivalidades: F.C.Barcelona vs Real Madrid, Muhammad Alí vs George Foreman, Villarriba vs

Villabajo. El mercado bursátil no resulta una excepción: ¡En el lado derecho del ring, el peso *welter* Bill Ackman aspirante al trono! ¡Y en el lado izquierdo del cuadrilátero, defendiendo el título de campeón del mundo de la inversión "ética", el veterano protagonista de nuestro capítulo 5, Carl Icahn! Aunque aparentemente estamos ante el combate del siglo, en ocasiones nuestros dos antagonistas nos han proporcionado memorables momentos más dignos de un culebrón venezolano que el de una enconada lucha de titanes que buscan vencer en la batalla del activismo corporativo.

En Enero de 2013, Ackman concedía una entrevista a la cadena de noticias CNBC. En ella, se estaba despachando a gusto contra Herbalife cuando fue interrumpido por una llamada de Icahn y éste comenzó a tildarle de mentiroso y de poseer una terrible reputación en Wall Street (eso sí que es ver la paja en el ojo enemigo...) que motivaba que sus afirmaciones sobre Herbalife fueran poco creíbles. El tiburón originario de Queens, naturalmente, era accionista mayoritario de la compañía de distribución alimenticia. Dicen que los polos opuestos se atraen: recordemos los Pactos de Varsovia, por ejemplo, motivada por esa extraña "amistad" Hitler-Stalin...La política fomenta curiosos compañeros de viaje. Las bolsas parece que también y es que, pese a su aparente antagonismo, Ackman y Icahn tienen similares *modus operandis* aunque este último rara vez opera en corto.

En 2014, la Comisión Federal de Comercio (FTC) inició una investigación para verificar la estructura de comisiones y compensación de Herbalife con el objetivo de esclarecer si la empresa de productos nutricionales favorecía inherentemente el reclutamiento de nuevos miembros. El resultado fue que la compañía debió pagar una multa de doscientos millones de dólares y se vio obligada a realizar cambios en su modelo de negocio. Herbalife cayó en bolsa pero no lo suficiente para que Bill Ackman sacara tajada del asunto. Icahn sabía que la sanción impuesta por los organismos oficiales y la reestructuración que la compañía alimenticia debería acometer, significaría pérdidas a corto plazo pero sabía, como operador experimentado, que las mejores operaciones se cuecen a fuego lento y aguardó su momento. En 2016, la caída de los ingresos de Herbalife se contaron por valor de cinco millones de dólares pero en 2017, tras las pertinentes reformas, las acciones de la cadena multinivel aumentaron un 50%

en bolsa. Ackman se vio obligado a cerrar gran parte de sus posiciones ya que se estaba desangrando, centrándose en una pequeña operación de *puts* al desnudo (ver *Maestros de la Bolsa 1*) sobre Herbalife, buscando todavía sacar algún tipo de beneficio de un hipotético desmoronamiento que nunca llegaría. Finalmente, en marzo de 2018, Ackman arrojó definitivamente la toalla para regocijo de Icahn. Las acciones de Herbalife repuntaron casi un 7% ese mismo día mientras la cotización de Pershing Square sufría una pérdida del 2% al descontar los accionistas, la pérdida aproximada de un millón de dólares en la operación. Mientras tanto, Icahn ganaba la misma cantidad para su compañía Icahn Enterprises. Ya sabemos que esto es un juego de suma cero. Icahn, por tanto, retenía su título de campeón mundial del corporativismo activo y en declaraciones a la cadena CNBC admitía eufórico: "He disfrutado del duelo especialmente porque he ganado (...) No puedo con este tipo (Ackman): es como el niño llorón de la escuela".[114] Ackman, no obstante, haciendo gala de una resiliencia especial, sabía que los mercados siempre brindan nuevas oportunidades a todos aquellos operadores que tienen el don de la perseverancia. Apenas dos años despúes, el neoyorquino llevaría a cabo una de las operaciones más hábiles y exitosas de todos los tiempos.

9.9. COVID-2600

> "Invertir es un negocio que te hace parecer tonto durante largos periodos de tiempo hasta que se demuestra que estabas en lo cierto".

No. Ni el anunciado está equivocado ni le hemos cambiado el nombre a la enfermedad. Tampoco hacemos referencia al número de olas que pronosticamos que tendrá el virus... 2.600 sí, pero de millones de dólares, es la astronómica cantidad de dinero que Ackman se embolsó en apenas un par de meses, el tiempo transcurrido entre los primeros indicios de la aparición de la pandemia, preparar la estrategia adecuada para sacar partido económico a la situación y cerrar la operación con pingües beneficios.

---

[114] Entrevista en la cadena de noticias CNBC. 1/03/2018.

El gestor neoyorquino andaba con la mosca detrás de la oreja desde hacía tiempo. Los mercados de renta variable norteamericana habían acumulado siete años de rentabilidad positiva sobre ocho posibles. Demasiada autocomplacencia en las bolsas no suelen presagiar buenos augurios, mas bien al contrario, cuando el mar está en completa calma, los marineros arrían las velas y en cuanto se desata la tormenta, los coge completamente desprevenidos. Evidentemente, Ackman, al no ser futurólogo, ni sabía el momento exacto en que podía desencadenarse un nuevo temporal en los mercados financieros ni las causas que lo provocarían. No obstante, se mantenía al acecho por si surgía alguna oportunidad de inversión. A finales de 2019, se conoce que en un mercado de Wuhan se ha expandido una modalidad de virus, el coronavirus, que normalmente se transmite a través de roedores, que se está propagando rápidamente por China. A la enfermedad derivada de este virus la bautizan como COVID-19. El país asiático, escarmentado por el virus SARS2 que en 2003 causó estragos, confina la ciudad pero la reacción llega tarde. En un mundo globalizado como el actual todo se propaga a la velocidad de crucero (informaciones y virus, entre ellas) y pronto se conocen noticias de otras localidades chinas con infectados. A finales de enero de 2020, se conoce el caso de una azafata china hospitalizada en un hospital de Viena aquejada de coronavirus y desde allí comienza su expansión a Europa. En Italia es donde el virus causa los mayores estragos en un principio pero la rápida propagación ya es un hecho consumado a mitad del mes de marzo donde gran parte de los países desarrollados declaran un confinamiento que variará en duración e intensidad dependiendo de la virulencia con que el virus se extiende. Como consecuencia, se desata un auténtico cisne negro que provoca que los mercados financieros se precipiten por el desfiladero durante unas semanas con caídas no vistas desde la crisis financiera de 2008. Todos los activos caen de manera irremisible: las bolsas una media de entre un 30-40%; los precios de los bonos repuntan con su consiguiente merma de sus rentabilidades; incluso descienden los valores refugio como el oro, si bien el metal dorado es el que en un principio remontará posteriormente con mayor celeridad. Lógico porque si había que aprovisionarse de papel higiénico había que pagarlo con algo...

Ackman declaró a la CNBC que a mitad de enero tuvo una

pesadilla, coronavirus mediante. Yo no me acuesto en la cama de Ackman pero yo lo llamaría mera intuición. Si las cosas se ponían feas en los mercados, resultaba del todo primordial proteger las inversiones. El gestor neoyorquino preveía que si la situación se torcía, los bonos basura o *High Yield Bonds* atravesarían graves apuros y apostó en su contra mediante CDS sobre bonos de alto rendimiento. En los mercados de renta fija, este tipo de bonos cotizaban en mínimos históricos mientras que los bonos de máxima solvencia cotizaban en máximos. Esto se debía a la falta de percepción de riesgo por parte de los inversores. Recordemos que en los mercados de renta fija el precio del bono es inversamente proporcional a su rendimiento por lo que al ser bonos de baja solvencia y la percepción de riesgo estaba bajo mínimos en aquel momento, cotizaban más baratos que nunca. Ackman pagó veintisiete millones de dólares de prima por los CDS y se sentó a esperar que el mercado de bonos de alto rendimiento se viniera abajo. El gestor de origen semita ya realizó una operación similar durante la crisis hipotecaria pero esta vez la deuda empresarial de dudosa solvencia ocupó el lugar de los bonos hipotecarios. Su estrategia, en concreto, se basó en contratar CDS sobre índices que invierten en deuda corporativa *High Yield*. El comportamiento de estos índices es parecido al comportamiento de los índices que miden el comportamiento de la volatilidad como es el caso del índice VIX. Cuando la volatilidad es elevada, la cotización se dispara, cuando la volatilidad disminuye, la cotización baja. Así pues, con los CDS sobre bonos de alto rendimiento cotizando en mínimos, en cuanto comenzaron las turbulencias bursátiles, los títulos repuntaron significativamente tal y como había previsto el astuto gestor neoyorquino: "Gracias a que pudimos comprar estos instrumentos en mínimos de rentabilidad, el riesgo de pérdida en la inversión era mínimo" declaró Ackman en la carta anual que Pershing Square envía a sus accionistas.

Ackman logró con esta genial operación que las pérdidas latentes de Pershing Square fueran sólo del 6,5% en ese loco mes de marzo mientras otros fondos de cobertura se desangraban con pérdidas milmillonarias. A finales de marzo, la FED decide sacar la artillería y acude al rescate de los mercados inyectando una liquidez nunca vista para reflotar la economía. En ese momento, Pershing Square cierra todas sus posiciones y Ackman consigue ingresar dos mil seiscientos millones de dólares, un retorno de casi cien veces la inversión inicial que fue de veintisiete millones: una de las mayores operaciones financieras de la historia, ganándose, por méritos propios, un lugar en el olimpo de la bolsa. La debacle de marzo permitió a Ackman, adicionalmente, cazar auténticas gangas entre los mejores valores del mercado gracias a los pronunciados descensos de las cotizaciones y a la liquidez obtenida con su operación de derivados, permitiéndole cerrar 2020 con un espectacular retorno del 70%.

9.10. CARTERA

> "Tengo más dinero del que necesito. Simplemente trabajo porque amo lo que hago.".

Desde su creación en 2002, Pershing Square ha arrojado una rentabilidad anualizada del 15%. Este estupendo rendimiento se ha logrado debido, en parte, a las certeras estrategias como las que hemos descrito en los capítulos anteriores. Pero también consigue tremendos beneficios mediante el *value investing*, su estrategia favorita para invertir a largo plazo. La actual cartera de Pershing presenta varios negocios que fueron golpeados duramente por la pandemia del coronavirus: el sector hotelero, cadenas de restaurantes, empresas de comercio minorista y compañías del sector tecnológico, componen un *portfolio* de lo más heterogéneo. Vamos a analizar qué es lo que los gestores de Pershing, con Ackman a la cabeza, esperan de las posiciones más importantes:

Lowe's Companies Inc. Con casi un 20% del total, es el valor con más peso en la actual cartera de Pershing. Lowe's es una empresa con setenta y cinco años de historia dedicada al comercio minorista de productos de mejora del hogar, materiales de construcción y bricolaje. Es el segundo *retailer* mundial en su sector, justo detrás de Home Depot. La cadena tiene presencia en Estados Unidos (mil cuatrocientas tiendas) y Canadá. Este tipo de negocios se vieron enormemente perjudicados por el confinamiento en 2020. Lowe's se está centrando ahora en mejorar su distribución *online* que se mostró claramente como el principal punto flaco de la compañía.

Ackman comenzó a comprar acciones en 2018 a un precio aproximado de 100$ y ha estado aumentando posiciones regularmente a un precio medio de compra de 118$. Actualmente cotiza alrededor de 190$. A Ackman no le tembló el pulso y aprovechó una caída eventual del 50% en el año 2020 para incrementar aún más su posición dentro de la compañía. Presenta un PER de 25 y un BPA de 23$. Una vez pasado lo peor del confinamiento y ante la imposibilidad de hacer vida social, los ciudadanos norteamericanos decidieron pasar el tiempo realizando todo tipo de chapuzas en sus casas y Lowe´s se vio beneficiado con un crecimiento del 125% en sus ingresos respecto al mismo periodo del año anterior. Resulta lógico pensar que mientras duren las restricciones, los propietarios aprovecharán para realizar todo tipo de mejoras en sus hogares y Lowe´s será una de las grandes beneficiadas de esta coyuntura.

Chipotle Mexican Grill. Representa el 16% del peso total del *portfolio* de Pershing Square y ocupa la segunda posición más grande en el fondo . Chipotle es una cadena de restauración estadounidense especializada en cocina mexicana y fue fundada por un estudiante universitario en la ciudad de Denver, Colorado, allá por 1993. McDonalds se hizo con el control de la compañía en el año 2000, se encargó de su expansión internacional, y vendió su participación en 2006. En la actualidad, cuenta con dos mil establecimientos en cinco países. Podríamos considerar Chipotle el gran rival de la exitosa franquicia Taco Bell aunque esta última se centra más en la cocina Tex-mex. Ambas representan el oligopolio de grandes cadenas de cocina mexicana, el equivalente a McDonalds y Burger King en la lucha por la supremacía en la venta de hamburguesas. Ackman entró en el capital de la compañía en el tercer trimestre de 2016 adquiriendo las acciones a un precio medio de 411$, obteniendo un 290% de revalorización desde entonces (un 64% anualizado). El cierre de la economía en marzo de 2020 supuso para Chipotle un descenso en su cotización bursátil del 40% para posteriormente escalar un 200% desde mínimos. Ackman aprovechó las plusvalías producidas para reducir poco a poca parte de su exposición a Chipotle. Sin embargo, mantiene gran parte de su capital en la franquicia de comida rápida puesto que confía plenamente en una adicional revalorización. En el momento que llegue la ansiada "nueva normalidad" y los ciudadanos recuperen la deseada libertad de movimiento para consumir cuanto y cuando quieran, cuanto y cuando les plazca, Chipotle puede ser el lugar idóneo.

Restaurant Brands International. Ocupa un 15% del total de la cartera de Pershing. Restaurant Brands cumple las mismas premisas que Ackman busca en Chipotle. Su cotización se desplomó un 50% y el avispado gestor norteamericano no dudó en lanzar sus redes sobre el holding internacional de restaurantes de comida rápida que abarca Burger King, la cadena canadiense Tim Horton y Popeyes Louisiana Kitchen, entre sus marcas más reconocidas. La multinacional estadounidense es la quinta compañía más grande de su sector y Ackman sabe que su potencial de revalorización es enorme aunque en Berkshire Hathaway no piensan igual y vendieron la totalidad de sus acciones en mayo de 2020: un 4% del total de la capitalización de la cadena fue vendida por las huestes de Warren Buffett. Restaurant Brands International forma parte de la cartera de Pershing Square desde finales de 2014 cuando Ackman adquirió las acciones a un precio medio de 44$. En la actualidad, el valor cotiza alrededor de los 65$ y Ackman ha ido recogiendo algunos beneficios por el camino aunque, al contrario que en Chipotle, si aprovechó para adquirir un paquete de acciones adicional a 59$ en junio de 2020 coincidiendo con el fin del confinamiento. Aún así, no es el valor más destacado del *portfolio* de Pershing en cuanto a rendimiento ni mucho menos. Restaurant Brands International es un acción de valor pura y a veces, como bien hemos aprendido, la metodología *value* tarda un tiempo en cosechar resultados. Es cuestión de tener paciencia.

Hilton Worldwide Holdings. La famosa cadena hotelera ocupa el cuarto lugar en la cartera de Pershing, con un 14% del total. Hilton gestiona más de seis mil hoteles y resorts en ciento dieciocho países que suman la friolera de un millón de habitaciones en todo el mundo. El holding hotelero tiene seiscientos cincuenta establecimientos en propiedad y el resto en régimen de franquicia a través de dieciocho marcas diferentes. El inversor neoyorquino adquirió las acciones a finales de 2018 a un precio medio de 65$, obteniendo una revalorización de casi un 70% pese a la caída de un 50% en las cotizaciones debido al cierre de establecimientos por la pandemia. Sin embargo, Ackman prefirió actuar con prudencia y no contempló la posibilidad de adquirir más acciones de la empresa creada por Conrad Hilton. Hilton está asociado al lujo y su nicho de mercado es la clientela *premium* que busca algo más que una simple habitación en sus estancias hoteleras. Hilton vende experiencias únicas a sus exclusivos clientes, algo que valoran fondos como Blackstone Group, propietario del 45% de las acciones del Holding, y Wellington Capital Management que ostenta un 25% del total de su capitalización bursátil. Los ingresos de la compañía se han desplomado significativamente y sus perspectivas no resultan para nada prometedoras a corto y medio plazo. La principal incógnita a despejar es saber cuanto tiempo pueden durar las restricciones y como adapta la compañía sus estrategias a la legislación de cientos de países respecto a las acciones a tomar. La hostelería mundial está inmersa en un proceso de cambio forzoso y quedan por delante demasiadas incógnitas a despejar todavía por lo que pintan bastos. Ackman confía en que Hilton aproveche su *moat* y continúe siendo una de las referencias mundiales del alojamiento de lujo.

Agilent Technologies. La quinta posición, con un 14% del total del *portfolio*, es para esta empresa tecnológica, proviniente de una escisión de Hewlett Packard en 1999, cuya sede está en Santa Clara, California. Agilent está divida en tres segmentos de negocio: el de ciencias de la vida, el de genómica y el de laboratorios. Lo que más atrae a Ackman de esta compañía es que posee una ventaja competitiva en el ámbito de la genómica y en ofrecer todo tipo de soluciones tecnológicas a laboratorios farmacéuticos. Agilent cotiza a múltiplos exigentes: presenta un PER de 51 veces beneficio aunque se trata de una valoración justificable dentro del sector tecnológico y de alto crecimiento. Por otra parte, presenta un BPA de 8,50$. Ackman compró acciones de Agilent por primera vez en septiembre de 2019 a un precio de 72$ y ha venido añadiendo posiciones de manera regular desde entonces. El precio medio de adquisición ha sido de 88$ y, en la actualidad, cotiza alrededor de los 135$ para una revalorización media anual del 25%. Otro dato que Ackman valora muy positivamente de Agilent es que, al contrario de lo que ocurre con otros valores de su cartera que hemos analizado previamente, el problema actual no le afecta para nada.

Podemos afirmar, con pocas probabilidades de error, que hoy día Agilent es un valor seguro.

Las cinco acciones analizadas suponen el 80% de la cartera de Pershing Square. La dispersión no va con Bill Ackman: si le atrae un valor se compromete al máximo para sacarle todo el jugo posible. Sabe mejor que nadie que es mejor unas pocas inversiones excelentes que muchas inversiones buenas. Concentrando su capital en los mejores valores consigue resultados muy por encima de la media. Ackman piensa y actúa a lo grande. No vino al mundo para ser mediocre.

CAPÍTULO 10: JOEL GREENBLATT

"Elegir valores sin tener idea de lo que estás haciendo es como correr con una antorcha por un polvorín. Puede que sobrevivas pero seguirás siendo un idiota".

> Joel Greenblatt nació en Great Neck, en el estado de New York, en 1957. Estudió un MBA en finanzas en la Wharton School de Pennsylvannia, obteniendo el grado de *summa cum laude* en 1980. Desde 1996, es profesor adjunto de la escuela de negocios de la Universidad de Columbia, y es, además, fundador del fondo de inversión libre Gotham Assets Management, activo desde 1985. Gotham es uno de los *Hedge Fund* más exitosos de la historia. Su firma, impulsó la financiación de Scion Capital, capitaneado por Michael Burry, en el año 2000. Es autor del *best-seller El pequeño libro que vence al mercado* y de otras grandes obras sobre su metodología de inversión como *You can be a stock market genius* y *The big secret for the small investor.*

10.1. PROFESOR GREENBLATT

"Puedes guardar tu dinero bajo el colchón, pero entre tú y yo, este plan apesta".

Greenblatt ejerce como profesor universitario en Columbia desde 1996 y todos los años inaugura sus clases pidiendo a los alumnos que elijan una empresa cotizada al azar. A continuación, muestra un gráfico con su desempeño anual. Los *charts* suelen mostrar una oscilación de un 50% anual de media en cada valor. La pregunta que les hace a continuación a los alumnos es: ¿Son los mercados eficientes?

Nosotros también deberíamos preguntarnos: ¿En un mercado eficiente es normal que un valor pase, en tan poco tiempo, de cotizar, por ejemplo, a cincuenta euros en mayo a treinta y siete en octubre y a sesenta y tres en mayo del año siguiente? Una empresa como Inditex, por ejemplo: ¿Es que acaso pasa de vender diez mil camisetas al día en febrero a vender veinte mil diarias en marzo y baja hasta el umbral de cuatro mil camisetas en abril? No como norma general, por supuesto. La facturación mensual de la empresa textil comandada por Amancio Ortega se mueve entre márgenes más estrechos puesto que es una marca consolidada con unas perspectivas futuras, en buena medida, predecibles. Esas fluctuaciones que sufre el valor, por lo tanto, divergen totalmente respecto a sus resultados empresariales.

Este ejemplo es sólo para demostrar que las valoraciones bursátiles a corto plazo no suelen ser eficientes y que, en el 99% de los casos, no coinciden estas oscilaciones de precio con el comportamiento normal de una empresa. "Los precios de las acciones oscilan ostensiblemente durante cortos periodos. Eso no quiere decir que los valores de las empresas hayan cambiado demasiado durante el mismo periodo. En efecto, el mercado bursátil actúa de modo muy parecido al de un chico alocado llamado Mr.Market".[115]

Greenblatt basa su estrategia de inversión en los fundamentos del *Value Investing* como comprobaremos a continuación. Sin ánimo de

---

[115] Greenblatt, Joel. *El pequeño libro que aún vence al mercado*. Editorial Deusto, 2016. ISBN: 978-84-234-2608-9. Cap. 4, pág 59.

ser repetitivos con esta estrategia, la inclusión de Greenblatt en el libro se debe, entre sus muchos considerables méritos, a la vuelta de tuerca que ha sido capaz de proporcionarle a esta metodología de inversión, transformando una estrategia que en ocasiones puede resultar tediosa y de difícil asimilación en una filosofía práctica de inversión que (casi) todo el mundo puede llevar a cabo con un mínimo esfuerzo. Greenblatt es junto a su discípulo y colega de profesión, John Petry, el fundador del *Value Investors Club*, un exclusivo fórum de debate limitado a doscientos cincuenta miembros que se dedica al intercambio de sugerencias e ideas de inversiones siguiendo la metodología creada, hace casi cien años, por el decano creador de la inversión en valor, Benjamin Graham.

10.2. GOTHAM CITY

"Calcular el valor de un negocio implica estimar (de acuerdo, adivinar) cuánto dinero ganará ese negocio en el futuro".

Joel Greenblatt fundó Gotham Partners en 1985 (aclaración del autor: no gestiona dinero ni para Batman ni para el Joker) gracias a la inestimable ayuda del "rey de los bonos basura" Michael Milken quien aportó la nada despreciable cifra de siete millones de dólares a la causa. El olfato de Milken es digno de un sabueso puesto que la rentabilidad del 45% anualizado obtenido por Greenblatt, sitúa a Gotham entre los más exitosos fondos de cobertura de todos los tiempos. De hecho, números en mano, tan sólo el fondo Medallion de Renaissance Technologies fundado por Jim Simons, supera las rentabilidades obtenidas por Gotham durante un periodo de tiempo tan prolongado (ver capítulo 6). Pese a su enorme éxito, la presión de intentar igualar tan espectaculares resultados motivó que durante el periodo que transcurrió entre 1995 y 2008, Greenblatt decidiera cerrar el fondo a los inversores externos. Gotham se convirtió durante un tiempo en una gestora de patrimonio familiar. En 2000, el inversor neoyorquino, emulando a su mentor Milken, "apadrinó" a un peculiar doctor que comenzaba a demostrar un talento para la inversión fuera de lo común: su nombre era Michael Burry. En 2008, Greenblatt decidió reabrir su fondo al capital externo creando Gotham Asset Management.

Para la obtención de tan colosales rentabilidades, el inversor de origen judío tenía claro que el punto de partida sería la filosofía de la inversión en valor. Para batir al mercado hay que salirse del camino trillado y elegir los senderos menos transitados. Como buen *value investor* consigue mejores retornos del mercado porque ve lo que el resto de inversores son incapaces y porque, sin las rigideces que deben acatar los fondos tradicionales que terminan siendo siempre esclavos del cortoplacismo, puede desarrollar estrategias que le permitan ser un ganador a largo plazo. A estas alturas ya sabemos que los resultados del *value investing* no se aprecian hasta que el mercado reconoce el auténtico valor de las acciones deshechadas por las masas que prefieren las acciones glamurosas, aquellos valores de alto crecimiento que todos compran y que son los que presentan una rentabilidad futura más baja. La mayor parte de los inversores individuales y de los gestores de fondos no son capaces de encontrar chollos en el mercado que les ofrezcan una alta rentabilidad y unos elevados retornos de capital, dos de las máximas que un inversor de valor debe tener grabadas a fuego en su subconsciente si quiere sobresalir en el mundo bursátil.

10.3. UN GENIO DEL MERCADO

"Asegúrate de tener más de una fuente de ingresos. El millonario promedio tiene siete". Warren Buffett.

Pese a que, fundamentalmente, se considera a Joel Greenblatt como un inversor de perfil *value*, los cierto es que catalogarle de este modo resulta demasiado simplista ya que ha demostrado sobradamente ser un inversor todoterreno: es un inversor *contrarian* porque compra las empresas de calidad más sobrecalentadas cuando el resto está huyendo despavorido del mercado como bien indica que debe hacerse en los manuales de la inversión en valor; es un inversor cuantitativo porque utiliza la tecnología disponible para seleccionar de manera sencilla y automatizada los valores que conformarán su *portfolio* de inversión; es un inversor ***momentum*** **ya que parte de su cartera se centra en la compra de acciones que han tenido un mejor comportamiento en los doce últimos meses y en vender los valores con un peor rendimiento en el mismo periodo**; y por último, pese a ser un inversor *value* de pro, es también un *growth investor* puesto que su intención ulterior es que dichas acciones de valor se tornen en provechosas acciones de crecimiento. El inversor inteligente debe ser moldeable para adaptarse a los diferentes entornos de mercado y ser capaz de retroalimentarse mediante estrategias diferentes.

En 1996, Joel Greenblatt escribió su primer libro: *You can be a stock market genius*. En él, Greenblatt desgrana alguno de los puntos clave que le condujo a rentabilidades cercanas al 50% anualizado durante sus diez primeros años como gestor en Gotham Capital. Uno de los pilares de su éxito fue la inversión en escisiones o *spin-off* como fue el caso de la compañía de medios de comunicación Liberty Media y su escisión de TCI en 1991. TCI era el conglomerado de medios de comunicación más grande de Estados Unidos de América y el principal proveedor de televisión por cable de la nación. Su negocio se sustentaba sobre dos pilares: uno, la tecnología para proveer a los hogares de antenas que permitieran la instalación de canales satélites; y dos, la creación de cadenas de televisión para surtir a los habitantes norteamericanos de suficiente contenido para su entretenimiento (aunque Bruce Springsteen lamentaba en una de sus canciones: "57 canales y no dan nada"). Su CEO, John C. Malone, sospechando que la SEC podía acusar a TCI de monopolio, decidió adelantarse a los acontecimientos y separarla en dos divisiones diferentes: una centrada en la tecnología de TV por cable y la otra enfocada en el contenido audiovisual. A los accionistas se les ofreció un derecho de compra de dieciséis acciones de Liberty Media a un precio de dieciséis dólares por cada doscientas acciones de TCI, lo que supone una valoración de mercado de doscientos cincuenta y seis dólares (16$ x 16 acciones = 256$). Sin embargo, la mayoría de inversores optaron por no ejercer su derecho. Muchos otros los malvendieron a un precio menor a un dólar. En 1993, Liberty Media cotizaba a un precio de tres mil setecientos dólares. Greenblatt y otros avispados inversores que supieron detectar la oportunidad a tiempo fueron capaces de multiplicar por catorce su inversión inicial en apenas un par de años. Por otra parte, otros inversores que eran accionistas de TCI no quisieron saber nada de la escisión dejando que una suculenta ganancia se les escurriera de entre los dedos. No parecían sospechar que se estaban perdiendo una de las oportunidades de inversión más jugosas de aquellos años.

10.4. SPIN-OFF

"Divide y vencerás". Julio César.

En el mundo audiovisual, un *spin-off* es una película de cine o serie de televisión creada a partir de un personaje secundario de una serie o película exitosa. Algunos ejemplos serían las series de TV, Frasier, creada a partir de Cheers, o Better call Saul, proviniente de la serie de culto Breaking Bad. **En el mundo financiero un *spin-off* es una división de una parte del negocio matriz en otra empresa**. Se podría considerar una filial o empresa subsidiaria del negocio principal. Dicha filial puede ser de nueva creación o partir de una base de negocio ya existente.

Las empresas provinientes de escisiones batieron al mercado S&P500 por una diferencia de un 10% anual entre 1963 y 1988. Las empresas matrices, por su parte, únicamente obtuvieron un rendimiento del 6% mejor que las compañías escindidas en el mismo periodo de tiempo. Bloomberg comercializa un índice especializado en este tipo de compañías, el Bloomberg US SPIN-OFF que entre 2002-2015 se revalorizó un 557%, cuatro veces más que el S&P500, que aumentó un 137% en el mismo periodo. Generalmente, los inversores institucionales prefieren la empresa matriz. Debido a que es la empresa madre parece que les inspira más confianza mientras que desechan invertir en escisiones porque, en muchas ocasiones, son divisiones que arrastran problemas de deuda. Para Greenblatt, que una empresa tenga deuda no tiene porque ser un inconveniente. Si la compañía consigue funcionar bien y devolver los créditos con rapidez, su valor aumentará ya que en cuanto la cantidad destinada a saldar deuda se libere, pasará a formar parte del flujo de caja del negocio. Adicionalmente, los analistas financieros ni se molestan en seguir este tipo de compañías por lo que es una estupenda señal para inversores *contrarian* como Greenblatt al que le entusiasman las empresas ignoradas. El último detalle a analizar es comprobar si la empresa está recomprando sus propias acciones. En el caso de TCI-Liberty Media que explicamos anteriormente, el CEO John Malone lo hizo de manera recurrente. Si eso ocurre, el incremento en la demanda empujará el precio al alza.

Otra de las razones para la escisión de compañías es la falta de sinergias en caso de que las actividades de dos divisiones no sean complementarias. Otra causa probable es por posibles cambios en la visión estratégica del negocio. Por último, también puede ocurrir por motivos regulatorios: los conglomerados empresariales pueden verse forzados a escindir el negocio si los reguladores lo exigen. En *Maestros de la Bolsa 1* ya hablamos de la escisión del *trust* petrolero Standard Oil, propiedad del magnate John D. Rockefeller, en varias compañías para evitar un monopolio. En los últimos tiempos se han oído rumores de que las autoridades regulatorias podrían obligar a Facebook a escindirse de Instagram y Whatsapp para evitar que Mark Zuckerberg acapare el sector de las redes sociales. Si se diera el caso, es bastante posible que el valor de las tres empresas, con el tiempo, fuera muy superior por separado que juntas y los accionistas de la tecnológica de San Francisco se verían beneficiados por la división en caso de que decidieran adquirir los derechos de compra de la hipotética *spin-off*.

No siempre las compañías que se escinden de su matriz es debido a problemas. En algunas ocasiones, las *spin-off* han creado previamente una imagen de marca tan potente que pueden triunfar por ellas mismas llegando, a menudo, a superar en éxito y fama a su empresa matriz. Los directivos encargados de dirigir los destinos de la nueva empresa ya han demostrado con creces su valía y ahora cuentan con nuevos incentivos para desarrollar aún más sus habilidades. Como norma general, en el momento de producirse la escisión, una parte de los accionistas no desean serlo de la nueva compañía y prefieren vender sus derechos preferentes antes de que se produzca la escisión. Normalmente, los accionistas reciben un derecho de suscripción preferente para adquirir las nuevas acciones antes de producirse la *spin-off*. El accionista puede elegir entre acudir a la colocación o vender su derecho de suscripción. La venta de muchas participaciones hará caer la cotización momentáneamente y abrirán la puerta a nuevos inversores que buscan aprovechar este tipo de inversiones que suelen ser la mar de fructíferas.

Un caso especial en los últimos años ha sido Ferrari. La marca de vehículos de gama alta se escindió de su matriz Fiat-Chrysler en 2016. En los cinco años transcurridos desde entonces, la acción de la firma de Manarello se ha multiplicado por cinco, pasando de un precio inicial de treinta y cinco euros a ciento setenta. Los inversores valoran en gran medida la exclusividad de la que hace gala Ferrari y nada mejor que cotizar al margen de una matriz mucho más relacionada con la clase media como es el caso de Fiat. No en vano el fabricante transalpino ya posee las marcas Maserati y Alfa Romeo que, sin ser tan reconocidas como Ferrari, forman parte del sector de coches de lujo y gozan de un inmenso prestigio, amén de un fuerte valor de marca.

Fiat-Chrysler vendió el diez por ciento de Ferrari mediante una IPO donde recaudó casi mil millones de euros. La propia Ferrari pagó a Fiat casi tres mil millones más para lograr su independencia. El gigante automovilístico ingresó casi cuatro mil millones de euros para desarrollar un proyecto de expansión por el mundo, por valor de cuarenta y ocho mil millones de euros, por lo que las dos partes parecían salir ganando. Para completar la operación, Fiat Chrysler creó ex-profeso una sociedad en Holanda, FE Interim B.V. a la que transfirieron todos sus activos. La firma italiana de lujo comenzó con una valoración de mercado de doce mil millones de euros y su capitalización bursátil actual está en los treinta y tres mil millones. Los accionistas de Fiat Chrysler recibieron una suscripción preferente para hacerse con una parte proporcional de las acciones de Ferrari y pasaron a ser accionistas de ambas compañías.

La fiscalidad es otra razón poderosa para llevar a cabo *spin-offs*. En Estados Unidos se considera que las nuevas acciones emitidas por la empresa matriz entre el accionariado es retribución en especie y por lo tanto están exentas de tributar. **Si la empresa vendiera la parte escindida a un tercero debería tributar por las plusvalías obtenidas en la venta y, en cambio, mediante la escisión, quedan exoneradas de pagar al fisco**.

Todo parece indicar pues, que la inversión en *spin-offs* es altamente rentable. El análisis, además, es mucho más sencillo que en compañías matrices del tipo conglomerado empresarial en que hay que valorar cada división por separado y calcular después cuánto vale el negocio en su conjunto.

10.5. FACTOR INVESTING

"Cuanta más confianza tengo en las empresas que elijo, menos necesito para sentirme cómodo".

El *Factor Investing* o inversión factorial es un método cuantitativo de inversión enfocado en generar mayores niveles de rentabilidad ajustadas al riesgo mediante una sistemática selección de valores basados en una combinación de métricas contrastadas como pueden ser, por ejemplo, el PER, tamaño de capitalización, beta de mercado, etcétera. *El Factor Investing* tiene su origen en 1964 cuando los economistas Sharpe, Lintner y Black desarrollaron **el modelo CAPM *(Capital Asset Price Model* o Modelo de Valoración de Activos Financieros) para calcular la rentabilidad que un inversor debe exigir al realizar una inversión en un activo financiero en relación al riesgo que asume. Básicamente, hay que comparar el rendimiento potencial de un activo con otro de referencia que siempre es el llamado "activo libre de riesgo" que suelen ser los bonos del estado.** El inversor debe exigir un retorno mayor a los activos con un mayor nivel de *beta* (nivel de riesgo o prima de riesgo). Más adelante, en la década de 1990, los economistas Fama y French ampliaron el trabajo, diseñando un modelo que mejoraba el CAPM de Sharpe, Lintner y Black. Fama y French introdujeron un modelo para calcular los retornos generados por los gestores de fondos de inversión activos basado en tres factores:[116]

1) Beta del activo (riesgo)
2) Capitalización
3) *Price To Book Value*

La conclusión del estudio es que los gestores que usaban valoraciones factoriales obtenían resultados por encima de la media y éstos eran estables con el tiempo, sin reversión a la media. Además de Greenblatt, magníficos inversores como Cliff Asness o Tobías Carlisle siguen modelos de inversión factorial.

---

[116] Bernstein, William. *Los cuatro pilares de la inversión.* Pilar 1, Cap. 3, pág. 128-131.

Imaginemos por un momento que somos unos genuinos *value investors* como son el propio Greenblatt o Seth Klarman y queremos seleccionar un fondo que trate de batir al mercado mediante este tipo de enfoque. Ya conocemos de sobra la metodología del *Value Investing*, por lo que buscaremos un tipo de fondo que invierta con estos parámetros (PER, BPA, *free cash flow, Price to book Ratio*, etc) en lugar de buscar nosotros una selección de acciones por nuestra cuenta que resultaría mucho más costosa en términos de tiempo y dinero. Existen fondos de inversión e indexados enfocados en el *factor investing* que nos facilitarán muchísimo nuestra labor. Si por el contrario decidimos hacer la selección nosotros mismos, debemos tener claro los parámetros que queramos analizar. Existen estudios muy completos al respecto: los profesores de economía y *value investors* de pro, Robert Haugen y Nardin Baker, desarrollaron un modelo factorial muy interesante aunque probablemente pecaba de farragoso, no en vano el estudio analizaba hasta ¡setenta y una métricas distintas![117]

En su libro *El pequeño libro que bate al mercado*, Greenblatt nos explica su "fórmula mágica", consistente en dos medidas de valoración únicamente, para ganar en nuestras inversiones. Un método simple basado en el modelo factorial que nos ayuda a allanar el camino de la ruta de la inversión en valor.

10.6. . LA FÓRMULA MÁGICA

"Para batir al mercado no hace falta tener un MBA".

La simplificación es un juego para vencedores. Greenblatt sentó cátedra cuando publicó en 2006 *The little book that beats the market* ¡Por fin un método con parámetros fáciles y concisos para seleccionar valores ganadores! Desde ese momento, el inversor *value* abandonaba horas de tediosos análisis tratando de buscar empresas infravaloradas mediante el cálculo de ratios como venía haciendo desde tiempos de Benjamin Graham. Reconozcámoslo: calcular el valor de un negocio es harto complicado y aún resulta

---

[117] Greenblatt, Joel. *El pequeño libro que aún vence al mercado*. Epílogo, pág. 213-216.

mucho más difícil predecir su valor futuro. Adicionalmente, incluso siendo capaces de predecir el valor futuro de una compañía, sería tarea imposible pronosticar cuando nuestro querido Mr.Market será capaz de valorar la empresa escogida como merece...

Greenblatt apunta: "Si eres constante comprando buenas empresas (las que proporcionan un alto retorno sobre el capital) y comprando estas empresas solamente a precios de ganga (a precios que proporcionen una alta rentabilidad), puedes terminar comprando sistemáticamente muchas de las empresas que el loco Mr.Market ha decidido regalar".[118] Combinar ambos factores es el secreto para ganar mucho dinero ya que la fórmula permite comprar solamente aquellas acciones que ganan mucho dinero en comparación al precio pagado por ellas.

Greenblatt toma el listado de las tres mil quinientas principales acciones cotizadas de los Estados Unidos y las clasifica de la número uno a la tres mil quinientos (o lo que es lo mismo, de la mejor a la peor). **Los mejores negocios son aquellos que están disponibles a precio de ganga (una alta rentabilidad en comparación al precio pagado por ellos) y con un alto retorno sobre el capital (todos aquellos negocios que contribuyen a una elevada tasa de crecimiento de los ingresos)** que son los que estarán cerca de la posición número uno, mientras que las empresas que pierden dinero y cotizan a precios elevados estarían clasificadas en posiciones cercanas al número dos mil quinientos. **Esta fórmula nos ayuda sistemáticamente a encontrar a empresas por encima de la media (alto retorno sobre el capital) a precios por debajo de la media (alta rentabilidad a largo plazo).**

La fórmula mágica no invita a invertir en las empresas mejor posicionadas en ambas clasificaciones sino a invertir en aquellas que presentan una mejor combinación de los dos rankings. De esta manera, una empresa que fuera la número uno en rentabilidad pero la última en retorno sobre el capital, sumaría un total de 3.501 (3.500 + 1= 3.501) y perdería frente a otra que fuera la número mil en rentabilidad y la dos mil en retorno sobre el capital (1.000 + 2.000 = 3.000). Por lo tanto, son más interesantes aquellas compañías que estan situadas en buenos puestos en ambas categorías (aunque no figure entre las primeras posiciones) antes que aquellas que están

---

[118] Greenblatt, Joel. *El pequeño libro que aún vence al mercado*. Cap. 5, pág. 69.

entre los mejores en una de las clasificaciones y en un puesto mediocre en la otra. Resumiendo: **la fórmula mágica busca una manera automatizada de invertir nuestro capital únicamente en aquellas empresas que ganan mucho dinero en comparación con el precio que pagamos por ella y que ganan mucho en relación al dinero que deben invertir para continuar cosechando altas ganancias. Negocios que, por lo tanto, resultan ser buenos y baratos.**

A continuación, combinando ambos factores explicados más arriba, la base de datos específica utilizada por Greenblatt, clasificará esas dos mil quinientas acciones, en diez grupos de doscientas empresas cada una, de mejor a peor, en las que el primer grupo las constituirán aquellas que la fórmula mágica considera que son los mayores chollos del mercado,

Vamos a conocer cuáles son aquellos ratios que nos servirán para discernir las acciones con un mejor retorno sobre el capital y que presentan, al mismo tiempo, un precio atractivo. Es el objetivo de nuestro siguiente capítulo.

10.7 RATIOS ROE, ROA, ROCE, ROIC Y EBIT

"La fórmula mágica no mira futuras ganancias"

Como inversores inteligentes nos interesan más los negocios con un alto retorno sobre el capital que aquellos cuyo retorno sea bajo. Resulta obvio. Las empresas con un alto retorno sobre el capital es más probable que tengan mayor capacidad para reinvertir una gran parte de sus beneficios a esas altas tasas de retorno. Posiblemente, este tipo de compañías poseerán, adicionalmente, alguna ventaja competitiva que aleje a posibles competidores de la oportunidad de arrebatarles parte de la cuota de mercado. Esto reducirá a la mínima expresión la posibilidad de verse perjudicados por una hipotética merma de sus ingresos futuros. **Altos retornos sobre el capital significa elevadas ganancias respecto al capital invertido en los bienes que han hecho posible dichas ganancias.**

Veamos a continuación los ratios sobre los que se apoyan algunos analistas en comparación a los parámetros utilizados por Joel Greenblatt para la elaboración de sus ránkings.

RATIO ROA (*RETURN ON ASSETS*)

El ROA o Retorno Sobre Activos, mide el beneficio que genera la inversión sobre los activos totales de una empresa y nos proporciona información respecto a lo efectiva que es una compañía a la hora de convertir el dinero invertido en activos fijos (maquinaria, tiendas, empleados) en ingresos netos. **Cuanto mayor sea el ROA mejor para el inversor porque la empresa ganará más dinero con menor inversión. Este ratio es el criterio que Greenblatt recomienda a los que quieran hacer el cálculo de la fórmula mágica por su cuenta y sitúa su umbral ideal en un 25%.**

La fórmula para calcular el ROA es la siguiente:

ROA = Beneficio Neto/ Activos Totales
Ej: 1.000.000 / 10.000.000 = ROA 10%

RATIO ROE (*RETURN ON EQUITY*)

El ratio ROE o ratio de Rentabilidad Financiera, mide el beneficio neto que genera una empresa sobre sus fondos propios. Los fondos propios de una compañía representan el capital de la empresa junto a sus reservas más su beneficio neto. Se utiliza con frecuencia para medir la rentabilidad de una empresa determinada con la de otras de su misma industria o sector. **Cuanto más alto sea el ROE, más eficiente demostrará ser la empresa,** así como su capacidad para transformar el *cash flow* obtenido en mayores ganancias tanto para la empresa como para los inversores.

Esta es la fórmula:

ROE = Beneficio Neto/ Fondos Propios
EJ: 2.000.000 / 12.000.000 = ROE 16%

RATIO ROCE (*RETURN ON CAPITAL EMPLOYED*)

Son las siglas en castellano de Retorno del Capital Empleado y **se utiliza para medir la eficacia con la que una compañía emplea su capital** y sirve como comparativa de la rentabilidad obtenida por diferentes empresas en función a la cantidad de capital utilizada. Es el ratio que le gusta utilizar a Greenblatt para su fórmula mágica. Se obtiene dividiendo el EBIT (ganancias brutas de una compañía) entre el capital empleado para generar ganancias (la suma de sus activos totales menos sus pasivos corrientes).

El ROCE hace el cariño... Su fórmula es como sigue:

ROCE = [EBIT / (Activos Totales – Pasivos Corrientes)] x 100
EJ: [5.000.000/ (12.000.000 – 2.000.000)] x 100 = ROCE 50

RATIO ROI (*RETURN ON INVESTMENT*)

El ratio ROI es la abreviatura de las siglas Retorno de la Inversión. El ROI se confunde, a menudo, con el ratio ROCE.

ROI = EBIT / ACTIVO TOTAL
EJ: 1.000.000 Capital / 100.000 beneficio = 10%

RATIO ROIC (*RETURN ON INVESTED CAPITAL*)

El ratio ROIC es el acrónimo en inglés de *Return On Invested Capital* (Retorno sobre el Capital Invertido) y **sirve como valoración de la riqueza obtenida mediante la financiación retribuible (fondos que tienen coste financiero pero que repercuten en retribución económica a medio y largo plazo) que es el total de volumen de patrimonio neto y pasivo, descontado el pasivo espontáneo**. Denominamos pasivo espontáneo al pasivo de corto plazo generado por el ciclo productivo como son las partidas destinadas a proveedores y a administraciones públicas. El pasivo espontáneo crece en periodos de expansión (mayor gasto en proveedores e impuestos) y se reduce en periodos de contracción económica. Se calcula de la siguiente manera:

$$ROIC = EBIT \;/\; \text{Capital Invertido}$$
$$\text{Ej: } 1.000.000 \;/\; 6.000.000 = ROIC\; 16\%$$

Una vez decidido si usaremos el ratio ROA (el recomendado por Greenblatt por su mayor simplicidad) o el ROCE (el que utiliza él personalmente) tendremos la mitad de la faena hecha. Posteriormente, tocará buscar las acciones que proporcionen la mayor rentabilidad. Obviamente, como inversores, buscamos negocios que ganen más en relación al dinero que estamos pagando respecto a aquellos que ganan menos respecto al dinero invertido en ellos. Es de cajón. **El inversor neoyorquino recomienda para ello, utilizar el ratio precio / ganancias (P/B), seleccionando los que presentan un ratio más bajo.** Sin embargo, descartará aquellos que presenten un P/B excesivamente bajo como son los que tienen una calificación de 5 o por debajo. Ratios muy bajos pueden significar que los beneficios del año anterior pueden resultar, de un modo u otro, inusuales. **Para paliar esta posible anomalía, a Greenblatt le gusta hablar de "beneficios normalizados", que no son otra cosa que las ganancias obtenidas en un "año normal". Un año normal es aquel en el que a la empresa, a su industria o a la economía global, no le sucede nada inusual o fuera de lo común.** 2020, por ejemplo, no sería el mejor año para hablar de beneficios normalizados ya que, debido al problema por todos conocido, los beneficios obtenidos por las empresas (si los hubiese) no resultan para nada fidedignos.

10.8. APLICACIÓN DE LA FÓRMULA MÁGICA

"¡No inviertas en bolsa por tu cuenta y riesgo!"

Llega la hora de la verdad, la prueba de fuego para la fórmula mágica: aplicar lo aprendido para discernir si lo que propone Greenblatt es cierto o sólo nos está vendiendo la moto. Para ello necesitamos seguir cinco pasos:

1) Elegir valores según capitalización. Recomendable +50 millones.
2) Configurar los ránking de valoración respectivos (P/B y ROA).
3) Elegir entre diversificar (hasta 30 empresas) o concentrar (5-7 compañías).
4) Aplicar la estrategia DCA o *Dollar Cost Average*.
5) Mantener un año las acciones y rebalancear a continuación.

Paso 1: Elección de los valores según capitalización. Greenblatt toma las tres mil quinientas principales acciones del mercado estadounidense (no tiene en consideración las empresas extranjeras) y descarta las que tienen una capitalización de mercado inferior a cincuenta millones de dólares. Las compañías *small cap* son las que más problemas pueden presentar a la hora de deshacer posiciones por su menor liquidez. "La fórmula mágica puede estar eligiendo empresas tan pequeñas que poca gente pueda comprarlas. A menudo, las pequeñas empresas tienen pocas acciones disponibles para vender, e incluso una pequeña demanda puede hacer subir el precio de las acciones(...) Por eso es importante que las empresas elegidas por la fórmula mágica sean lo bastante grandes".[119] Adicionalmente, suprime las compañías del sector de servicios públicos y de la industria financiera. Eso le deja con unas dos mil quinientas empresas para la elaboración de las listas. El inversor que lo desee puede deshechar las compañías con capitalización inferior a doscientos millones y centrarse en los negocios con una capitalización superior a mil millones pero debe tener en cuenta que las empresas más grandes no siempre son las más rentables (lo

---

[119] Greenblatt, Joel. *El pequeño libro que aún vence al mercado*. Cap. 7, pág. 84.

comprobaremos más adelante). Asimismo, resultaría conveniente eliminar las compañías que representan el polo opuesto: las *penny stocks* o acciones a centavo, más vulgarmente conocidas como "chicharros", por su alta volatilidad y escasa liquidez.

Paso 2: Configurar los ránkings de valoración respectivos. Greenblatt creó en 2006, la web www.magicformulainvesting.com para facilitar al máximo la tarea del inversor automatizando todo el proceso.

Paso 3: Elegir entre diversificar o concentrar. El inversor de origen semita es consciente que, para el inversor individual, es harto complicado diversificar en exceso debido a los costes de transacción y a las limitaciones evidentes respecto a su capital disponible. No obstante, bajo su punto de vista, la eficacia de la fórmula permite al inversor minorista la posibilidad de concentrar al máximo su *portfolio* puesto que, escogiendo entre cinco y siete de las diez empresas que están en el primer decil, los retornos serán muy altos a largo plazo y, por consiguiente, diversificar en exceso le resultaría contraproducente.

Paso 4: Aplicar la estrategia DCA. Para el inversor individual, aportar todo el capital de golpe para la adquisición de cinco o siete valores puede resultar un serio hándicap, no digamos ya veinte o treinta acciones... Si ya es difícil tener suficiente capital disponible para inversiones de estas dimensiones, entrar justo antes de un descalabro bursátil podría provocar un grave infarto de miocardio a más de un inversor. Para evitar disgustos innecesarios, prolongadas noches de insomnio y frecuentes ataques de nervios, la diversificación temporal o DCA, podría resultar ser la estrategia de inversión más sensata. **Greenblatt recomienda invertir únicamente entre el 20-33% del capital total destinado a inversión en la primera compra.** Durante ese primer año, además, es recomendable realizar las compras trimestralmente hasta alcanzar nuestro objetivo de inversión.

Si por ejemplo disponemos de doce mil dólares (o su equivalente en la divisa correspondiente) invertiremos el 25% (porcentaje perteneciente al rango recomendado de entre 20-33%), es decir 3.000$ en seis acciones (500$ cada una) en enero y seguiremos con la misma estrategia durante los meses de abril, julio y octubre hasta completar totalmente el proceso.

Paso 5: Mantener un año las acciones y reformular a continuación. Antes de finalizar el año, venderemos las acciones perdedoras y a principios de año, venderemos las ganadoras ya que fiscalmente es más eficiente puesto que las pérdidas bursátiles se pueden deducir en la declaración de la renta. A continuación, accederemos a revisar la nueva clasificación para reemplazar las acciones vendidas siguiendo el mismo procedimiento que en el paso anterior.

Los cinco pasos deben realizarse anualmente durante varios años: "Tienes que comprometerte a seguir el proceso durante un mínimo de entre tres y cinco años, sin importarte los resultados ¡De otro modo, abandonarías antes de que la fórmula mágica tuviera oportunidad de funcionar!"[120]

10.9. RESULTADOS DE LA FÓRMULA MÁGICA

> "La fórmula mágica para el éxito es un 1% de conocimiento y un 99% de imaginación". Albert Einstein.

¡Entre 1988 y 2004 la rentabilidad obtenida por el primer decil de la clasificación fue de un espectacular 30,8% antes de costes e impuestos! Así que, sin duda, la fórmula funciona. Por lo que respecta al primer decil de la lista de las dos mil quinientas empresas más grandes, el retorno fue de un también magnífico 23,8% lo que significa doblar el rendimiento medio del mercado para este grupo que fue de un simplemente buen retorno del 12,4%. En estos diecisiete años, 2002 fue el único año con rentabilidad negativa para la fórmula mágica (-4%) mientras que el índice S&P500 arrojó cuatro años de retornos negativos durante el mismo periodo. El principal índice norteamericano únicamente fue capaz de batir los resultados de la fórmula mágica en 1995 y 1996 pero, por contra, se vio ampliamente rebasado por la fórmula mágica en años como 2001 (+ 69,6% vs -11,9%) o 2003 (+79,9% vs + 28,7%). El retorno anual para las acciones clasificadas en el grupo 1 fue de un 17,9% y,

---

[120] Greenblatt, Joel. *El pequeño libro que aún vence al mercado*. Cap. 13, pág.170.

evidentemente, a partir de ahí, las rentabilidades van bajando hasta el exiguo 2,5% ofrecido por el grupo 10, al que lógicamente, nunca acudiremos teniendo hasta tres mil cincuenta acciones mejores para elegir por delante...

Algunos datos sobre los resultados obtenidos por la fórmula de Greenblatt resultan, como mínimo, sorprendentes. Desmenuzando más a fondo la clasificación, sorprende que las mil acciones de mayor capitalización obtienen unos rendimientos del 22,9%. El resultado es ligeramente inferior al 23,8% que presenta el grupo de dos mil quinientas empresas más grandes. Por otro lado, si ampliamos el análisis hasta el total de las tres mil quinientas compañías del ránking, obtenemos el ya comentado retorno del 30,8% por lo que podemos concluir que las acciones más pequeñas ofrecen mayor rentabilidad a largo plazo puesto que son las que mejor combinación presentan respecto a los dos factores utilizados en la fórmula mágica. Pese a que las acciones pequeñas son las que tienen una mayor volatilidad a corto y medio plazo, son, al mismo tiempo, las más rentables en época de expansión económica. Cuando se gira la tortilla y aparecen las turbulencias en los mercados, los valores de mayor capitalización son los más apreciados por los inversores. Por último, destacar que, en conjunto, el retorno del S&P500 desde 1988 a 2004 resultó ser la mitad del rendimiento total de las mil acciones más grandes de la fórmula mágica: 12,4 % vs 22,9%.

En 2009, Greenblatt publicó un segundo libro, *El pequeño libro que aún vence al mercado*, en el que actualizaba los datos. Resulta interesante observar que, pese a la brutal recesión desencadenada en 2007-2008, la fórmula resistió especialmente bien los envites de la crisis financiera. Así pues, mientras la rentabilidad del S&P500 descendía hasta el 9,5% desde el 12,4% anterior, la fórmula mágica también bajaba su rendimiento pero consiguiendo, aun así, un resultado excepcional del 23,8% lo que le permitió doblar la rentabilidad del S&P500. Si nos enfocamos en las mil acciones de mayor capitalización, el descenso tampoco resulta para nada dramático: una plusvalía del 19,7% vs el 22,9% del periodo anterior.

Tras la crisis financiera, se produjo una década de bonanza en las bolsas de valores. La fórmula mágica batió de nuevo las rentabilidades de los índices. No podía ser de otra manera.

10.10. VENTAJAS E INCONVENIENTES DE LA FÓRMULA MÁGICA

"No hay fórmulas mágicas para el éxito. Es el resultado de tu preparación, trabajo duro y aprender de tus errores". Colin Powell.

Como todas las cosas de la vida, la fórmula mágica tiene sus virtudes y defectos. Qué le vamos a hacer ¡la perfección no existe! Al fin y al cabo si todo fueran excelencias nadie podría sacar partido de la fórmula y su supuesta ventaja se desvanecería.

A continuación enumeramos las ventajas de la fórmula mágica:

1) **Simplicidad.** Una de las claves de la fórmula mágica es su simplicidad. Complicar las cosas siempre resulta contraproducente. Utilizar setenta y un factores como en el estudio de Haugen y Baker comentado anteriormente, resulta extremadamente más engorroso que utilizar dos como en el caso de la fórmula mágica y a las pruebas me remito: en los diez años de estudio empleados por Haugen y Baker (1994-2004) el rendimiento de las tres mil acciones analizadas fue del 22,98%, magnífico resultado por supuesto, pero inferior a la fórmula de Greenblatt e indudablemente mucho más compleja. No necesitamos demasiada cantidad de datos. Sólamente los justos y precisos.

2) **Altos retornos**. Un 30,8% de rentabilidad anualizada colmaría ampliamente las expectativas del inversor más optimista. Estaríamos jugando la Champions League de la inversión en bolsa. De hecho, cualquier grupo de acciones clasificadas en los primeros deciles bastaría para que nuestras familias vivieran a cuerpo de rey durante generaciones. Con tales rentabilidades, la posibilidad de pérdida de poder adquisitivo por una escalada de la inflación se antoja una quimera.

3) **Rentabilidad a largo plazo.** La fórmula ha batido la media del mercado en periodos de tres años en el 95% de las ocasiones. Un trienio acostumbra a ser el periodo en el que

Mr.Market se encuentra enajenado pero, en cuanto vuelve a estar en sus cabales, reconoce de inmediato el valor intrínseco de las empresas seleccionadas por la fórmula mágica. Asimismo, el peor retorno en esos periodos de tres años fue una plusvalía del 11% que contrasta con el peor resultado obtenido en un trienio por la media del mercado, ¡un horripilante -46%! Esto sólo hablando de las mil empresas de mayor capitalización. Si tomamos el grupo de tres mil quinientas empresas ¡las plusvalías de la fórmula mágica en el peor retorno es de nada menos que un 15%, mientras que las minusvalías del mercado en el peor periodo (el nefasto trienio 2000-2002) fueron del – 45%!

Inconvenientes de la fórmula mágica:

1) **Costes e impuestos**. Las rentabilidades expuestas arriba no incluyen los gastos de *trading* ni los impuestos por lo que la rentabilidad real será ostensiblemente inferior a ese "mágico" 30,8%.

2) **Se centra en el mercado norteamericano.** Para el inversor no americano resulta más complicado llevar a cabo esta estrategia. Pese a que el propio Greenblatt, en su web, da instrucciones para inversores extranjeros y en diversos foros de internet legionarios del inversor neoyorquino también aconsejan como adaptar la fórmula mágica fuera del mercado de acciones estadounidense, las posibilidades quedan algo más acotadas. A los costes e impuestos, tendremos que sumar los gastos asociados a operar con moneda extranjera así como el riesgo de divisa intrínseco si decidiéramos elegir el mercado norteamericano. **Para el inversor europeo, una solución sería aplicar la fórmula en acciones de la zona euro** aunque, lamentablemente para él, quedarían fuera de su alcance las gangas más sobresalientes de países con excelentes empresas como Gran Bretaña, Suiza, Canadá, China, Japón y/o los propios EEUU.

3) **Rebalanceo.** Para el inversor que desee estrategias pasivas, la fórmula mágica no es lo suyo ya que deberá estar continuamente pendiente de las inversiones. Cambiar enteramente la cartera de inversión de un año para otra dispara los costes operativos de manera desmesurada ya que se incrementan ostensiblemente los gastos de compraventa, la custodia de acciones y el pago de plusvalías.

4) **Da mejores resultados en pequeñas y medianas empresas.** Este dato resulta lógico ya que las grandes empresas al estar en el radar de los inversores corrientes y de los fondos tradicionales, suelen ser negocios sobrevalorados y quedan en los últimos puestos de la clasificación de alta rentabilidad de la fórmula mágica. Para estas grandes compañías es harto complicado obtener altos retornos de capital a medida que van creciendo de tamaño por lo que es mucho más probable encontrar pequeñas y medianas empresas en los primeros puestos de las listas de la fórmula mágica. Para algunos inversores minoristas puede ser psicológicamente complicado comprar acciones ignoradas y resultarles incómoda su intrínseca alta volatilidad a corto y medio plazo.

5) **No resulta efectiva a medio y corto plazo.** A largo plazo la fórmula mágica es una estrategia ganadora pero las personas impacientes puede que no lo vean de esta manera pues, de promedio, hay cinco meses al año en que esta metodología es incapaz de batir el rendimiento global del mercado y, en uno de cada cuatro años, su rentabilidad queda por debajo del mercado. Sorprenden estas cifras, máxime cuando la rentabilidad obtenida por la fórmula supera, de largo, el rendimiento del S&P500. De hecho, según el propio Greenblatt, en ciertos periodos la fórmula mágica puede tardar tres años en superar el promedio del mercado global. Esto ocurre porque las empresas más infravaloradas tardan en ser reconocidas por nuestro amigo Mr.Market por lo que es imperativo que seamos pacientes, ya que en palabras del inversor neoyorquino "Si todos la usaran, seguramente, dejaría de funcionar (...) ¡las gangas

desaparecerían y la fórmula mágica se echaría a perder![121]

Algunos sugieren que se podrían tomar las acciones clasificadas en las últimas posiciones de la fórmula mágica para operar en corto. Greenblatt desaconseja totalmente dicha idea: "Alguna vez, las acciones mejor clasificadas bajan al mismo tiempo que suben las peor clasificadas (...) En algún momento, en el año 2000, habríamos tenido un gran problema. De acuerdo, un gran problema. Sí, es cierto, nos habríamos arruinado: ¡habríamos perdido el 100% de nuestro dinero!¡No importa cuán lejano sea el horizonte, el número 0 no combina con nada!".[122] No hace falta buscar tres pies al gato ¡la fórmula mágica funciona tal como es!

---

[121] Greenblatt, Joel. *El pequeño libro que aún vence al mercado*. Cap. 8, pág. 100.
[122] Ídem. Epílogo, pág. 189.

CAPÍTULO 11: MISCELÁNEA DE INVERSORES

11.1. STEVEN COHEN

"En lugar de saber un poco de todo, es mejor saber mucho de algo".

Steven A. Cohen (Great Neck, New York, 1956) es fundador y director del fondo de cobertura Point72 Asset Management. En 2021, ha sido noticia por haber comprado el mítico equipo de *baseball* New York Mets y por haber abierto una agresiva posición bajista contra la compañía farmacéutica española Pharmamar. Tras graduarse en económicas en la prestigiosa Wharton School de Pennsylvania, fue contratado por el banco de inversión Gruntal & Co donde se especializó en el comercio de opciones y el mercado FOREX. Cuenta la leyenda que en su primer día fue capaz de embolsarse ocho mil dólares en diversas operaciones. En 1984, creó su propia división de *trading* dentro de la empresa, llegando a generar cien mil dólares diarios de ganancias. En 1992, fundó SAC Capital con un capital inicial de veinticinco millones de dólares, de los que diez millones provenían de su propio bolsillo. En un principio, el fondo de cobertura comenzó a operar, mayoritariamente, *trading* intradía en los mercados de derivados y de divisas pero Cohen no tardaría en ampliar el campo a las acciones (se dice que, en 1999, movía un volumen de, aproximadamente, veinte millones de dólares diarios), la renta fija y al *trading* quantitativo. En 2006, la SEC informó que alrededor del 2% del volumen diario intradía era generado por SAC Capital. Sus *portfolios* destacan por seguir la estrategia *long-short*, comprando acciones de alto crecimiento y vendiendo en corto los peores valores del mercado. Al principio de la burbuja puntocom, Cohen generó unas ganancias anuales del 70% con los valores tecnológicos, calcó los mismos resultados cuando pinchó la burbuja, cambiando hábilmente su estrategia, posicionándose en corto en el mismo tipo de acciones. Por contra, su estrategia de invertir en empresas farmacéuticas de reciente creación como ImClone Systems y Human Genome Sciences salió rana.

Cohen recibió un duro golpe cuando la comisión de valores norteamericana le acusó de uso de información privilegiada. En 2008, había acumulado posiciones por valor de setecientos millones de dólares en dos compañías farmacéuticas especializadas en la lucha contra el alzheimer. Ambas empresas (Elan y Wyeth) presentaron informes trimestrales decepcionantes cuando diversos ensayos clínicos para combatir la enfermedad fracasaron estrepitosamente. Los valores de las dos compañías se desplomaron pero SAC Capital ya había vendido sus posiciones varios días antes. No contentos con eso, se posicionaron en corto en ambos valores, reportando suculentas ganancias al fondo. Las culpas recayeron sobre un *trader* del *Hedge Fund* que fue a prisión pero Cohen no saldría ileso y su reputación quedó manchada. La SEC le prohibió gestionar dinero de terceros durante dos años. Tras este inoportuno revés, decidió cerrar SAC Capital y fundar Point72 Asset Management en 2014, después de cumplir la pertinente sanción. El fondo, que en un principio era de cobertura, se transformó en *Family Office* recientemente. Se le calcula una fortuna personal de quince mil millones de dólares.

En su vasta cartera de valores que ronda los veinte mil millones de capitalización encontramos casi novecientos valores (eso es diversificar y lo demás son tonterías) que en 2020 le han proporcionado un nada despreciable retorno del 44%. El *portfolio* presenta una alta rotación y predominan los valores tecnológicos del momento como Amazon, Ali Baba, Google, Palantir y Facebook que son los cinco valores con más peso: suman el 9% del total de la cartera.

Las opiniones de personas como Cohen son siempre tenidas en cuenta. No en vano, la revista Time lo ha elegido, en diversas ocasiones, como una de las cien personas más influyentes del mundo. El *trader* neoyorquino recomienda cuatro TIPS para triunfar en el complejo arte de invertir:

1) <u>Sentir pasión por la inversión</u>. Los gestores como Cohen sienten devoción por su profesión y no dudan en dedicarse en cuerpo y alma a su tarea principal: generar dinero para sus clientes y ellos mismos. Sin embargo, para Cohen, el dinero no es primordial. Disfruta con lo que hace. Trabajar no es un sacrificio para él. Aquel profesional que acude a trabajar únicamente para cubrir el expediente está en una franca desventaja respecto a operadores como Steven Cohen.

2) <u>Operar con tranquilidad</u>. La calma es fundamental para operar en los mercados de manera eficiente, especialmente durante momentos turbulentos. Sentir pasión no está reñido con tener serenidad. Cohen no dudó en contratar un psiquiatra tras pasar una mala racha en la que el pánico le estaba jugando malas pasadas.

3) <u>Mantener el foco</u>; especialmente cuando empezamos. Operar a diestro y siniestro en todos los mercados y a todas horas, no nos hará mejores operadores sino que nos conducirá a una innecesaria dispersión. Especializarnos en un mercado concreto es la mejor opción. No me puedo imaginar al fundador de Ikea fabricando coches eléctricos o a Elon Musk vendiendo muebles.

4) <u>Desarrollar habilidades para el análisis y la reflexión</u>. Como explicaba Ray Dalio en *Maestros de la Bolsa 1*, el inversor debe desarrollar su propia capacidad para analizar los mercados de manera correcta y actuar en base a sus propias reflexiones. Poco a poco, y en base a la experiencia, el inversor podrá crear sus propias estrategias en lugar de ir copiando metodologías de terceros. Como hemos visto hasta ahora, cada operador tiene su propio e intransferible estilo aunque, evidentemente, han tenido sus propios mentores. No

obstante, éstos únicamente les han acompañado hasta que han estado lo suficientemente preparados para volar sólos.

11.2. CHARLIE MUNGER

"En toda mi vida, no he conocido a personas sabias que no leyeran todo el tiempo, ninguna, cero".

Charlie Munger (Omaha, 1924) es el brazo derecho de Warren Buffett en Berkshire Hathaway. Ambos se complementan y retroalimentan a la perfección. Si Buffett representa el ying buscando las inversiones más seguras, Munger es el yang y pone el foco en compañías de más riesgo. Se lo puede permitir: con noventa y siete años de edad tan sólo está en la mitad de su carrera profesional...

La vida, sin embargo, no ha sido un camino de rosas para Charlie Munger. Comenzó a trabajar en edad adolescente para ayudar a la economía familiar en Buffett&Sons, una tienda de comestibles. El nieto del propietario era quien habéis adivinado: Mr. Warren Buffett en persona que tan sólo era un niño pequeño por entonces. Nada parecía presagiar que estábamos ante una de las futuras asociaciones más fructíferas de todos los tiempos. Gracias a los ahorros obtenidos en su empleo en Buffett&Sons, Munger se matriculó en la Universidad de Michigan para estudiar matemáticas. Un año después, interrumpe sus estudios para enrolarse en las fuerzas aéreas estadounidenses y combatir en la II Guerra Mundial. Terminada la contienda, retoma las clases y se gradúa sucesivamente en matemáticas, meteorología y derecho. En el terreno personal las cosas no le fueron tan bien. Con trenta y un años, se había divorciado, había perdido un ojo debido a una enfermedad ocular y los costes derivados de una leucemia de uno de sus hijos, lo había dejado en la más completa ruina. Para colmo de males, su vástago no sobrevivió. Pese a tales adversidades, Munger no tiró la toalla. Después de trabajar en una importante firma de abogacía, decide crear su propio bufete, Munger, Tolls & Olson. Poco tiempo más tarde, comienza a interesarse por las inversiones inmobiliarias y funda su propia compañía de bienes raíces junto a Otis Booth. El siguiente paso natural eran las inversiones financieras. En 1962, crea el fondo Wheeler, Munger &Cía que entre 1962 y 1975 consigue una rentabilidad del 20% anualizado que contrasta con el pírrico 5% obtenido por el S&P500. No obstante, tras haber sufrido importantes pérdidas en los dos años anteriores, Munger decide cancelar el fondo para dedicarse en exclusiva a la presidencia de Wesco Financial Corporation, filial de Berkshire Hathaway. Los caminos de Buffett y Munger vuelven a cruzarse y terminan con la asociación entre ambos gurús de la inversión (alguien deberá explicar algún día que demonios dan de comer a los niños en Omaha para alimentar a tales genios).

La sed de sabiduría de Munger no tiene límites. Reconoce que siempre está leyendo simultáneamente dos o tres libros. "Mi familia no para decirme que soy un libro con dos patas".[123] También afirma que no únicamente lee libros de inversión sino sobre varias temáticas diferentes. Curiosamente, no lee demasiado sobre bolsa, prefiere centrarse en sociología, ciencia y en biografías de personas exitosas como Andrew Carnegie y John D. Rockefeller. El hecho de leer acerca de diversas disciplinas le permite conocer distintos puntos de vista sobre un mismo tema y le ayuda en sus decisiones de inversión. Gracias a sus amplios conocimientos, domina algunos ámbitos en los que la sabiduría de Buffett no basta. Dicen que la influencia de Munger para que Berkshire invirtiera en Apple ha sido vital, por ejemplo. Asimismo, ha sido clave para llevar a buen término algunas de las operaciones más exitosas del holding empresarial: Kraft, Coca-cola® y American Express.

Munger coincide con Buffett en que la diversificación tan sólo es adecuada para aquellas personas que no saben lo que hacen. La concentración de capital en compañías de calidad posibilita mayores retornos. El mensaje es claro y conciso: Si sabes lo que haces, invierte por tu cuenta. Si no sabes lo que haces ¡indéxate! Para Munger el comportamiento de las masas da lugar a lo que el mismo denominó como **"efecto Lollapalooza"[124], un fenómeno que se da cuando confluyen a pequeña escala sesgos, tendencias y actos, en un mismo lugar y al mismo tiempo, y que terminan**

---

[123] www.elconfidencial.com. Artículo 13/02/2017.
[124] Lollapalooza es un famoso festival itinerante de rock alternativo creado a finales de la década de 1980 (N. del A.)

influyendo en un comportamiento general determinado de la sociedad. En realidad el término no deja de ser un eufemismo creado por el propio Munger para definir la mentalidad de rebaño. Cuando se da el efecto Lollapalooza en bolsa, todo el mundo se comportará de la misma manera y Warren y Charlie sacarán provecho de ello. Apple es una clara muestra de lo que dice Munger. Si todos se vuelven locos y pagan mil dólares por un teléfono móvil cuando podrían obtener otra marca desembolsando la mitad ¿porqué no sacar tajada de la situación y hacernos más ricos?

11.3. CATHY WOOD

"El hecho de que me critiquen casi que me hace sentir cómoda, porque significa que si tengo razón, la recompensa será enorme".

Katherine Wood nació en California en 1956 y es la fundadora y CEO de ARK Investment Management. Bloomberg la nombró recientemente "la mejor inversora de la que jamás oíste hablar". Se graduó *cum laude* por la universidad de South California en la especialidad de economía y finanzas. Uno de sus profesores, quien más tarde actuaría como su mentor, fue Arthur Laffer, creador de **la curva de Laffer, representación económica de como afecta el nivel impositivo en la recaudación del estado**. La conclusión principal extraida de esta variante económica es que cuando los impuestos se elevan de manera excesiva, el incentivo para consumir disminuye y el estado recauda cantidades inferiores a las previstas. Wood tiene una amplia trayectoria que incluye empleos en Capital Group, Jennison Associates o Alliance Bernstein, desempeñando diferentes cargos como analista, directora, gestora de cartera o jefa de departamento de estrategias globales. En el año 1998, funda Tupelo Capital Management junto a Lulu Wang. Wood y Wang habían trabajado juntas en Jennison Associates. En 2014, Wood funda ARK y al poco tiempo gana popularidad al convencer a Elon Musk de no excluir a Tesla de la bolsa para transformarla en compañía privada como era la intención principal del emprendedor de origen surafricano. La inversión realizada por Wood en la compañía de coches eléctricos es una de sus operaciones más exitosas. La gestora norteamericana estimó que Tesla tenía un valor de mercado de 1,4 billones de dólares lo que significa un valor intrínseco por encima de seis mil dólares por acción mientras el mercado la valoraba a un precio diez veces menor (cotizaba a 200$ por aquel entonces). Esas exigentes valoraciones situaban a Tesla con un valor de mercado estimado ocho veces superior a la de colosos como el fabricante japonés Toyota. Wood calculó que el precio de las acciones de Tesla se podrían disparar un 2000 o 3000% hasta 2023, según se publicó en un informe preparado por su propia firma. El fabricante de vehículos se ha revalorizado un 1000% desde que ARK entró en el capital de la empresa por lo que ya ha recorrido prácticamente la mitad del camino pronosticado.

Los planes de Tesla contemplan la construcción de una flota de taxis automatizados por valor de un billón de dólares. Además, el fabricante con base en Palo Alto, está trabajando en una reducción de costos del 56% sobre el precio de fabricación lo que aumentará su competitividad y puede acabar dejando más atrás a la competencia. Elon Musk también se siente capacitado para sacar en breve un modelo de coche de veinticinco mil dólares (en la actualidad, el automóvil más barato de la compañía se vende a sesenta y un mil dólares). Jim Chanos, CEO del *Hedge Fund* Kynikos Associates y mundialmente conocido por destapar el entramado fraudulento en Enron, criticó duramente las predicciones de Wood. El profesor de finanzas de la Universidad de Nueva York, Aswath Damodaran, se alineó junto a Chanos y aseveró: "Lo que ARK ha estimado para Tesla es un precio a futuro, no una valoración. Me resulta más un cuento de hadas que una valoración. El modelo falla en la evaluación de algunos factores como los costos que Tesla debería afrontar para escalar su producción de vehículos".[125] Wood replica: "Los escépticos quisquillosos no ven el panorama general: a medida que los coches eléctricos se vuelven más comunes, la eficiencia de la producción y los avances en baterías y otras tecnologías reducirán sus costos de fabricación. Y a medida que el precio de venta del vehículo se reduzca, la demanda aumentará, incluida la demanda comercial como la de compañías de vehículos compartidos como Uber y Lift".[126]

---

[125] www.infobae.com. Artículo 6/10/2020.
[126] Ídem.

En su corta trayectoria de seis años, Wood ha conseguido que ARK tenga unos beneficios anualizados del 36%, el triple que el S&P500. En el "inolvidable" (según la propia gestora californiana) 2020, el *Hedge Fund* ha disparado su beneficio anual al 75%. Según Forbes, el rendimiento de ARK ha batido al 99% de los fondos de inversión libre que tienen una capitalización superior a mil millones de dólares. ARK es el acrónimo de *Active Research Knowledge*, que podríamos traducir como "conocimiento en investigación activa". Wood apuesta por un modelo de inversión en empresas disruptivas. Bajo su punto de vista, vivimos una revolución tecnológica como hace cien años no se producía. Adora las empresas innovadoras como la propia Tesla y, además del fabricante de coches eléctricos, ha recogido sustanciosas plusvalías en empresas como Juno Therapeutics (296%), Invitae Corp (173%), ambas del sector de la salud, o el proveedor de pagos argentino Mercado Libre (269%). La gestión de ARK Investment Management se sale de los límites convencionales. Para empezar, ARK no contrata analistas financieros sino profesionales especializados en nichos de mercado concretos. Wood, al igual que otros gestores de fondos de alto riesgo como Jim Simons o Ken Griffin, prefiere no confiar en analistas macroeconómicos que no aciertan en sus previsiones ni por casualidad. El capital humano también es fundamental en los análisis de la gestora norteamericana, al igual que todas aquellas iniciativas enfocadas en la optimización de recursos como invertir en innovación para reducir costos. Wood advierte en su columna de opinión In the Know: "Los servicios financieros, la energía y cualquier industria expuesta al motor de combustión interno, creemos, está en peligro". Tesla va hacia arriba a medida que el coche eléctrico va ganando terreno entre las preferencias del público consumidor. Estas tendencias se pueden palpar en otros sectores como el financiero. Si la gente cada vez acude con menos frecuencia a las oficinas bancarias es natural que estas cierren y por consiguiente, el negocio financiero sufre en bolsa. El mundo evoluciona y los negocios más lentos se quedan atrás mientras que los más rápidos y receptivos a los cambios se adaptan. Es ley natural.

Wood comparte abiertamente su metodología de inversión mediante artículos e informes tanto en la web de ARK y la columna In the Know, como a través de medios de comunicación especializados como Bloomberg, Forbes o Fortune. Desde hace algunos meses, se puede acceder todos los viernes a sesiones virtuales de ARK a través de la plataforma Zoom. El fondo gestiona activos por valor de dieciséis mil millones de dólares con una alta concentración en aquellas inversiones que consideran que poseen un mayor crecimiento potencial. Las diez compañías con más peso en su cartera suponen el 43% del valor total del *portfolio* por lo que no hay espacio para la dispersión. Aparte de Tesla, otros valores destacados son Invitae (enfermedades genéticas), Square (servicios financieros), Roku (contenidos digitales) y Zillow Group (portal de anuncios inmobiliarios). ARK ha comercializado diversos portfolios de ETF´s centrados en sectores disruptivos como robótica, genómica, inteligencia artificial, biotecnología, almacenamiento y transformación de energía, automatización, impresión en 3D, fintech, internet de las cosas y *Blockchain*. Algunos de estos fondos cotizados tan sólo se pueden adquirir en España y Latinoamérica a través de intermediarios estadounidenses.

11.4. STANLEY DRUCKENMILLER

"Todo el mundo está invirtiendo para el corto plazo lo que limita sus resultados".

Natural de Pittsburgh, Pensylvania, nació en 1953. Abandonó los estudios de economía en la Universidad de Michigan, para trabajar de analista en el Pittsburgh National Bank. En apenas un par de años, le fue confiado el departamento de análisis de renta variable donde su buen quehacer le dio confianza para lanzar su propio fondo de alto riesgo, Duquesne Capital Management, en 1981. Su tremenda capacidad de trabajo le valió para pluriemplearse y compaginar su propio negocio con el cargo de consultor de Dreyfuss & Co. Unos años después, George Soros lo reclutó para Quantum. Juntos idearon la célebre operación que hundió la libra esterlina y puso contra las cuerdas al Banco de Inglaterra. Simultáneamente, Druckenmiller seguía gestionando Duquesne de manera satisfactoria (me quedo corto con el adjetivo): un 30% de rentabilidad anual y ningún año de pérdidas durante un periodo de treinta años (1981-2010) son cifras sólo al alcance de unos pocos elegidos. En 2002, abandonó Quantum y se dedicó en exclusiva a Duquesne. En 2010, dejó de aceptar dinero de inversores externos y transformó el fondo de alto riesgo en un *Family Office* (parece que es lo que se lleva ahora). El gestor norteamericano ya no tiene que rendir cuentas a nadie. Tras treinta años en la cúspide y pese a ser una persona extremadamente competitiva, se sentía con la necesidad de escapar de la presión de presentar inmaculados resultados año tras año. Ahora camina solo. Gestiona cuatro mil millones de dólares y su actual cartera contempla sesenta y un valores. Microsoft, Amazon, Netflix, Burger King y AliBaba están entre sus posiciones predominantes mientras que, en las últimas fechas, ha reducido posiciones en JP Morgan y Paypal. Por otro lado, entre sus más recientes adquisiciones, destacan el portal de viajes Expedia y la minorista de automóviles de segunda mano Carvana.

Druckenmiller se autodefine como persona flexible: "Soy abierto de mente y puedo cambiar mi opinión fácilmente".[127] En vísperas del Black Monday de 1987, Druck (como le llaman sus colegas de profesión) cerró algunas posiciones bajistas creyendo que la corrección del 12% que los mercados habían experimentado los dos últimos meses había tocado a su fín. Estaba equivocado. No obstante, fue capaz de prever los movimientos futuros del mercado, volver a adoptar una posición bajista y terminar el fatídico día con ganancias. No aferrarse a un axioma en concreto le hace muy tolerante al cambio y lo convierte en un mejor inversor. También forma parte del club *Contrarian Investor* por lo que no es muy amigo de la diversificación: "Me gusta la idea de poner todos los huevos en una sola cesta y vigilar esa cesta muy concienzudamente: cuando estás en lo cierto en algo, hay que jugársela y sacar el máximo provecho". Y añade: "Si observas a todos los grandes inversores, aunque sean tan diferentes entre sí como Warren Buffett, Carl Icahn o Ken Langone, tienden a realizar inversiones muy concentradas. Ven algo, apuestan, y si es necesario, apuestan a lo grande. Así es mi filosofía de inversión, solo una o dos veces al año voy encontrar algo que merezca la pena".[128]

Su metodología de inversión parte del análisis fundamental y de las condiciones macroeconómicas. Para Druckenmiller es

---

[127] www.libreinversion.com. Artículo 18/12/2019.
[128] www.inbestia.com. Artículo 5/03/2017.

fundamental poder detectar las tendencias y prever los movimientos que se derivarán en los mercados a partir de ellas. Cuando la bolsa es alcista, sabe que valor y precio divergirán cada vez más y adoptará el método *value* para proteger la cartera con valores firmes para sacar tajada de futuras caídas. Si los mercados van a la baja, se transformará en un inversor de crecimiento ya que el rendimiento futuro de los valores de crecimiento será más alto cuando éstos comiencen la recuperación.

Druckenmiller siempre saca provecho de estas distorsiones entre el valor real y el precio de mercado. En el extraordinario libro de Jack D. Schwagger, *The New Market Wizards*, el legendario operador cuenta esta anécdota sobre el primer análisis que presentó en su carrera profesional: "Me sentía especialmente satisfecho por el trabajo que había desempeñado. Pero cuando lo leyó (el director) me dijo que lo que había hecho era inútil. Que le dijera lo que hace que las acciones bancarias suban o bajen. Ese comentario fue un revulsivo para mí. A partir de ese momento centré mis análisis en la búsqueda de los factores que desencadenaban los movimientos de las acciones, y no en observar todos y cada uno los aspectos fundamentales. Sinceramente creo que, incluso hoy en día, muchos de los analistas no saben qué es lo que hace que se aprecien o deprecien las acciones de su cartera". Druckenmiller, al igual que su ex-compañero de fatigas George Soros, Ray Dalio y André Kostolany, cree firmemente que no son los beneficios de las acciones las que mueven las cotizaciones sino la Reserva Federal y los Bancos Centrales: "Si hay música (dinero) el público (accionistas) acuden. Si no hay música el público se marcha", escribía en sus memorias Kostolany. Si las cotizaciones se movieran al son de los beneficios empresariales, todo el mundo sería capaz de adivinar los movimientos de las acciones, valor intrínseco y precio se situarían siempre al mismo nivel y la bolsa perdería toda su gracia.

Adicionalmente, el inversor debe tener en cuenta que en bolsa lo que se descuenta son las expectativas de beneficios futuros. Los datos pasados resultan irrelevantes. Una acción lo puede haber hecho de fábula en el pasado pero eso ya es agua que no mueve molino. Lo que verdaderamente cuenta es lo que creen los inversores que va a hacer la empresa en el futuro. Para apoyar su análisis fundamental (datos de la compañía), Druckenmiller se ayuda también del análisis técnico (psicología del inversor) puesto que los movimientos de precio y volumen son factores decisivos en el devenir futuro de un valor. Una vez detectada "*the next big thing*" el análisis técnico le sirve para afinar el momento preciso de entrada al mercado.

En cuanto a las condiciones de mercado actual, Druckenmilller es tajante. La deuda corporativa y gubernamental se ha triplicado respecto a la crisis financiera de 2007, por tanto, la próxima crisis será tres veces peor. Él es partidario de comenzar a aumentar los tipos de interés poco a poco y ajustarlos si es preciso. Pero por el contrario, se ha alimentado a la bestia y ya es tarde para dar marcha atrás. Los países periféricos como Italia y España que ya arrastraban problemas endémicos, se financian a los mismos tipos que Alemania, que sí que es una economía fuerte, creando fuertes distorsiones en los mercados de deuda. Subir tasas de interés resulta inviable porque el crecimiento real de la economía es débil y no se corresponde con la euforia de las bolsas que creen que la fiesta no va a detenerse jamás. Los principales índices mundiales cuadriplican sus respectivos P.I.B. La situación cada vez se parece más a 1929, 2000 y 2007.

Por último, el legendario inversor se ha sumado, en las últimas fechas, a la fiebre del *Bitcoin*. Tras el espaldarazo dado a la criptomoneda por los "dinosaurios" Bill Miller y Paul Tudor Jones, muchos inversores institucionales comienzan a posicionarse de manera favorable. Druckenmiller parece que se ha subido al carro contradiciendo sus declaraciones del año 2018 en las que manifestó que no compraría *Bitcoin* bajo ningún concepto. "Todavía tengo muchas más inversiones en oro que en *Bitcoin*. Pero, francamente, si la apuesta de oro funciona, la apuesta de *Bitcoin* probablemente funcionará mejor porque es más liviana, menos líquida y tiene mucha más beta (...) BTC podría ser la clase de activo que tiene mucho atractivo como depósito de valor tanto para los millenials como para el nuevo dinero de la costa oeste, y, como saben, obtuvieron mucho".[129] Estas declaraciones son la antítesis de comentarios pasados en los que afirmaba que el *Bitcoin* jamás podría ser un medio de intercambio debido a su alta volatilidad.

---

[129] www.es.beincrypto.com. Artículo 10/11/2020.

Consultando en la web gurufocus.com, podemos observar como ha reducido sus posiciones en el preciado metal hasta abarcar menos de un 4% del total de su cartera por lo que parece que el *Bitcoin* gana terreno respecto al oro en sus preferencias.

11.5. FRANCISCO GARCÍA PARAMÉS

"Con saber si una acción está cara o barata es suficiente. El cuándo y porqué va a subir de precio ya es más difícil de predecir".

Francisco García Paramés nació en El Ferrol, en 1963. Licenciado en ciencias económicas y empresariales por la Universidad Complutense de Madrid, obtuvo un MBA en el IESE de Barcelona. En 1989, ficha por la gestora Bestinver Asset Management como analista y un par de años después comienza a gestionar carteras, Bestinfond entre ellos, uno de los fondos más rentables de la década en toda Europa. Defensor acérrimo del método *Value Investing*, es conocido con el sobrenombre de "el Warren Buffett español" y ha tenido contactos por correspondencia con el oráculo de Omaha. En 2014, abandona Bestinver por diferencias con la dirección y se toma dos años sabáticos que aprovecha para escribir su libro *Invirtiendo a largo plazo*. Posteriormente funda su propia gestora Cobas Assets Management. Paramés consiguió un *track record* del 16% anualizado en los veintitrés años que estuvo al frente de Bestinver.

García Paramés es el gestor de fondos más prestigioso en España y uno de los referentes de la inversión en el continente europeo. Se define como autodidacta, gran lector y persona sedienta de conocimiento. Tras ingresar en la gestora Bestinver como analista, se encontró, prácticamente de la noche a la mañana, gestionando carteras. A pesar de que apenas un año antes había realizado su primera incursión bursátil de manera personal (la compra de cien acciones del Banco Santander), considera que la transición fue bastante natural. En 1990, se acababa de publicar el famoso libro de Peter Lynch, *Un paso por delante de Wall Street,* que influiría notablemente en el joven gestor gallego. En España, la inversión en valor era terreno virgen todavía. Durante la década de los noventa, Paramés profundizaría en el estudio de la metodología de la inversión en valor para tratar de aplicarla en sus propios fondos. La bolsa española no pasaba su mejor momento por entonces por lo que la ocasión le vino que ni pintada. Tras alcanzar máximos históricos en 1989, en 1993 los índices españoles habían perdido un 35% de su valor. Justo un año antes, en 1992, había lanzado el fondo Bestinfond centrado en valores de la bolsa española. Bestinfond batiría ampliamente el rendimiento de cualquier fondo español durante los noventa, triplicando su valor hasta 1999, invirtiendo principalmente en empresas de pequeña y mediana capitalización que eran las que presentaban unos múltiplos más atractivos. En los primeros años, el fondo siempre tuvo altos porcentajes de liquidez para sacar partido de las mejores oportunidades. Bestinfond comenzó colocando alrededor del 40% de su capital en compañías grandes como bancos, eléctricas o empresas de construcción, negocios muy fructíferos debido a la privatización de muchas empresas públicas promovida por el gobierno de Aznar entre 1996 y 1998. A partir de 1998, sin embargo, cambió su estrategia paulatinamente. Las grandes compañías eran cada vez más caras por lo que prefirió enfocarse en valores más pequeños. El fondo también ampliaría su horizonte geográfico por aquella época al lanzar un fondo de renta variable internacional que invertía principalmente en Europa (70% de la cartera, aproximadamente), Estados Unidos y Japón.

1999 resultó ser un año de inflexión para García Paramés. Tras el periodo de expansión del último lustro de la década, Bestinfond sufriría pérdidas ese año mientras las bolsas seguían al alza. La memoria de los inversores es corta y, pese a conseguir triplicar su capital en apenas siete años, el dinero cobarde buscaba huir del fondo. Paramés tuvo que escribir en la carta anual a los inversores (al más puro estilo Warren Buffett) las razones del porqué estaba perdiendo dinero mientras el mercado lo ganaba. La respuesta era sencilla: consideraba que las bolsas cotizaban a múltiplos exagerados y que una corrección importante estaba por llegar. El mercado no parecía descontar una recesión pero ésta era inminente según Paramés. Entonces, en marzo de 2000, explotó la burbuja puntocom que arrasó las bolsas mundiales. Los índices globales retrocedieron un 40% de media en el periodo 2000-2002, España incluida, pero Paramés y su equipo consiguieron rentabilidades positivas durante aquellos años. García Paramés, como gran seguidor de la Escuela Austríaca, sabe que el comportamiento humano influye decisivamente en la toma de decisiones económicas y éstas no pueden reducirse exclusivamente al análisis de los factores macroeconómicos. A partir de 2003, el mercado experimentó cinco años de expansión aunque, en términos generales, menos fuerte que en el periodo 1995-99. "Si alguien busca obtener rentabilidades del 6%, es momento de estar en bolsa. Si se quieren rendimientos superiores al 6%, no". Afirmaba el gestor de El Ferrol en una entrevista a un medio de comunicación en 2003. Bestinver seguía con alergia al sector bancario y al de la construcción y en la entrevista mencionada antes espetaba: "Desde 1998 nos hemos mantenido alejados del negocio bancario porque preveíamos los problemas que se derivarían de la irresponsable expansión crediticia e inmobiliaria promovida por el sector bancario, el sector de la construcción y esferas gubernamentales".

Era cuestión de tiempo. Aunque la burbuja primero estalló en Estados Unidos, la onda expansiva terminó implosionando al resto de la economía global, con especial repercusión en los países con más exposición al mercado inmobiliario: España, Irlanda e Islandia. Durante siete meses, los principales índices mundiales retrocedieron un 50% de media y los valores pasaron a cotizar a precio de saldo: "Aunque parezca sorprendente, las acciones son el mejor activo para conservar el patrimonio cuando el sistema financiero estalla, por lo que con paciencia y tranquilidad, recogeremos los frutos a medio plazo".[130] Según Paramés, para sacar tajada en los momentos de zozobra bursátil es fundamental dos cosas: haber construido una sólida reputación con los inversores y no estar dispuesto a cambiar la filosofía de inversión. Bestinver cumplía con ambas premisas y con un PER de mercado a precios no vistos desde 1996, se dedicó a lanzar sus redes sobre los valores más apetecibles.

Para el actual presidente de Cobas, la acción perfecta es de mediana capitalización, estructura familiar, infravalorada, cíclica y con visión a largo plazo. El *Value Investing*, en sus propias palabras, consiste en "predecir donde habrá una necesidad en el mercado, quién la puede satisfacer, y a qué coste. Una vez estimado esto, habrá que esperar a que los mercados de valores nos permitan

---

[130] García Paramés, Francisco. *Invirtiendo en bolsa a largo plazo*. Parte I, cap 3, pág. 202.

aprovechar una información incorrecta de precios como consecuencia de errores empresariales de otros agentes".[131] Pero antes de plantearse cualquier tipo de inversión, el inversor debe tener claro dos conceptos. El primero es el concepto del ahorro, que es "la clave de la inversión y la fuente esencial de la riqueza futura. Sin ahorro no hay inversión sana ni bienestar general".[132] El segundo es llevar una vida acorde a los ingresos que se obtienen y no recurrir a la deuda para invertir a pesar de que el propio Paramés reconoce haber pedido dinero prestado para sus primeras inversiones.

El gestor gallego reconoce que la mejor opción para el inversor promedio es la gestión pasiva por comodidad, simplicidad y rendimiento. Para la gestión pasiva recomienda elegir muy bien el gestor ya que la mayoría de gestores europeos son incapaces de batir al mercado. Otras opciones, como la inversión directa en acciones, la descarta por sus altos costes y por la poca dedicación de la que normalmente pueden disponer los inversores minoristas. Elegir acciones necesita del análisis que requeriría la compra de un inmueble o un coche. No obstante, abre la puerta a una "tercera vía": la inversión semipasiva: la elección de un FIF o fondo de *Factor Investing* (ver capítulo 10). Este es uno de los vehículos de inversión favoritos del inversor español. No obstante, resalta que, probablemente, lo mejor que puede hacer el inversor es una combinación de todas las opciones comenzando por la inversión indexada y terminando por la inversión directa siempre y cuando se vayan ampliando los conocimientos, el capital vaya creciendo, y las circunstancias personales y vitales del individuo así lo requieran. Siempre se debe empezar de manera conservadora buscando la conservación del capital, después mantener el poder adquisitivo y, por último, buscar estrategias que igualen, como mínimo, el rendimiento medio del mercado.

La actual cartera de Cobas Asset Management no parece pasar por su mejor momento. Su modelo *value* no está dando los frutos esperados. Durante su larga trayectoria, los momentos álgidos de los mercados de valores han jugado en su contra. Pero cuando cambian las tornas, su estrategia resulta altamente rentable. La gestora tiene

---

[131] Ídem. Parte II, cap. 4, pág. 282-283.
[132] Ídem. Parte II, cap. 5, pág. 285.

cinco fondos principales: Cobas Selección, Cobas Iberia, Cobas Internacional, Cobas Grandes Compañías y Cobas Renta Fija. Entre los principales valores de su *portfolio* internacional, encontramos la canadiense Teekay que se dedica al transporte marítimo de petróleo y gas, la multinacional de la alimentación Aryzta, la petrolera Exxon Mobil y la aerolínea United Airlines. Empresas de sectores cíclicos que se ven afectados por las condiciones actuales: bajos precios de las materias primas, disminución de ventas y restriccciones de movilidad. Ahora en 2021 se está produciendo lo que muchos expertos consideran "la gran rotación" y algunos inversores están ajustando sus carteras sobreponderando valores cíclicos e infraponderando acciones tecnológicas. García Paramés aguarda pacientemente su momento.

11.6. DAVID TEPPER

"Algunas personas tienen mucho miedo de perder dinero, lo que les impide ganar dinero".

David A. Tepper nació en Pittsburgh, Pennsylvania (al igual que Stanley Druckenmiller) y tiene sesenta y tres años de edad. Se graduó en economía en la universidad de su ciudad natal en 1978. Posteriormente, obtendría un MBA en la escuela de negocios de la universidad de Carnegie Mellon. Tepper se convertiría en el principal benefactor del centro educativo por lo que en la actualidad se le conoce como David A. Tepper School of Economics. Tras su graduación, trabajó como analista de acciones en la empresa Equibank, como asesor financiero en Republic Steel (donde aprendió como funcionaban los bonos de empresa en problemas) y en Keystone Mutual Funds, donde, debido a la experiencia aprendida sobre bonos de alto rendimiento en su empleo anterior, le fue asignada la cartera de bonos basura (bonos de alto rendimiento o *High Yield Bonds,* su eufemismo en inglés). Tras recibir credenciales tan notables, fue requerido por Goldman Sachs en 1985 para dirigir su *portfolio* de bonos de alto rendimiento. El banco de inversión dio en el clavo con Tepper ya que supo sacar provecho del *junk bonds crash* de de 1989.

Durante la década de 1980, los tipos de interés comenzaron a bajar por la intervención del presidente de la FED, Paul Volcker, que buscaba dinamizar la economía. Si los inversores deseaban adquirir mejores retornos debían recurrir a la renta variable o bien comprar títulos de deuda de gobiernos y/o corporaciones de alto riesgo crediticio. En el mercado de bonos basura todo parecía marchar viento en popa: una rentabilidad media del 14% y una tasa de morosidad de apenas un 2% había relajado en exceso a los tenedores de deuda basura quienes se las prometían felices. El mercado para este tipo de activos se expandió a un ritmo del 34% anual, pasando de ser un mercado de diez mil millones en activos en 1980 a ciento noventa mil millones en 1989. La recesión de 1989 provocó un colapso del mercado de "*distressed debt*" el viernes 13 de octubre, que terminaría causando la bancarrota de Drexel Burnham (el quinto mayor banco de inversión de Estados Unidos en aquel momento), afectado, en gran medida, por las prácticas ilegales de la leyenda del *trading* de bonos, Michael Milken. Como suele ocurrir en estos casos, la desconfianza se extendió con rapidez y muchos títulos de deuda colapsaron. Tepper había convertido a Goldman en el principal tenedor de bonos con problemas pero, mediante reformas en la estructura de la deuda, fue capaz de sacar a flote a las compañías y revender los títulos con éxito cuando éstos remontaron. Tras su sonado éxito, el operador de Pittsburgh intentó por todos los medios que Goldman Sachs lo hiciera socio de la firma pero fracasó en su empeño. Decepcionado, Tepper y un colega suyo de Goldman, Jack Walton, abandonaron el celebérrimo banco para fundar su propio *Hedge Fund*, Apaloosa Management L.P.

Tepper y Walton comenzaron con un capital de cincuenta y cinco millones de dólares en 1993. El primer año consiguieron retornos de casi un 60% y cuatro años más tarde la gestora disponía de un capital total de casi mil millones. Poco después, Walton abandonó la firma. En la actualidad, Tepper controla el 70% de Apaloosa Management y gestiona unos catorce mil millones de dólares en activos. En 2011, recibió el premio otorgado anualmente por la asociación de *Hedge Funds*, como mejor fondo de cobertura del mundo. La compañía tiene un *modus operandi* curioso. Sus clientes (gobiernos, particulares acaudalados, instituciones públicas y privadas, fundaciones y universidades) no pueden retirar más del 25% de sus activos durante los tres primeros años de pertenencia. Esto permite tiempo suficiente para que las estudiadas operaciones del fondo puedan madurar y sean provechosas. En los últimos años, Tepper ha manifestado la intención de convertir a Apaloosa en un *Family Office* y centrarse en gestionar, de manera exclusiva, su propio capital. Para entender esta tendencia actual entre los gestores, Francisco García Paramés lo resume de manera excelente en la página 107 de su libro *Invirtiendo a Largo Plazo*: "Tienes menos preocupaciones y una independencia radical si gestionas tu propio dinero".

En *Maestros de la Bolsa 1*, hablamos largo y tendido sobre títulos de deuda en el capítulo dedicado a Bill Gross. Los títulos de renta fija no están exentos de riesgo como muchas personas creen de manera errónea. Como ocurre en la renta variable, un mayor retorno va acompañado de un riesgo más elevado. Del mismo modo que Gross, la mayor parte de las ganancias de Tepper provienen de operaciones realizadas en el mercado secundario donde los títulos de deuda se intercambian. Sin embargo, a diferencia de PIMCO (la gestora que dirigía Gross), Apaloosa es un *Hedge Fund* y opera de manera más agresiva, por lo que arroja resultados algo irregulares. En el lado positivo tenemos a Algoma Steel, una de sus primeras operaciones exitosas. Compró acciones preferentes a 0.20$ y las vendió un año después con unas plusvalía del 300%. Por otra parte, en 2003, obtuvo plusvalías de un 150% tras especular con la deuda de empresas en situación de quiebra técnica como Enron, Worldcom, Marconi Corp, Conseco y Williams Co. Posteriormente, obtuvo ganancias suculentas operando con bonos argentinos en 1999 y con deuda surcoreana durante "la crisis de los tigres asiáticos". También rescató a la compañía Delphi, el proveedor principal de General Motors, comprando su "deuda tóxica" en 2007. Por último, la compra de acciones preferentes de entidades financieras en apuros como Washington Mutual y Wachowia, dio de nuevo sus frutos tras la crisis de 2008.

El lado negativo, todo hay que decirlo, presenta pocos borrones. La crisis de deuda rusa de 1998 le provocó unas minusvalías del 30%. No obstante, y para ser justos, tras la resaca del "efecto vodka", volvería a operar con bonos rusos en 1999 arrojando unas ganancias próximas al 60%. La compra de acciones *Blue chip* en 2008 tras la quiebra de Lehman Brothers, en cambio, no salió como había previsto (la renta variable no es su fuerte quizás) y el paquete de valores adquiridos perdió un 25% de su valor. Ese 2008, fue su peor año: Apaloosa Management arrojó pérdidas del 27%.

Durante la crisis financiera, pese a puntuales baches, Tepper se las ingenió para ser uno de los grandes triunfadores. Los mejores siempre salen airosos en los momentos de turbulencias. Todo el mundo sabe ganar dinero cuando el viento es favorable pero cuando hay tormenta sólo un capitán que sujete el timón con firmeza conseguirá que el barco llegue a buen puerto. Apaloosa adquirió deuda de Citigroup, bonos del Bank of America y títulos de la aseguradora AIG. Esta última estaba respaldada con bonos hipotecarios por valor de dos mil millones de dólares que habían expirado sin valor. Tras la intervención gubernamental, los bonos recuperaron su valor y el fondo se embolsó una ganancia de siete mil millones con esta operación, una de las más sonadas de aquel momento. 2009 fue el mejor año de su historia con unas ganancias para Apaloosa del 118%, recuperando con creces el terreno perdido justo después de haber vivido su peor año en 2008.

Apaloosa está dividido en cuatro subfondos:

1) **Palomino Fund**. Es uno de los fondos más exitosos del mundo según Bloomberg. Se creó en 1995 y engloba su cartera de renta fija. En sus primeros cuatro años reportó unos beneficios anualizados del 25% a pesar de que en 1998, debido a la crisis de deuda rusa y al desplome de los bonos de los países del ASEAN, arrojó pérdidas del 49%. Otros años duros fueron 2002 y 2008. Una de sus últimas adquisiciones ha sido Atlantica Yield, sociedad de la que Abengoa es propietaria en un 40% y que se encuentra actualmente en concurso de acreedores.

2) **Thoroughbred Fund Offshore**. Al estar en una jurisdicción extraterritorial como islas Cayman, sus reportes no están disponibles.

3) **Thoroughbred Fund Onshore**. Ocurre igual que con su "fondo hermano" la opacidad está a la orden del día y resulta harto complicado obtener información de sus operaciones.

4) **Apaloosa Investment**. Es el buque insignia del *Hedge*

Fund. El valor actual del fondo es de cinco mil millones y está focalizado en renta variable, con trenta y dos valores en cartera. Sus principales posiciones contemplan opciones *CALL* sobre el SPDR S&P500 ETF Trust, *PUTS* sobre Nike e inversiones en acciones como Alphabet, General Motors, Whirlpool y Allergan. Recientemente, ha adquirido acciones de empresas de telecomunicaciones como T-Mobile y AT&T, el *blue chip* P&G y ha vendido Qualcomm, Vistra y Tesla Motors. La ganancia media del fondo desde 1995 es del 25% anual.

Tepper reveló a la web gurufocus en mayo de 2020: "Estamos en el mercado más sobrevalorado desde 1999". El operador de Pittsburgh nos pone sobre aviso. Según **el Shiller P/E Ratio, que mide la relación entre precio y ganancias de las empresas**, el mercado se mueve en veintiséis puntos cuando la media histórica se sitúa en un ratio de diecisiete, lo que significa una sobrevaloración del 55,4%. El mercado debería retroceder alrededor de un 40% para sanearse. Tepper se posiciona del lado de Druckenmiller quien aseveraba que el ratio recompensa/riesgo era el peor que había visto en su vida. Desde 2008, no ha habido un año con pérdidas de más de un 10% y sólo tres años de rentabilidad negativa: 2010,2011 y 2018. ¿Será, por tanto, 2021 el año de la gran recesión? No podemos prever el futuro pero si ser reflexivos y prepararnos para cuando ese momento llegue.

11.7. KEN GRIFFIN

"El tamaño es una espada de doble filo con grandes ventajas y desventajas".

Kenneth C.Griffin nació hace cincuenta y dos años en Daytona Beach, Florida, y forma parte de la hornada de nuevos inversores que han insuflado aire fresco al mundo de la bolsa en este milenio como Michael Burry, Cathy Wood o David Einhorn. Griffin estudió económicas en la Universidad de Harvard donde ya demostró sus dotes como niño prodigio. Gran lector, devoraba todo tipo de publicaciones relacionadas con Wall Street. Antes del *crash* de 1987, halló ineficiencias en el mercado de bonos convertibles y buscó la manera de explotarlas satisfactoriamente. Se las ingenió para conseguir cien mil dólares de sus familiares (de su abuela principalmente), amigos y conocidos (incluso su dentista le prestó dinero) para comenzar a operar con bonos. Sin lugar a dudas estaban ante una persona persuasiva. Consiguió, además, que le instalaran una antena parabólica para recibir vía satélite la información de un teletipo conectado a Bloomberg en su habitación de la residencia de estudiantes de Harvard. Desde allí podía seguir las evoluciones de los títulos de deuda. Griffin triunfó plenamente en su cometido y tan sólo un año después, disponía de más de doscientos sesenta y cinco mil dólares para operar. Se graduó en 1989 y trabajó un año en Glenwood Capital Investments. Su mentor en Glenwood, el inversor Frank Meyer, le había permitido operar con un millón de dólares bajo su tutela. Debió quedar plenamente satisfecho con el 70% de retorno que le proporcionó la joven promesa puesto que volvió a prestarle dinero para empezar su propio proyecto, Citadel, en 1990. Citadel comenzó gestionando cuatro millones y medio de dólares y hoy posee activos por valor de trece mil millones. En 2003, a la edad de trenta y cuatro años, ya era la persona más joven del selecto club Forbes 500. Hasta hace relativamente poco, a los menores de cuarenta años les resultaba difícil alcanzar la riqueza tan pronto pero Griffin consiguió franquear sobradamente esta barrera y colarse en el universo de los billonarios muy pronto. No obstante, Citadel sufrió pérdidas de hasta un 40% en 2008 tras la explosión de la crisis financiera y Griffin estuvo a un tris de cerrar el fondo. Debido al alto apalancamiento en sus operaciones con derivados, sus brokers le apremiaron a aumentar sus márgenes de cobertura. Adicionalmente, muchos partícipes demandaron reembolsos de capital ante la que estaba cayendo. Como medida protectora, Griffin prohibió la retirada de capital durante diez meses y usó el dinero para aumentar su *margin call* y no tener que deshacer posiciones. "Me costó tres años y diecisiete días recuperar las pérdidas en las que incurrí en tan solo dieciséis semanas".[133]

El fondo de cobertura está dividido en dos empresas diferentes. Citadel Securities, que actúa como creador de mercado de derivados para inversores institucionales, y Citadel LCC que engloba varios

---

[133] Entrevista en The Wall Street Journal. 8/10/2020.

subfondos que cuentan con un total de cuatro mil seiscientos valores bajo gestión entre los que predominan acciones de tres sectores: tecnología, finanzas y salud. Recientemente, se deshizo del 35% de su posición en Amazon, por lo que parece ser que está deshaciendo posiciones en el sector *retail*. Aún así, el gigante de la distribución sigue siendo el primer valor de la cartera: representa un 2% del total del *portfolio*. Otros valores son: el ETF SPDR S&P500; Facebook; la empresa de videojuegos Activision Blizzard (creadora de Call of Duty y Guitar Hero); y el ETF Invesco QQQ Serie 1, quienes totalizan las cinco primeras posiciones del fondo. Otros valores interesantes de la cartera son T-Mobile, Adobe Systems y el banco Wells Fargo. Griffin es propietario del 85% de las acciones de Citadel que cuenta con un valor de mercado aproximado de treinta y cinco mil millones de dólares. Su *track record* se sitúa en torno al 20% anualizado. Griffin utiliza métodos de *Quant Trading* para llevar a cabo sus operaciones y, al igual que Jim Simons (ver capítulo 6), contrata a físicos, matemáticos e ingenieros para mejorar los retornos del *Hedge fund* en lugar de confiar en analistas, financieros o economistas especializados, salvando honrosas excepciones como el ex-presidente de la Reserva Federal, Ben Bernanke, quien fichó hace algunos años por Citadel como asesor. A Griffin le gusta trabajar con los mejores por lo que, en 2016, contrató a un alto ejecutivo de Amazon con una clara intención: "La técnicas matemáticas que usa Amazon para dirigir de forma más eficiente las llamadas y mejorar la experiencia de los clientes creo que tiene su aplicación en los mercados financieros".[134] Griffin se convirtió en el gestor de *Hedge Fund* mejor pagado del mundo en 2015 superando a leyendas como Jim Simons, Ray Dalio y Steven S. Cohen.

No obstante, Griffin es más conocido por otras dos facetas: coleccionar arte y viviendas de lujo. Mientras el resto de mortales tenemos que conformarnos con coleccionar cromos, Griffin atesora un importante catálogo de obras pictóricas y bienes raíces. Entre estas últimas, destaca un ático con vistas a Central Park en New York que adquirió por un valor de doscientos treinta y ocho millones de dólares. Este astronómico precio de venta supone el record absoluto en la historia de la ciudad de los rascacielos. Un trabajador de

---

[134] Ídem.

Citadel que se mantuvo en el anonimato argumentó que la razón esgrimida por Griffin para tal desembolso fue el traslado de la compañía desde Chicago hacia la Gran Manzana. Las nuevas oficinas de la empresa se fijaron en Park Avenue a unos veinte minutos a pie de Central Park. Podría alquilar una *suite* de cualquier hotel de cinco estrellas pero no le gustan los establecimientos hoteleros, prefiere el calor de un hogar... También posee un ático de cuatro plantas en Chicago, dos propiedades en un resort de Hawai, unos terrenos en Florida valorados en doscientos cincuenta millones de dólares, una residencia de invierno en Aspen, Colorado, y dos plantas enteras del hotel Waldorf Astoria de Chicago que le sirven de cuartel general cuando reside en la ciudad del viento. Por último, posee también fincas en Inglaterra. Entre ellas, una mansión de la época victoriana en el St.James Park londinense adquirida por noventa y cinco millones de libras y otra en los Hampton comprada al diseñador de moda Calvin Klein. El Wall Street Journal valora su cartera inmobiliaria en mil millones de dólares.

Respecto al mundo del arte, entre su particular pinacoteca, destacan dos compras recientes de los artistas abstractos Jason Pollock y William de Koonig. De este último adquirió, por el módico precio de trescientos millones de dólares, la pintura al óleo sobre lienzo, *Interchange*, pintado en 1955 y considerado especial por marcar un cambio estilístico en la carrera artística del pintor holandés. En cuanto a Pollock, compró una de las obras cumbres de su periodo expresionista abstracto: el *cuadro number 17A*. Desembolsó nada menos que doscientos milloncitos de nada...posee además, obras de Paul Cezanne, Jean Michel Basquiat y Jasper Johns entre otros. El conjunto de su colección está valorado en unos ochocientos millones de dólares. La inversión en *Luxury Real State* y arte es altamente especializada y al alcance de pocos por si no os habíais dado cuenta...

Griffin no escatima en gastos para mostrar que es un triunfador. Para celebrar el 25º aniversario de Citadel, contrató a la estrella del pop, Katy Perry para animar la velada y al ex-presidente Bill Clinton para dar una charla motivacional (sin becarias de por medio suponemos). En 2005, se casó con la también gestora de fondos Anne Dias en el palacio de Versalles, que incluyó el banquete de bodas en el museo del Louvre y una fiesta en el museo de Orsay en París en el que actuó la cantante Dona Summer. A eso se le llama tirar la casa por la ventana. Pese a tantos fastos, la pareja se divorció en 2016.

A Griffin, tras costear su sonado divorcio y sus múltiples faraónicas jaranas, aún le sobra calderilla para algo de filantropía. Colabora junto a Melinda y Bill Gates en sufragar gastos de familias necesitadas, dona a su *alma mater*, Harvard y cede sus obras de arte temporalmente tanto al Withney Museum of American Art de New York como al Art Institute de Chicago. También es donante destacado del partido republicano.

11.8. BILL MILLER

"Operamos al modo americano: si no te gusta, ¡cámbialo!"

William H. Miller III nació en Laurinburg, Carolina del Norte, en 1950. Es graduado en ciencias económicas en la Universidad de Washington y en psicología por el prestigioso John Hopkins Institute. Tras servir en el ejército, trabajó como tesorero en la compañía acerera J.E.Baker Co. En 1981, comienza a trabajar en el fondo Legg Mason Capital Management como analista y va diligentemente ascendiendo hasta ocupar puestos de gran responsabilidad: en 1991, fue nombrado director de cartera del Legg Mason Opportunity Trust Mutual Fund que durante quince años consecutivos fue capaz de batir al S&P 500. Según palabras del propio Miller: "Considerando que el número de fondos que baten al mercado es de entre un 8% y un 13%, estimamos que la posibilidad de batir al mercado durante quince años seguidos es de una entre dos millones".[135] En 2007, se convirtió en el CEO de Legg Mason y director del fondo Legg Mason Value Trust. En 2016, abandonó la firma. Cuatro años antes había fundado su propia gestora: Miller Value Partners.

Los nombres de los fondos que ha dirigido sugieren que estamos ante el enésimo *Value Investor*. Aunque tal afirmación es correcta no es completa ya que Miller posee varios rasgos diferenciadores. Primero de todo, ha invertido en *Bitcoin* que, muy posiblemente, es el activo más antagónico posible de lo que debería ser la inversión

---

[135] investopedia.com/pdf. The greatest investors, 2010.

en valor. Segundo, el gestor de Carolina no tiene un método *value* tan rígido como otros inversores de valor que parece que la única máxima que tienen a la hora de analizar acciones es que ésta sea barata. Para Miller (como bien aprendió de las enseñanzas de Ben Graham) el factor fundamental es que el valor intrínseco del activo sea inferior a su precio real como marcan los cánones. Una acción puede tener un PER de cuarenta, sesenta u ochenta veces beneficio y ser barata. Ser *Value Investor* no se reduce a comprar acciones con un PER de alrededor de quince veces como muchos acérrimos partidarios de la inversión en valor postulan de manera errónea. Si fuera así, todo el mundo se volvería rico con el simple hecho de buscar y comprar acciones con un PER bajo y esperar a que el mercado les diera la razón. Un inversor en valor debe preguntarse que significa realmente "valor" y no asumir que porque algo parezca barato lo sea o suponer que una acción que está barata y cotiza a múltiplos bajos es una ganga. En ocasiones, valores de crecimiento están baratos y acciones de valor están caras... "La cuestión es saber donde están las verdaderas acciones de valor no detectar si son de valor o de crecimiento".[136]

La cartera de Miller Value Partners está dividida en noventa compañías y tiene un valor actual de mercado de casi tres mil millones de dólares. Podríamos considerarlo un *portfolio* concentrado ya que el 20% de la cartera se reparte en cinco valores: Farfetch, Amazon, ADT, Ali Baba y DXC Technologies. Miller se basa en la estrategia *Factor Diversification Portfolio* o "cartera de diversificación factorial". En el capítulo dedicado a Joel Greenblatt, hemos hablado de la inversión factorial y como los gestores crean carteras en base a factores establecidos previamente. Miller añade una capa adicional de seguridad: "Poseemos una mezcla de compañías cuyos factores fundamentales de evaluación difieren. Tenemos valores con PER alto y PER bajo, acciones con un valor alto en libros y otras con un valor bajo en libros, etc. La mayoría de inversores tienden a tener unas carteras mal diversificadas con respecto a estos factores y los inversores en valor reducen su análisis en buscar acciones devaluadas y los inversores en crecimiento en

---

[136] Ídem.

acciones sobrevaloradas".[137] De este modo, Farfetch, empresa minorista de origen portugués y que representa el 6.50% de la cartera de Miller, fue escogida por que presenta un valor en libros negativo, un BPA de 3.20$, un PER de 18veces beneficios pero un crecimiento del margen de beneficio del 60%. Amazon (de la que hemos hablado ya hasta el aburrimiento) es la otra cara de la moneda. El gigante de la distribución presenta un PER 91 y un BPA de 19$. Pese a estos múltiplos altos, su ROE es del 25% y su tasa de crecimiento anual en los últimos años es superior al 20%, con un crecimiento anual de su EBITDA del 40% y un crecimiento anual del BPA del 60%. Pese a cotizar a tres mil dólares en la actualidad, podemos estimar que Amazon cotiza a múltiplos razonables. El concepto caro y barato puede resultar confuso como vemos. ADT, tercera acción en discordia del *portfolio*, sí que encaja claramente, en cambio, en los parámetros más clásicos de la inversión en valor. Líder en su nicho de mercado, se dedica a la instalación de seguridad electrónica a pequeñas, medianas y grandes empresas de norteamérica. Una compañía con una clara ventaja competitiva, predecible, con una media de crecimiento en sus ingresos del 17% anual, un ratio PER de tan solo ocho veces beneficio y que cotiza a ocho dólares con un beneficio por acción de dos dólares. La típica acción por la que se pirra Warren Buffett: tranquila, sector demodé (aunque necesario) y que los analistas ignoran.

Miller también tiene o ha tenido en cartera las clásicas acciones machacadas que a los inversores *value* les gusta adquirir cuando los fundamentales se mantienen a pesar de las dificultades eventuales. Este es el caso de Valeant Pharmaceutical (de la que hablamos en el capítulo 2) o Bausch Health (que aún forma parte de la cartera del inversor norteamericano), salpicadas ambas por escándalos relacionados con fraudes contables. Entre sus fracasos, citar la compañía de biotecnología Flexion Therapeutics, especializada en el tratamiento de la artritis, que llegó a ocupar el cuarto lugar en volumen de cartera de Miller Value Partners y que ha sufrido fuertes caídas bursátiles en los últimos tiempos, ocasionando minusvalías a Miller.

Podemos concluir, por tanto, que Bill Miller no es un *Value Investor*

---

[137] Entrevista a la cadena de noticias CNBC. 8/01/2021.

al uso ya que no se aferra cien por cien a los patrones, hasta cierto punto inflexibles, de este tipo de metodología. Tanto es así que incluso se ha aventurado a invertir en criptomonedas. El inversor de Carolina replicó en fechas recientes las polémicas palabras de Warren Buffett y Charlie Munger sobre que el *Bitcoin* era "veneno para ratas".[138] Según Miller, el BTC es veneno si se usa como dinero fiat pero cada vez más gente valora el *Bitcoin* como reserva de valor. Cree que puede llegar a influir a la baja en el precio del oro y ser una medida protectora eficaz contra la inflación: "El mercado subestima el riesgo de inflación. Las tasas de ahorro son inusualmente altas y, a medida que la economía se normalice, el consumo se acelere y con él, la velocidad del dinero, mucha liquidez y el aceleramiento en la velocidad del dinero, podrían presionar rápidamente al alza la inflación".[139] Alerta, no obstante, de su alta volatilidad. Los activos de riesgo son más volátiles a corto plazo (desde su creación, la reina de las criptomonedas ha tenido tres correcciones de casi el 80%) pero más seguros a largo plazo por su mayor rendimiento y pronostica que BTC podría doblar su precio en los próximos doce meses.

11.9. MICHAEL PLATT

> "Los analistas no piensan en otra cosa que no sea lo listos que son".

Michael Platt es uno de los inversores europeos más reconocidos del momento. Nacido en Preston, condado de Lancashire, Inglaterra, hace cincuenta y dos años, es co-fundador de Blue Crest Capital Management, firma que inauguró en 2000. Blue Crest es el tercer *Hedge Fund* de Europa por tamaño y eso se debe, en gran medida, a la hábil gestión de Platt quien realizó su primera inversión a los catorce años de edad gracias a su madre que le prestó quinientas libras. La compañera naviera Common Brothers fue la escogida por el joven y le reportó un 200% de beneficio confirmando el potencial que la madre había intuido en su retoño. En esos primeros años de

---

[138] Entrevista a Charlie Munger en www.financeyahoo.com. 30/12/2020.
[139] Entrevista a la cadena de noticias CNBC. 8/01/2021.

andadura, Platt se centró en la inversión en empresas públicas británicas recién privatizadas. Inglaterra estaba inmersa en el tatcherismo y las compañías estatales estaban siendo entregadas al mejor postor. Platt supo aprovecharse de la coyuntura y amasar un patrimonio importante para alguien de su edad. Posteriormente, y pese a que en un principio decidió seguir los pasos de su padre y se matriculó para cursar estudios de ingeniería civil, Platt daría un giro a su carrera y cambiaría su grado de ingeniería por otro de economía en la London School of Economics, *alma mater* de tótems de la inversión como George Soros y Jim Rogers, y donde se graduaron distintas altas personalidades desde gobernantes y empresarios millonarios pasando por galardonados con el premio nobel. Después de graduarse, Platt fichó por JP Morgan donde se especializó en el *trading* de opciones, divisas y *swaps*. Permaneció nueve años en el banco antes de decidir dar el salto y establecerse por su cuenta fundando Blue Crest Capital Management junto a su compañero de trabajo William Reeves con un capital de dos mil millones de dólares. El fondo de cobertura tendría un magnífico desempeño durante la convulsa primera década del milenio. En 2007, anticipándose al desastre que estaba por venir, vende todas sus acciones de compañías bancarias y se refugia en bonos soberanos de alta calidad. En una entrevista en televisión declaró: "Hay tres cosas que no tocaría en estos momentos: acciones de bancos, deuda periférica e inversiones ilíquidas".[140] No parece que el panorama haya cambiado demasiado desde entonces... Blue Crest, no obstante, sería uno de los *Hedge Funds* que saldría mejor parado de la crisis financiera. El prestigio de Platt no pasó desapercibido para George Soros quien ofreció al gestor británico mil millones de dólares del Soros Fund Management para inversiones. Platt se permitió el lujo de rechazar la oferta. El genio húngaro quería rebajar los honorarios de Blue Crest a la mitad: de un 2% de comisión fija de gestión y un 20% de los resultados a un 1%/10% pero el joven operador no transigió.

La combinación entre su hábil gestión y las altas comisiones cobradas a los partícipes permitieron a Blue Crest crecer hasta disponer de trescientos cincuenta empleados repartidos en diversas sedes alrededor del mundo como Singapur, New York o Ginebra. La

---

[140] Entrevista a la cadena de noticias Bloomberg. 15/12/2011.

ciudad suiza pronto se convertiría en el nuevo centro de operaciones de Blue Crest. Platt buscaba evitar las mayores regulaciones exigidas por el mercado común europeo refugiándose en la laxa legislación financiera helvética, logrando así una importante reducción de los impuestos a pagar canalizando sus inversiones a través de un territorio offshore, Jersey Island.

El capital gestionado por Platt y Reeves llegó a los trenta y cinco mil millones de dólares en 2014, justo antes de que una serie de calamitosas operaciones propiciaran que muchos partícipes reclamaran el reembolso de gran parte de su capital. Blue Crest sufrió notables pérdidas en 2013 y 2014. Platt y Reeves deciden entonces devolver el capital a los inversores externos y transformar el *Hedge Fund* en un *Family Office*. Según manifestó el propio gestor británico: "Recientes acontecimientos acaecidos en la industria financiera entre las que se encuentra la fuerte presión a la baja de las comisiones de gestión, el paulatino incremento en los costes de administración de carteras de inversión y la dificultad cada vez mayor de encontrar inversiones que satisfazcan las necesidades individuales de los inversores, se han reducido notablemente la flexibilidad y la rentabilidad del negocio. Por consiguiente creemos que la transformación de Blue Crest en un fondo de capital privado es lo más adecuado, en este momento, para el negocio".[141] Tras este hábil movimiento, Blue Crest volvió por sus fueros logrando una rentabilidad anualizada del 40% en el siguiente lustro, destacando el 95% obtenido en el convulso 2020. La estrategia del *Family Office* se divide en dos patas: una inversión cuantitativa automatizada mediante algoritmos y la otra discrecional. La estrategia de *Quant Trading* desarrollada por Platt se basa en la estrategia *long-short*, comprando aquellos activos de tendencia alcista más fuerte y operando en corto los peores activos. En la parte discrecional, Platt cada vez delega más en su equipo de operadores aunque él se encarga de que sus directrices principales se sigan a rajatabla. El operador británico afincado en Ginebra coloca *stop-loss* ajustados y no permite que sus operaciones negativas pierdan más de un 3%. Por otra parte, no duda en piramidar posiciones si la tendencia juega a su favor buscando maximizar sus ganancias. Platt también tiene ETF's en su *portfolio* destacando especialmente fondos cotizados

---

[141] Entrevista en www.businessinsider.com. 2/12/2015.

sobre el oro y de bonos estatales de alta solvencia. Por último, entre los valores de más peso encontramos empresas como Sinacom, Dunn&Bradstreet Holdings y Landcadia Holdings en una cartera ampliamente diversificada que cuenta con trescientos treinta activos.

11.10. NICOLAS DARVAS

"La única razón por la que compro una acción es porque aumenta de precio".

Nicolas Darvas nació en Hungría, en 1920 y falleció en París, Francia, en 1977. Fue bailarín profesional y *trader*. Su gran mérito fue destacar sobremanera en dos disciplinas tan diferentes y exigentes. Están los simples mortales como nosotros quienes pasamos la vida intentando ser buenos en una especialidad (consiguiéndolo a duras penas) y luego están los superdotados como Darvas capaces de ser brillantes en casi todo lo que se proponen. Su vida fue de película. A los trece años, huyendo del fascismo, emigró a Turquía con un pasaporte falso. Allí sintió fascinación por el mundo de la danza y se convirtió en un reputado bailarín. Unos años después, se reencontró con una hermanastra suya y juntos recorrerían Estados Unidos y Europa haciendo ballet. El joven artista también sentía predilección por la bolsa y en sus ratos libres leía libros sobre inversión. La prestigiosa revista financiera Barron's era su lectura de cabecera. Su estrategia era sencilla: identificaba valores con una fuerte tendencia alcista e invertía en ellas. Un detalle importante: Darvas tomaba sus decisiones con el mercado cerrado. Esto era una ventaja puesto que le disuadía de precipitaciones pero al mismo tiempo contaba con diversos hándicaps. Por lo general, leía las ediciones de la semana anterior y su bróker estaba en New York. En el mundo pre-internet, la alternativa más veloz era enviar las órdenes mediante telegramas por lo que lógicamente, si lanzaba órdenes de mercado éstas podían diferir considerablemente del precio real del momento y si lanzaba órdenes condicionadas podían quedarse sin contrapartida. No obstante, estos inconvenientes no fueron óbice para que el joven inversor autodidacta triunfara. Comenzó a operar con diez mil dólares y en unos pocos años acumuló dos millones. Una colosal fortuna en aquella época. Su impresionante éxito lo llevó, sin embargo, a tomar una decisión equivocada: se retiró del ballet para dedicarse en cuerpo y alma a la bolsa. Interpretó, erróneamente, que si había conseguido acumular tanto dinero alejado del ruido de mercado, mejores resultados conseguiría estableciéndose en Wall Street. No podía andar más errado. Empezó a hacer caso de los consejos de operadores expertos y analistas. En el capítulo 3, Jesse Livermore nos ha explicado que jamás debemos fiarnos de los consejos de terceros. Debido a su cambio de estrategia (si es que podemos llamarla así) sus resultados se resintieron considerablemente y, para colmo, intentó arreglarlo operando intradía lo que empeoró aún más la situación. Tras ver mermado su patrimonio en un 50%, Darvas decidió retornar sobre sus pasos, volver al mundo de la danza y retomar su antigua operativa lo que pronto le devolvió a la senda del éxito.

Además de ganar dinero en los mercados y con el ballet, Darvas contaba con una tercera fuente de ingresos: escribió cinco libros entre 1960 y 1977. Algunos medios de comunicación de la época acusaron a Darvas de ser un *bluff*, de haber mentido descaradamente y que en realidad la fortuna que había conseguido amasar era de tan sólo doscientos dieciséis mil dólares. Lo cierto es que, si bien las operaciones del bailarín húngaro no estaban auditadas y resulta complicado confirmar su veracidad, también es verdad que nadie pudo demostrar lo contrario...

Darvas era muy meticuloso en su selección de valores. Buscaba acciones que retomaban con fuerza su tendencia alcista tras permanecer un tiempo en rango lateral. Técnicamente hablando, se dice que son valores que están en situación de subida libre. Esta operativa la aprendió de Livermore y otros *traders* exitosos como Paul Tudor Jones también la aprovechan. Darvas era un operador en largo y jamás operó en corto. El *trader* de origen judío creó su propia estrategia: *the box theory* en la cual "encajonaba" los precios como vemos a continuación.

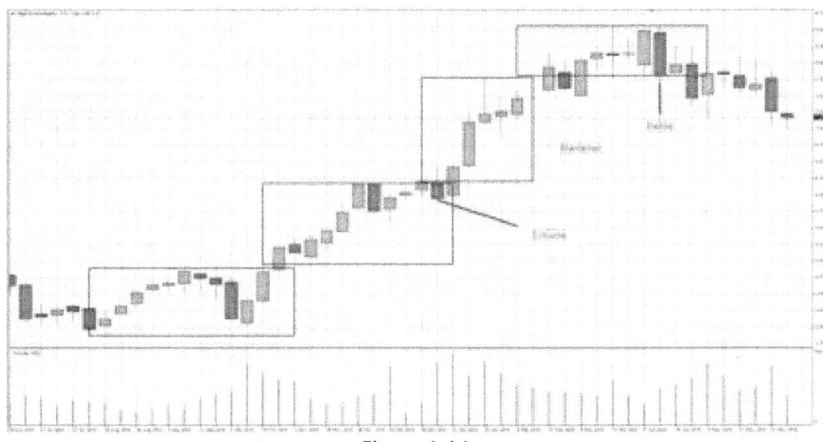
Figura 1.14.

Cada vez que un valor "se sale de la caja" comienza una fuerte tendencia alcista. Las subidas deben ser acompañadas por fuertes volúmenes de compra que empujen las acciones al alza de lo contrario no nos interesan. Si los incrementos en los precios de las cotizaciones son debidos a bajos volúmenes de compra, podría tratarse de una falsa rotura. Darvas prefería esperar fuertes roturas al alza antes de aventurarse a tomar posiciones por lo que seguía las enseñanzas del maestro Kostolany quien jamás corría detrás de una acción: un *trader* inteligente sabe que el tren de la oportunidad volverá a pasar por la estación en el futuro y nunca buscará operar más de la cuenta. En cuanto a la gestión del dinero, Darvas acostumbraba a tener un 10% de su dinero en cash a la espera de oportunidades y el resto de su capital dividido en cuatro o cinco operaciones máximo, con los *stop-loss* colocados a una distancia del 10%. Las ganancias, como *trader* inteligente que era, las dejaba correr. A continuación, Darvas piramidaba posiciones si el mercado le daba la razón y la tendencia alcista seguía su curso. Por último, consciente de que en algún momento el valor podía estancarse o girarse, el bailarín de origen húngaro analizaba constantemente su "teoría de cajas" para contrastar su validez mientras se mantenía expectante por si algún otro valor se ponía a tiro.

¿Bailarín o trader? ¿Mago de la bolsa o vendedor de humo? Mejor que discutir si Darvas era real o un producto de la ficción es comprobar la validez de sus estrategias. Este húngaro multidisciplinar absorbió las enseñanzas de legendarios *traders* como Wycoff, Kostolany y Livermore, adaptándolos a su método personal, al mismo tiempo que ha servido como fuente de inspiración a operadores actuales como Jones, Stendhal, Elder o Madrigal. El inversor sensato nunca debe importar estrategias de terceros sino inspirarse en ellas, analizarlas y, si procede, llevarlas a su terreno para instaurar una metodología ganadora propia que le permita ser un vencedor en bolsa. Copiar a otros al pie de la letra no es una buena opción porque cada invers@r/especulad@r/*trader* de élite tiene su propio manual adaptado a sus necesidades, personalidades, experiencia y capital disponible. Todas estas variables influyen de manera decisiva a la hora de invertir y esperamos que estos dos volúmenes hayan servido como punto de partida a los lectores que quieran aprender a invertir bien en los mercados. La clave está en transformar la teoría en práctica utilizando la información disponible. Dicha información debe traducirse en conocimientos. La inversión en conocimiento, no lo olvidemos, es la que paga el mejor interés y la única que no exige una comisión a cambio.

EPÍLOGO: 50 TIPS PARA INVERTIR COMO UN MAESTR@ DE LA BOLSA

- Sin ahorro no hay bienestar general.
- Si tienes las ideas claras no te dejes confundir por hechos.
- Los conceptos "caro" y "barato" pueden ser en ocasiones confusos.
- Si sabes lo que haces, invierte por tu cuenta. Si no sabes lo que haces, indéxate.
- Es mejor unas pocas inversiones excelentes que muchas inversiones buenas.
- Invertir no es fácil pero tampoco precisa de cirugía cerebral.
- El mercado es una ciencia y el inversor es un artista.
- El mercado siempre tiene la razón y el inversor sólo de vez en cuando.
- Precio y valor difieren con frecuencia.
- Que un valor suba o baje es irrelevante. Lo verdaderamente importante es saber porqué sube o baja.
- En bolsa, estancamiento significa retroceso.
- La riqueza ni se crea ni se evapora, se desplaza.
- El buen inversor duerme como un bebé.
- Es mejor poca y sabia diversificación que demasiada y mediocre.
- Ampliación de capital: falta de imaginación.
- El inversor inteligente es aquel que predice que el futuro es impredecible.
- El buen inversor es un optimista que saber decir "no".
- No importa si los datos son correctos: lo verdaderamente importante es saber interpretar los datos correctamente.

- No regatees al mercado: negocia con él.
- El mejor momento para vender una excelente inversión y para comprar una pésima inversión es el mismo: nunca.
- El mejor momento para comprar una excelente inversión y para vender una pésima inversión es el mismo: siempre.
- El mejor inversor es aquel que logra mejores resultados con consistencia y en silencio.
- La inversión pasiva puede generar ganancias pasivas importantes pero también pérdidas pasivas sustanciales.
- El dividendo es para el inversor lo que la leche de vaca para el granjero.
- El inversor inteligente debe idear dos planes: uno para hacerse rico y otro para estar cómodo
- Para el buen especulador menos es más.
- Las bolsas no arruinan a nadie. Son los inversores que se arruinan solos.
- Es mejor que la bolsa arruine nuestro ego que nuestro bolsillo.
- El buen especulador deja que el mercado lo expulse. El mal especulador se autoexpulsa.
- El miedo a perder dinero es con frecuencia el mayor hándicap para ganar dinero.
- Saber mucho no es lo primordial para ganar más. Saber lo esencial es la clave para ganar más.
- Los seres humanos adoran comprar en las rebajas y en todos los ámbitos salvo en la bolsa.
- Los ganadores del pasado serán los perdedores del futuro.
- El coste de oportunidad es una pérdida intangible pero una pérdida al fin y al cabo.
- La estrategia de inversión ideal es aquella que funciona bien ante cualquier tipo de escenario.
- Un *portfolio* de inversión debe ser como una casa y poseer sólidos cimientos sobre los que asentarse.
- Definición de *Value Investing*: comprar caviar cuando cotiza a precio de caramelo.
- Si no tienes un plan para tu dinero, otros sí lo tienen.
- Aunque no puedas tener la tarta entera consigue una buena porción. No te conformes con las migajas.
- Las inversiones exitosas se cuecen a fuego lento.

- Datos pasados son como el agua pasada: no mueven molino.
- La dispersión es el peor enemigo del operador.
- Los mercados disruptivos son los que proporcionan las mejores oportunidades.
- El buen inversor se retroalimenta de diversas estrategias y las adapta a su perfil.
- No hace falta ser un genio para batir al mercado.
- Invertir no tiene edad.
- Ahorra con pasión, invierte con la razón.
- Lo comúnmente aceptado no tiene por que ser necesariamente cierto.
- El conocimiento es un bien que nadie nos puede arrebatar.
- La inversión en conocimiento es la que paga el mejor interés y la única que no te exige una comisión a cambio.

AGRADECIMIENTOS

Agradecer, de todo corazón, a todos los suscriptores de amazon.es que han comprado alguno o ambos volúmenes del libro. Asimismo, quisiera dar mis más sinceras gracias a todos los lectores que me siguen desde destinos tan dispares como México, Italia, Alemania, Brasil y Estados Unidos. Todos vosotros me motiváis a seguir adelante con mis proyectos literarios.
Un abrazo especial para Sandra, Sonia, Enrique, Vicente, Iván y a toda mi familia por su apoyo incondicional.
Mención aparte y especial para mi queridísima esposa Nídia por sus sugerencias, labores de corrección y edición. Con tu ayuda soy mejor escritor.

www.ingramcontent.com/pod-product-compliance
Lightning Source LLC
Chambersburg PA
CBHW070616220526
45466CB00001B/17